지평확대법
다시 보기

읽어는지식 교육 2

탈지평확대로의 가능성을 모색

지평확대법 다시 보기

김재일 지음

한국학술정보㈜

머리말

초등 사회과 내용 구성의 원리 중 하나인 지평확대법은 학습자의 발달 단계에 따라 공간 범위를 확대하는 방식이다. 그러나 학습 공간의 범위를 제한함으로써 학생들의 관심과 흥미를 차단하였고, 특정 범위 안에서 사고의 폭을 한정시켰다. 그럼에도 불구하고 지평확대법이라는 100여 년 전의 논리는 현재까지 이어져 오고 있다. 그동안 시대적 변화 및 흐름을 반영하여 지평확대법을 변형하거나 탄력적으로 적용하고자 하는 노력은 있었으나, 지평확대법의 실체라 할 수 있는 공간 및 스케일과 결부시켜 논의된 경우는 없었다. 더욱이 공간 및 스케일에 대한 학생들의 관심과 흥미는 시대적 변화 및 흐름을 반영함에 있어 가장 중요한 요소일 수 있다. 따라서 지평확대법에 대한 비판적 성찰과 경험적 연구는 필수적이라고 본다. 이에 본 저서에서는 지평확대법에 대한 이론적 논의를 통해 수정 및 대안의 필요성을 밝히고, 경험적 연구를 통해 탈지평확대로의 가능성을 모색하고자 했다. 여기서 '탈지평확대'라는 용어는 지평확대법에 대한 비판적·대안적 논의와, 이에 따른 구체적 대안의 방향을 포괄적으로 나타낸 저자의 신조어다. 저서의 주요 내용은 다음과 같다.

먼저 지평확대법에 대한 이론적 논의에서는 지평확대법의 기원과 발달 과정, 그리고 발달심리학적, 경험주의적 측면에서의 이론적 토대에 관해 살펴보았다. 지평확대법이 오랜 기간 이어져 온 데에는 그만한 이유가 있었을 것이다. 그래서 지평확대법에 대한 이론적 논의를 통해 그 이유를 살펴보고, 오늘날에는 왜 변해야 하는지에 대한 근거를 찾아보고자 했다. 탈지평확대로의 전환 가능성을 모색하기 위해 지평확대법에 대한 비판과 대안에 관한 기존의 연구들을 정리한 것도 같은 맥락에서다. 그 결과, 지평확대법은 세계 스케일에 대한 학생들의 관심과 흥미를 반영하지 못했음을 알 수 있었다. 오히려 지평확대법을 적용하는 한, 학생들의 세계에 대한 관심과 흥미는 학습 내용에 반영되기 어려울 것 같았다고 해야 더 정확한 표현일지 모르겠다. 지평확대법은 기본적으로 학생들의 발달 단계를 공간 범위와 결합시키고 있기 때문이다. 이 때문에 현행 교육과정상 세계에 대한 내용은 초등학생들이 졸업을 하기 불과 서너 달 전에 한 단원 정도만 학습하는 것으로 마무리되고 있다.

다음으로 경험적 연구를 통한 탈지평확대로의 방향 모색을 위해 초등학생들을 대상으로 설문 조사를 실시했다. 수백 명의 초등학생들에게 수천 장에 달하는 설문지를 투입했을 정도로 다소 방대한 작업이었다. 그러나 3학년에서 6학년까지의 학생들을 대상으로 해야 했던 만큼 필수적인 작업이기도 했다. 어쨌든 설문 조사에서는 탈지평확대의 논리적 근거로 스케일, 지식, 흥미, 경험 및 생활 요인 등을 고려했고, 이를 토대로 초등학생들이 선호하는 스케일은 무엇인지, 스케일에 따른 내용 선호도는 어떠한지, 선호도의 경향성은 어떠한지 등의 문제를 학년과 관련지어 해석했다.

조사 결과, 모든 학년에서 세계스케일에 대한 관심과 흥미가 가장 높게 나타났다. 반면, 고장스케일은 고학년일수록 관심과 흥미가 조금씩 나타나는 정도였다. 이러한 경향성은 스케일에 따른 내용 선호도와 텍스트 선호도에서도 일관되게 나타났다. 따라서 전체적인 공간 범위는 세계스케일을 중심으로 하되, 고학년으로 가면서 국가스케일과 고장스케일에 관한 내용들을 늘려야 할 것이다. 이는 고학년일수록 국가나 고장과 같이 내 주변의 이야기를 구체적으로 다룰 수 있는 가능성이 높은 것으로 나타났기 때문이다. 또 선호하는 스케일을 결정하는 데 있어 저학년일수록 흥미, 고학년일수록 흥미 외에 지식과 경험 및 생활 요인의 영향이 컸다. 이는 세계스케일에 대해서는 호기심과 흥미의 영향이 크지만, 고장스케일로 갈수록 지식을 쌓고 싶어 하고, '나', '우리'와 관련지어 생각하려 했기 때문이다. 따라서 저학년에서는 세계스케일에 관한 내용들을 흥미 중심으로 구성하고, 고학년일수록 국가와 고장에 관한 내용들을 흥미 외에 지식, 경험 및 생활 요소들을 가미해야 할 것이다. 다만 흥미와 지식 그리고 경험 및 생활 요소에 대한 보다 명확한 구분 기준이 요구된다. 학년별로 각 요소의 영향에 따라 학습 내용이 달라질 수 있고, 이는 곧 탈지평확대의 방향을 어떻게 설정해야 할 것인지와 직결되기 때문이다.

초등학생들은 세계스케일에 대해 가장 많은 관심과 흥미를 보였다. 그러므로 스케일 선호도를 토대로 학습 내용을 구성한다면 지평확대법에서의 공간 계열은 일단 유효하지 않는 것으로 봐야 한다. 즉 저서의 내용대로라면 세계스케일을 중심으로 내용을 다루면서 국가스케일과 고장스케일에 대한 부분을 가미할 수 있을 것이다. 물론 그 과정에서 학년별·스케일별 비중 문제나 지식과 흥미 그리고 경험 및 생활 요소의 적절한 배분 등이 고려되어야 하고, 그에 따른 텍스트 개발과 실제 학습에서의 효과 등이 반드시 검증되어야 한다. 본 연구는 바로 이에 대한 첫걸음을 내딛고자 함이다. 그래서 탈지평확대로의 전환이 아닌, 탈지평확대로의 전환 가능성의 모색이라는 용어를 사용하였다. 이처럼 공간 범위 즉 스케일에 대한 학습자들의 관심과 흥미를 반영하려는 노력들이 지속적으로 이어진다면, 탈지평확대로의 전환 가능성의 모색은 초등 사회과 내용 구성에 있어 분명히 의미 있는 논의가 될 것이다.

이 책은 저자의 박사 학위 논문인 「초등학생들의 스케일 선호도에 근거한 지평확대법의 비판적 논의」(2007)를 저서의 형식에 맞게 체제 및 내용을 수정·보완하여 펴낸 것이다. 「초등학생들의 스케일 선호도에 근거한 지평확대법의 비판적 논의」라는 이 논문은, 초등 사회과의 내용 구성 원리 중 하나인 지평확대법의 실효성에 대해 비판적 논의를 함은 물론, 이에 대한 대안의 방향으로 초등학생들의 스케일 선호도에 근거한 탈지평확대로의 전환 가능성을 모색해 보고자 함이다.

책을 펴내기까지 많은 도움을 주신 서울대학교 지리교육과 류재명 교수님, 대구교육대학교 사회교육과 송인근 교수님, 고려대학교 지리교육과 서태열 교수님, 한국교원대학교 지리교육과 권정화 교수님, 서울대학교 지리교육과 이상일 교수님께 진심으로 감사의 인사를 드립니다. 특히 저자는 송언근·류재명 교수님의 영향으로 공부를 시작했고 공부를 즐기게 된 사람입니다. 두 분은 즐기면서 공부하는 법, 공부를 즐길 수 있도록 가르치는 법을 항상 강조하셨습니다. 또 초등사회과를 전공하고 초등학교 현장에 10년 가까이 있었으면서도 무심코 지나쳤던 지평확대법에 대해 제가 다시 한 번 생각해 볼 수 있도록 안내해 주셨고, 일회성 논문이 아닌 지속적인 연구를 통해 학문의 지평을 열어 갈 수 있도록 격려와 조언을 아끼지 않으셨습니다. 이 책은 부족하나마 두 분 가르침의 작은 결과물이 아닐까 생각합니다. 비록 저자의 부족함으로 인해 은사님들을 만족시켜드릴 만한 결과물은 얻지 못했다 하더라도, 이 저서는 끝이 아닌 또 다른 시작점이 되길 희망합니다. 이 책이 가지고 있는 부족함과 아쉬운 점들은 앞으로 향후 연구들을 통해 꾸준히 보완할 계획입니다.

끝으로 이 책의 출판을 제안해 주신 한국학술정보의 채종준 사장님과 김은선 님, 그리고 관계자 여러분의 노력에 깊은 감사를 드립니다.

2009. 2.
저자 **김재일** 올림

목 차

제1장

서 론

서 론

교통과 통신의 발달은 인터넷의 생활화와 더불어 시간과 공간의 제약을 해소하고 있다. 이러한 현실은 세계 여러 나라에 대한 학생들의 관심을 증폭시켰음은 물론, 다양한 매체를 통해 세계의 여러 가지 소식들을 매일 그리고 친근하게 접할 수 있게 되었다. 이로 인해 세계에 대한 초등학생들의 관심과 흥미, 이해의 정도는 과거와 많이 달라져 있다.[1][2]

---

1) TV를 통해 실시간대로 소개되는 세계 각 나라의 사정은 세계에 대한 인식의 폭을 확대한 원인이 되었다. 이 같은 정보의 폭주는 '축소되는 세계(shrinking world)'(최재헌, 1996)를 낳고, 축소된 세계의 총아인 매스미디어는 각종 정보 속에 초등학생들을 노출시키고 있다. 이 같은 환경적 변화는 쏟아지는 각 나라의 정보를 분류, 분석할 수 없는 초등학생들로 하여금 주관적으로 세계를 이해하도록 하는 요인이 되고 있다(송언근·김재일, 2002: 366-367, 재인용).

2) 송언근·김재일(2002)은 초등학교 6학년 학생들이 각 나라에 대한 정보를 획득하는 정보원의 약 78%는 TV이고, 특히 각 나라를 대상으로 그 나라의 지리적 특징을 소개하는 프로그램의 영향이 절대적이라 주장했다. 그리고 초등학생들은 이런 정보원을 통해 세계 각 나라에 대한 호오(好惡)의 특성을 나타낸다고 기술했다.

한편, 최근에는 이렇게 달라진 세계에 대한 관심을 어떻게 그리고 어느 정도 교육에 반영할 것인지가 새로운 논의거리로 등장하고 있다. 그중 하나가 초등학교 지리 영역 내용 구성의 주요 원리인 지평확대법(Widening Horizons)에 의해 공간 범위를 확장하는 것이 과연 유효한가 하는 문제이다. 현대 사회의 급격한 변화와 그것에 의해 영향을 받는 초등학생들의 입장을 고려할 때 이와 같은 지평확대법의 적실성 및 효율성에 대한 논의는 어찌 보면 당연한 현상일지도 모른다.

이러한 흐름에 편승하여 초등학교 지리 영역에서도 지평확대법에 대한 여러 가지 논의들이 이루어지고 있다. 그러나 지평확대법의 기원이나 성립, 존재 자체에 대해 문제를 제기하거나 경험적 연구 자료를 바탕으로 비판과 대안을 제시하는 경우는 거의 없었다. 다만 기존의 몇몇 연구들은 지평확대법의 기본적인 개념 자체는 인정하되, 최근의 사회 변화에 따른 탄력적인 운영을 제안하는 정도에 머무르고 있다. 이는 초등학교 사회과라는 보다 큰 틀 속에서 지평확대법에 대한 논의가 이루어졌기 때문이기도 하지만, 그것보다는 지평확대법에서 '공간'이라는 중심축에 대한 논의가 부족했기 때문이라 여겨진다. 이는 공간에 대한 초등학생들의 관심과 흥미를 제대로 파악하지 못했기 때문으로 해석할 수 있다.

더 넓은 관점에서는 교육정책당국, 교육행정가, 교육연구자들이 미리 정해 놓은 방향으로 밀고 나가는 '위에서 아래로의' 하향식 교육과정 개발의 모습을 보여 주고 있기(남상준, 2002) 때문으로도 여겨진다. 남상준(2002)이 지적하였듯이 교육에서 '수요자 중심'의 원리를 실현하기 위해서 교육과정 개발 모형은 '아래에서 위로의'

상향식 모형으로 바뀌어야 한다. 그러나 아직도 학습 수요자인 학생들에 대한 여러 가지 사항들을 임의적으로 해석하고 그것들을 교육과정 내용에 그대로 반영함으로써 현실과의 괴리감을 초래하고 있다.

이상과 관련하여 그동안 초등학교 사회과 지리 영역에서는 학습자 측면에 대한 고려가 구체적으로 이루어지지 않았다. 학습자에 대한 간접적인 해석을 통해 학습 내용이 구성되어 온 측면이 없지 않았다. 즉 학생들이 일정한 연령 또는 일정한 학년에 이르게 되면 개개인의 관심과 흥미를 고려하여 학습 내용을 구성하기보다는 학자들의 임의적인 판단과 추측에 의해 내용이 구성되는 측면이 강했다. 지평확대법에서의 공간에 대한 초등학생들의 인식 문제도 그와 무관하지 않을 것이다. 비록 지평확대법이 학습자의 발달 단계에 따라 공간 범위를 점차 확대하고 있지만, 이는 오히려 학습의 공간 범위를 제한하여 학생들의 흥미를 차단하고 사고의 폭을 한정시켰기 때문이다.

이런 점을 본 연구와 관련지어 공간 범위, 즉 스케일의 측면에서 살펴보면 학자들은 으레 학생들이 '세계'라는 공간 범위에 대해 어렵게 느끼고 있을 것이라 추측하는 경향이 있다.[3] 세계는 학생들이 직접 경험하기 어렵고 멀리 떨어져 있는 공간이기 때문에 제대로 알지 못하는 것이 대부분이라고 생각하는 것이다. 반면, '고장'에 대해서는 가깝고 직접 경험하기 쉬운 공간이기 때문에 초등학생들이 잘 알고 있으리라 판단하고 있는 것이다. 그러나 적어도 이에

---

[3] 학자의 관점과 다소 차이는 있지만, 이러한 추측은 교사들에게서도 유사하게 나타났다. 김재일(2008)의 연구 결과, 초등학교 교사들은 학생들이 세계스케일에 대해 배울 때 어려움을 느끼고 있는 것으로 인식하고 있었다.

대한 경험적 자료 없이, 초등학생들이 고장과 세계라는 공간에 대해서 어떻게 느끼고 있는지, 어떤 공간에 관심과 흥미를 가지고 있는지를 단언해서는 안 될 것이다. 경험적 자료의 존재 여부를 떠나 그동안은 지평확대법에서의 공간 범위, 즉 스케일에 대한 고민도 거의 없었을 뿐만 아니라, 공간에 대한 학생들의 관심과 흥미 여부에 대한 논의 자체가 이루어지지 않았다. 본 연구는 바로 이 점에 주목하고자 한다. 초등학생들은 과거에 비해 세계에 대한 관심과 흥미가 매우 높아져 있을 것이라는 점이다. 그러므로 이에 적합한 교육과정을 수립하고 학습 내용을 구성하는 것은 당연한 책무가 될 것이다. 이를 위해서는 가장 기본적이면서도 가장 중요한 학습자 측면에 대한 경험적 연구가 반드시 선행되어야 함이 마땅하다. 그리고 아직까지도 100여 년 전의 이론을 그대로 적용하여 초등학교 지리 영역의 학습 내용을 구성하고 있다는 사실은 분명히 재고되어야 할 것으로 보인다.

이에 본 연구에서는 지평확대법에 대한 비판적 논의를 통해 수정과 대안의 필요성 및 그 근거를 밝히고, 그에 대한 경험적 연구를 수행하고자 한다. 그래서 초등학생들의 관심과 흥미가 어떤 공간 범위, 즉 어떤 스케일에 있는지를 파악하여 기존의 지평확대법에서 벗어난 탈지평확대[4]의 관점에서 초등학교 지리 영역의 내용

---

4) 본 연구에서 기술하고 있는 '탈지평확대'는 다음과 같은 의미를 지닌다. 기존의 지평확대법과 대조를 이루는, 즉 '지평확대 역전'(서태열, 2003)의 의미와, 지평확대법의 부적절성을 토대로 기존의 방식에서 벗어나고자 하는 의미 모두를 포함하는 것으로 규정하고자 한다. 그러나 이는 연구 시작 단계에서의 규정으로 한정될 것이다. 스케일에 대한 학생들의 선호도에 따라 '탈지평확대'의 의미는 유동적일 수 있기 때문이다. 즉 스케일에 대한 학생들의 관심과 흥미 결과에 따라 '지평확대 역전'이 될 수도 있고, 지평확대에서 벗어난 모두를 의미하는 광의의 개념이 될 수도 있기 때문이다.

을 구성할 수 있는 방안을 모색하고자 한다.

본 연구는 지평확대법에 대한 비판적 논의와 탈지평확대로의 모색을 위한 경험적 연구로 나눌 수 있다. 이에 대한 **연구 방법**을 기술하면 다음과 같다.

먼저 지평확대법에 대한 비판적 논의에서는 지평확대법의 기원과 발달과정, 그리고 발달심리학적, 경험주의적 측면에서의 이론적 토대에 관해 살펴보았다. 다음으로 탈지평확대로의 모색을 위한 논의에서는 지평확대법에 대한 비판과 대안에 관한 기존의 연구들을 정리하였다. 이상의 내용들은 문헌 연구를 통해 지평확대법의 시대적 적절성에 대한 논의를 했고, 아울러 지평확대법의 수정 및 대안의 필요성과 그 근거를 밝혀 탈지평확대로의 방향을 모색하고자 했다. 문헌 연구의 방법을 구체적으로 기술하면 다음과 같다.

첫째, 지평확대법의 기원과 발달과정을 파악하기 위해 1890년대 말부터 2000년대까지의 주요 논문 및 저서들을 분석했다. 1900년대 초반 초등학교 지리 영역에서 지평확대법을 발달시킨 Charles McMurry와, 1950년대에 McMurry의 교육과정 계열을 재창조한 Paul Hanna에 이르는 학자들을 중심으로 논의를 진행했다. 또한 지평확대법의 이론적 토대로서 발달심리학적, 경험적 측면에 대해서는 Dewey, Piaget, Hanna, Bronfenbrenner 등의 논의들을 중심으로 살펴보았다.

둘째, 탈지평확대로의 방향 모색을 위한 이론적 근거를 확보하기 위해 1890년대 말부터 2000년대까지 지평확대법에 대한 비판과 대안적 논의들에 관련된 주요 논문들과 관련 서적들을 살펴보았다. 지평확대법에 대한 비판과 대안에서는 지평확대 역전모형을 중심으로 하는 Rugg의 교과서 시리즈와 교육과정안, 류재명 등의 대안 논리 등을 중심으로 논의를 진행하였다. 그리고 탈지평확대로의 방향 모색을 위한 이론적 근거로 Vygotsky와 Bruner 등의 교육이론 등을 살펴보았다.

이상의 지평확대법에 대한 비판적 논의를 통해 지평확대법은 세계에 대한 학생들의 관심과 흥미를 제대로 반영하지 못했음을 파악할 수 있었다. 따라서 최근의 사회적 흐름에 비추어 세계에 대한 학습자의 관심과 흥미를 반영하기 위해서는 이에 대한 경험적 연구가 필수적이었다. 우선 탈지평확대로의 방향 모색을 위한 논리적 근거로 스케일, 지식, 흥미, 경험 및 생활 요인 등을 고려했다. 이를 토대로 저학년에서 고학년으로 학년이 상승함에 따라 초등학생들이 선호하는 스케일은 어떻게 다른지, 스케일에 따라 구체화된 내용에 대한 선호도는 어떠한지, 선호도의 경향성은 지식 위주인지 흥미 위주인지 등의 문제를 학년과 관련지어 해석하고자 했다. 이에 두 번째 연구 방법으로 3학년에서 6학년까지의 초등학생들을 대상으로 3차례에 걸친 설문조사[5]를 수행했다. 설문조사의 방법을 구체적으로 기술하면 다음과 같다.

먼저 1차 설문 조사를 통해 학생들이 과연 어떤 공간 범위, 즉 어떤 스케일에 관심과 흥미를 나타내고 있는지를 기본적으로 파악하고자 했다. 1차 설문조사의 구체적인 방법은 다음과 같다.

대구광역시 4개 초등학교에 재학 중인 3 – 6학년 학생 341명을 대상으로 초등학교 사회과 지리 영역을 구성하고 있는 주요 학습 주제 20가지를 발췌한 다음, 각 항목에 대해 가장 선호하는 스케일

---

5) 3차례의 설문조사에 사용된 설문지의 구체적인 내용과 형식은 부록을 참고하기 바란다.

을 선택하게 했다. 즉 세계(global), 국가(national), 고장(local)의 세 가지 스케일에 대한 선호도를 확인했다. 그 결과, 초등학생들은 세계스케일에 대해 가장 많은 관심과 흥미를 나타냈다. 이는 지평확대법에 대한 비판적 논의를 구체화할 수 있는 근거를 확보했다는 점에서 중요한 의미를 지닌다.

1차 설문 조사 결과를 토대로 2차 설문지가 고안되는데 2차 설문 조사의 구체적인 방법은 다음과 같다.

1차 설문 조사는 각 학습 주제에 대해 선호하는 스케일을 선택하기만 하는 단순한 형태의 설문지였다. 따라서 2차 설문 조사에서는 대표적인 학습 주제를 선정하고 내용을 좀 더 구체화한 뒤, 이에 대한 선호도를 파악할 필요성이 있었다. 이에 자연 지리 영역의 하나로 강(river), 인문 지리 영역의 하나로 인구(population)를 사례로 선정하였다. 그리고 스케일 변화에 따라 달라지는 학습 내용과 지도(map)를 구성하여 초등학생들의 스케일 인식도를 살펴보고자 했다. 대구광역시 4개 초등학교에 재학 중인 3-6학년 학생들을 대상으로 했고, 의도와 목적에 따라 A형과 B형 두 가지 형태의 설문지를 구성했다. 이상의 설문지는 스케일, 흥미, 지식, 경험 및 생활 요인 등의 기준에 따라 분석되었다.

2차 설문조사에서 도출된 결과를 바탕으로 3차 설문 조사가 이루어지는데 구체적인 방법은 다음과 같다.

3차 설문조사는 2차에서 선정된 강과 인구 주제에 대한 스케일별 텍스트 선호도를 조사하는 것이다. 각각의 스케일별 텍스트에는 세계, 국가, 고장으로 구분된 시노가 함께 삽입되었다. 또한 스케일에 따라 삽입되는 텍스트의 내용도 달라지는데, 그 근거는 기본적인 스케일 선호도, 스케일 차이에 따른 내용 선호도, 내용 선호도의 이유로서 지식과 흥미 요인 등의 결과에 기인했다. 즉 학년에 따라 선호하는 내용이 다르고 선호하는 이유가 지식 요인인지 흥미 요인인지의 여부도 다르므로 이를 텍스트에 반영하고자 했다.

이상의 텍스트는 의도와 목적에 따라 A형과 B형 두 가지 형태로 수록되었다. A형은 세 가지 스케일의 텍스트를 1명의 학생에게 모두 제시한 다음, 가장 선호하는 텍스트를 선택하는 방식이다. 아울러 학년과 선호 스케일의 관계에 대해 람다와 감마(Gamma) 검증을 실시하여 관련성 여부를 확인했다.

설문지 B형은 1명의 학생에게 한 가지 스케일의 텍스트만을 제공한 다음, 해당 스케일의 텍스트에 대한 전체 선호도와 내용 선호도를 조사하는 방식으로 진행되었다. 선호도는 5단계 리커트 척도를 이용하여 총 5점 만점을 기준으로 측정되었다. B형 또한 학년 상승과 선호 스케일의 관계에 대해 람다와 감마 검증을 실시하여 관련성 여부를 검토했다.

이상의 설문조사는 엑셀(exel)을 통해서 기본적인 자료 처리(표, 그래프)가 이루어졌고, 학년과 스케일의 관계, 학년별 내용 및 텍스트 선호도 등은 spss 12.0을 통해 통계적으로 검증되었다. 이상의 연구 방법 및 절차를 연구 흐름도를 통해 나타내면 다음과 같다.

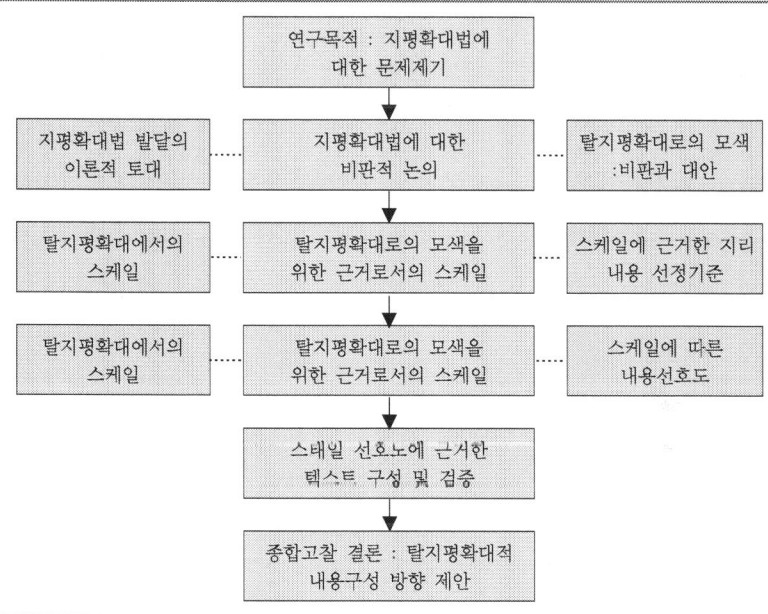

┌─────────────────────────┐
│ 연구목적 : 지평확대법에 │
│ 대한 문제제기 │
└─────────────────────────┘

| 지평확대법 발달의 이론적 토대 | 지평확대법에 대한 비판적 논의 | 탈지평확대로의 모색 :비판과 대안 |

| 탈지평확대에서의 스케일 | 탈지평확대로의 모색을 위한 근거로서의 스케일 | 스케일에 근거한 지리 내용 선정기준 |

| 탈지평확대에서의 스케일 | 탈지평확대로의 모색을 위한 근거로서의 스케일 | 스케일에 따른 내용선호도 |

┌─────────────────────────┐
│ 스케일 선호도에 근거한 │
│ 텍스트 구성 및 검증 │
└─────────────────────────┘

┌─────────────────────────┐
│ 종합고찰 결론 : 탈지평확대적 │
│ 내용구성 방향 제안 │
└─────────────────────────┘

그림 1　연구흐름도

〈그림 1〉의 연구 흐름도를 바탕으로 논문의 전체적인 진행 방향에 대해 기술하면 다음과 같다.

먼저 1장에서는 지평확대법에 대한 문제 제기를 바탕으로 연구의 필요성과 연구 목적에 대해 기술하였다. 학생들을 둘러싸고 있는 최근의 여러 가지 사회적 환경이나 흐름에 비추어 볼 때 세계에 대한 학생들의 관심과 흥미는 크게 증폭되어 있고 그 중요성 또한 나날이 증가하고 있다. 그러나 현행 교육과정에서는 세계에 대한 내용을 6학년 2학기가 되어서야 처음으로 접할 수 있다. 이는 세계에 대한 학생들의 관심과 흥미를 적절한 시기에 반영하지 못하고 있음을 의미한다. 따라서 세계에 관한 내용을 다루는 초등학교 사회과 지리 영역에서의 내용 구성에 대해 심도 있는 논의가 필요함을 언급했다.

2장에서는 초등학교 사회과 지리 영역 학습 내용 구성의 주요 원리인 지평확대법에 대한 비판적 논의를 수행하였다. 현행 초등학교 사회과 지리 영역은 지평확대법에 의거하여 학년이 상승함에 따라 점점 더 공간 범위가 확대되는 구조를 띠고 있다. 따라서 세계에 대한 학생들의 관심과 흥미가 증가하고 있는 최근의 흐름을 학습 내용에 반영하기 위해서는 지평확대법에 대한 비판적 논의를 통해 시대적 부적절성 및 수정의 필요성을 기술해야 할 것이다. 이에 크게 지평확대법의 기원과 발달 과정, 지평확대법의 이론적 토대를 중심으로 논의를 진행하였다. 특히 이론적 토대에서는 발달심리학적 측면과 경험주의적 측면에서 접근하고자 하였다.

3장은 지평확대법에 대한 대안으로 탈지평확대로의 방향 모색을 위한 논리적 근거로서 스케일에 대해 기술하였다. 특히 3장은 연구자의 입장에서, 기존의 지평확대법에서의 공간 계열과는 다른 탈지평확대의 관점에서 스케일을 바라보고자 했다. 따라서 지리 교육과 관련지어 스케일의 의미를 정의하고, 탈지평확대의 관점에서 스케일에 따라 학습 내용이 어떻게 달라질 수 있는지를 기술하였다.

4장은 탈지평확대적 관점에서의 스케일에 대한 연구자의 해석을 바탕으로, 학생들이 스케일에 대해 인식하고 있는 전체적인 반응과 스케일에 따라 다르게 구성된 학습 내용에 대한 반응을 함께 조사하고자 하였다. 즉 스케일에 대한 연구자의 관점을 반영하여 설문지를 구성한 후, 학생들로 하여금 이에 대해 응답하게 함으로써 스케일에 대한 초등학생들의 선호도를 파악함은 물론, 이를 토대로 탈지평확대로의 전환 가능성을 모색할 수 있는 자료도 함께 수집하고자 하였다. 탈지평확대적 관점에서의 스케일에 대한 연구자의 입장이 반영된 3장의 논리를 바탕으로, 4장에서는 전적으로 스케일에 대해 인식하고 있는 초등학생들의 실태를 파악하는 데 중점을 두었다.

5장은 4장에서의 스케일 선호도 결과를 토대로 탈지평확대적 관점에서의 스케일 논리가 적용된 텍스트 선호도를 검증하였다. 탈지평확대적 관점에서의 스케일 논리가 적용되었다는 점에서 5장은 연구자의 입장을 반영함과 동시에, 초등학생들의 스케일 선호도에 근거하여 텍스트를 구성하고 검증했다는 점에서 학습자의 입장도 함께 고려된 절충적인 성격을 지닌다고 하겠다. 따라서 5장에서는 텍스트 선호도 검증을 통해 탈지평확대적 내용을 구성할 수 있는 방향을 모색하는 데 근거가 될 만한 자료를 확보하고자 하였다.

6장은 3장에서의 탈지평확대적 관점에서의 스케일, 4장에서의 스케일 선호도, 5장에서의 텍스트 선호도 검증 결과를 바탕으로 지평확대법 비판의 근거와 수정의 필요성, 그리고 이를 토대로 탈지평확대적 내용을 구성할 수 있는 방향에 대해 종합적으로 기술하고자 하였다. 이를 위해 강과 인구의 결과를 사례로 탈지평확대적 내용 구성 방식을 자연 지리와 인문 지리 영역으로 확대해서 해석하였다. 아울러 전 장들에서의 경험적 연구 결과들을 그래프화하여 정리함으로써, 지평확대법에 의한 내용 구성 방식에서 탈피하여 탈지평확대의 관점에서 나아갈 방향을 모색하였다.

7장은 제언 및 결론으로 지평확대법에 대한 비판적 논의와 학생들의 스케일 선호도 및 텍스트 선호도 결과를 정리하였다. 이 결과들을 통해서 볼 때 초등학교 사회과 지리 영역의 학습 내용을 구성함에 있어 스케일에 대한 학생들의 관심과 흥미는 분명히 고려되어야 하고, 특히 세계스케일에 대한 높은 선호도는 기존의 지평확대법에 의거한 공간 확장 방식에 변화가 필요함을 의미한다. 한편 7장에서는 본 연구에서 부족했던 면이나 후속 연구의 방향에 대해서도 언급하였다. 즉 정교한 설문지 제작의 필요성, 강과 인구 외에 다른 주제를 통한 일반화 가능성의 모색, 중학교와의 연계성을 고려한 후속 연구의 중요성 등에 관해 기술하였다.

제2장

지평확대법의 비판적 논의를
위한 이론적 배경

지평확대법의 비판적 논의를 위한
이론적 배경

초등학교 사회과의 지리 영역에서 지평확대법에 의한 공간 확장 방식은 최근의 여러 가지 사회적 흐름과 맞물려 주요 논의의 대상이 되고 있다. 다양한 매체의 영향으로 인해 공간 범위에 대한 초등학생들의 인식은 과거와는 많이 다르기 때문이다. 이에 초등학교 사회과 지리 영역 내용을 구성함에 있어서도 기존의 지평확대법에서 벗어나 학생들의 관심과 흥미가 보다 적극적으로 반영된 새로운 방식을 요구하고 있다. 그러나 지평확대법이 지난 100여 년 동안 큰 흔들림 없이 꾸준히 적용되어 왔다는 사실은 그것에 대한 이론적 배경과 정당한 논리가 수반되지 않고서는 불가능했을 것이다. 또한 지평확대법을 적용하고 이를 옹호하는 입장의 주장들도 계속 존재해 왔다. 따라서 지평확대법의 이론적 배경과 기본적인 논리에 대해 먼저 살펴볼 필요가 있을 것이다.

이에 본 장에서는 먼저 지평확대법의 기원과 전개 과정, 적용 및 옹호 논리 그리고 이론적 토대에 대해 살펴보고, 이를 바탕으로 지 평확대법에 대한 여러 가지 비판적·대안적 논의들을 통해 탈지평 확대로 나아가야 하는 필요성을 찾고자 한다.

1. 지평확대법의 이론적 토대

지평확대법은 일련의 확장되는 동심원에 따라 학생의 이해가 발 달하고, 학생의 개념적인 발달은 동심원적 계열에 근거하여 이루어 지므로 이를 통해 사회 현상들을 학습해야 한다는 이론이다. 지평 확대법(Widening Horizons)과 관련된 용어들은 학자들에 따라 다양 한데, 환경확대법(Expanding Environments), 동심원확대법(Concentric Concept), 공동체확대법(Expanding Communities), 흥미확대법(Expanding Interests) 등이 있다. 그러나 이러한 명칭들이 가족 → 이웃 → 지역 사회 → 국가 → 세계로 확대되는 내용 구조를 지닌다는 점에서는 같다(LeRiche, 1987). 이처럼 공간 범위가 점차 확대된다는 점에 주 목하여 본 연구에서는 지평확대법이란 용어를 사용하기로 한다.[6]

먼저 지평확대법의 일반적인 개념에 대해 기술하면 다음과 같다.

---

6) 본 연구에서는 지평확대법에 대한 논의를 McMurry에서부터 시작하고자 한다. McMurry 가 제안한 지리교육과정에는 3학년의 향토지리를 4학년을 위한 기초 과정으로 설정하 여 학년이 올라감에 따라 '향토에서 바깥지역으로' 향하게 하도록 하는 개념이 있다. 그것은 '지속적으로 넓어지는 경계선(an ever-enlarging horizon)'이라는 용어로 대표되 고 있다(安藤輝次, 1992). 동심원적 확대에 대한 하나의 표현 방법인 'widening horizons' 와 닮아 있다는 점에 주목하여 본 연구에서는 지평확대법을 의미하는 용어로 'widening horizons'를 사용하고자 한다.

〈그림 2〉는 가운데의 가장 작은 원에서부터 가장 바깥쪽에 위치하고 있는 큰 원으로 확대되는 동심원 구조를 나타내고 있다.

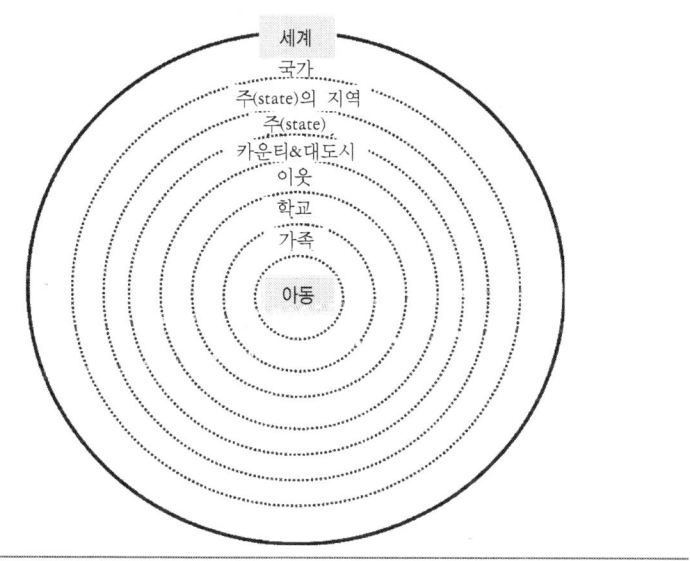

세계
국가
주(state)의 지역
주(state)
카운티&대도시
이웃
학교
가족
아동

〈그림 2〉를 보면 동심원의 중심에 있는 아동으로부터 가족, 학교, 이웃, 고장, 주, 지역, 국가, 세계로 공간 범위가 점차 확장되고 있음을 알 수 있다. 이러한 계열을 띠는 이유는 지평확대법을 학생들이 발달 단계와 관련지어 생각하기 때문이다. 즉 학생들의 발달 단계에 따라 섭하게 되는 공간 범위도 나와 고장 그리고 지역처럼 물리적으로 가까운 장소에서, 국가와 세계와 같이 먼 곳으로, 구체적인 장소에서 추상적인 장소로 이동될 것이라 가정하기 때문이다. 이러한 가정에서는 학생들이 섭게 되는 직접적인 경험들을 중요시하는 측면이 강하다. 그러나 그동안 직접적인 경험에서 '경험'의

의미를 어떻게 규정해야 할 것인지에 대한 논의나 어떤 다른 제안도 존재하지 않았다. 결국 공간 범위의 확장 순서나 그 공간에서 학생들이 직·간접적으로 겪게 되는 막연한 경험의 순서를 배열하는 데 그치고 말았다. 이를 학년과 관련지어 생각해 보면, 학생들과 거리상 가까운 집, 이웃 등의 범위는 저학년에서 다루고, 고학년으로 가면서 국가나 세계로 공간 범위를 확장하는 것이 바람직한 것으로 여겨진다. 이러한 계열의 순서나 배치는 공간 범위에 따라 독립적으로 또는 혼재되어 나타날 수 있지만, 지평확대법에 대한 기본적인 생각은 전술한 내용이 일반적이다.

한편, 지평확대법의 기원에 대해서는 현재까지 정확하게 규정할만한 기록이나 연구 결과가 없다. 지평확대법의 철학적 배경이나 역사적 관계에 대한 어떤 문서도 없었고, 이를 증명하기 위한 노력 또한 거의 없었기 때문이다. 따라서 학자들의 주장에 따라 그 관점은 다양하게 나타나고 있다. 다만 현재까지의 문헌 자료에 의하면, 지평확대법의 기원에 대해서는 미국과 일본의 연구 결과들이 약간의 차이를 드러내고 있다. 그러나 미국이든 일본이든 강력한 지지를 받고 있는 주장은 역시 없다. 미국의 경우, LeRiche(1974)는 1903년에 동심원 형태의 초등사회과 역사교육과정을 제안한 McMurry를 지평확대법의 시초로 보았다. 또한 Ravitch(1987)는 1934년, Paul Hanna에 의해 제안된 버지니아 안이 기원이라고 주장했다. 그러나 일본의 경우, 安藤輝次(1992)는 지평확대법의 실제상의 기원은 1940년, Hanna에 의해 제안된 샌타바버라 안임을 주장했다. 아울러 1965년, Hanna의 '인간의 확대되는 공동체'를 통해 지평확대법이 이론화되었다고 언급했다. 물론 넓은 의미에서 지평확대법은 Neef, Pestalozzi, Rousseau와 Locke까지 거슬러 올라갈 수 있다.[7) 그러나 이들의 생각을 지평확대법의 직접적인 기원으로 받아들이기는 어렵다. LeRiche(1974)는 그의 박사학위논문에서 지평확대 개념의 시초를 McMurry의 저서 『Special Method in History』가 출판된 1903년으로 규정하고 있다. 즉 지평확대 개념이 구체화된 결과물의 형태로 나온 시기를 출발점으로 보았다. 그러나 McMurry의 저서는 역사 영역을 중심으로 지평확대 개념이 구체화되어 있다. 이에 본 연구에서는 지평확대 개념을 적용하여 초능지리 교육과정을 처음으로 개발한 McMurry의 1895년 권고안을 논의의 출발점으로 정하고자 한다. 1895년 권고안의 내용을 지리적 공간 범위를 중심으로 정리하면 다음과 같다.

3학년: 짧은 여행과 현지 조사를 수반하는 향토지리.
4학년: Mississippi Valley에 대한 20가지 토픽들.
5학년: 미국의 동부와 서부를 따라 5가지 토픽들.
캐나다와 멕시코, 그리고 전체적으로 북미에 대한 이해.
6학년: 유럽의 지리

---

7) McMurry 이전, 지평확대법에 대한 역사적, 철학적 배경은 다음 세 명의 학자들을 통해 요약할 수 있다. 먼저 Rousseau는 "아동에게 자신의 거주지, 자신이 살고 있는 도시를 먼저 보여 주어라. …… 그리고 나서 나라, 두 나라 사이에 있는 장소 …… 학생들은 이들 지역에 대한 지도를 그린다. ……"고 언급하며 가깝거나 친숙한 사회에 대한 연구를 시작으로 꾸준히 그리고 체계적으로 나아가고자 했다. 그리고 아동에게 시각적 경험을 바탕으로 학습이 시작되어야 한다고 주장했다. 구체적인 연령에 따른 내용 배치와 같은 상세함은 드러나지 않지만, 아동 발달에 따른 공간 범위의 확대를 제시함으로써 지리교육과정에 의미를 부여하고 있음을 알 수 있다. 다음으로 Pestalozzi는 Rousseau로부터의 영향을 동심원 형태의 아이디어로 발달시켰다. 즉 가까운 곳에서 더 먼 곳으로의 진행, 이웃에서 볼 수 있는 대상에서 점점 더 먼 대상들로의 확장, 사람 주위에서 점점 더 먼 곳으로 확장되는 지식 등을 강조했다. 마지막으로 Neef는 Pestalozzi와 함께 지리적 지평확장 교육과정을 위한 계획을 세웠는데 주요 내용은 다음과 같다. "주위, 가상 먼 주(state) 그리고 전체 공화국이 지구에 나타날 때까지 …… 우리는 경계를 가지는 나라들을 차례로 나타나도록 할 것이다. 그리고 더 먼 곳들 …… 이런 방식으로 우리는 우리의 눈앞에 서 있는, 실제로 알려진 것과 같은 바다, 대륙, 섬, 전체 지구까지 윤곽을 계속 그릴 것이다."

McMurry는 이상의 권고안에서 "……가정에서 지구 밖으로 나아가게 될 것이다. ……"라고 밝힘으로써 지평확대 개념에 대해 간단하게 언급했다.[8] 즉 짧은 여행과 현지 조사가 직접 가능한 향토 수준의 범위에서, 미시시피 강과 같이 특정한 경관을 통해 다룰 수 있는 토픽들이 존재하는 주(state) 범위, 그리고 주(state) 범위를 넘어선 미국이나 북미 전체에 이르기까지 학년이 상승함에 따라 공간 범위가 확장되고 있음을 알 수 있다.

또한 McMurry는 1903년에 출판된 『Special Method in Geography』에서, 집 근처의 이웃으로부터 집이 속해 있는 주(state), 미국, 북미, 유럽, 아프리카, 아시아, 오스트레일리아, 그리고 남미까지 점점 더 바깥으로 확장되어 가는 지평확대법의 일반적인 계열을 그대로 유지함으로써 1890년대의 자신의 논리들을 정리하고 있다. 아울러 3 – 5학년에서 다루어지는 토픽들은 단순화되고 가공되지 않아야 하는 반면, 그 뒤의 토픽들은 더 세련되고 복잡해야만 한다는 점을 기술함으로써, 단순한 것에서 복잡한 것으로의 이행을 강조하고 있다. 그리고 지리적 사고를 하는 데 기본이 되는 친숙하고 구체적인 향토 지리(home geography)의 중요성을 여전히 강조하고 있다. 그러면서 이웃에 대한 대화와 소문을 통한 학생들의 친숙함은 외국에 대한 지식보다 10배는 더 크다고 주장했다.

미국에서의 지평확대법은 McMurry의 권고안이 공립학교 교육과정에 채택된 이후로 대략 30년 동안 지속적으로 증가하는 추세를

---

8) McMurry의 1895년 권고안은 3학년에서의 향토지리와 4학년의 주(state)에 대한 학습 사이에 간격이 너무 넓다는 지적이 있었다. 이에 McMurry는 1898년에 수정・보완된 새로운 지리교육과정안을 제안하는데, 이 권고안에서는 가정에서부터 이웃, 지역사회, 주(state)로 이어지는, 좀 더 체계적인 지평확대 개념이 제시되었다.

보였다. 당시의 초등사회과 교과서 시리즈, 모든 주(state) 교육과정 지침서 그리고 모든 지방의 학교교육과정 안내서에는 지평확대 개념이 반영되었다. 저학년 사회과는 자신, 가족, 이웃, 그리고 지역 사회를 거쳤고, 중학년 사회과는 지역, 미국 역사나 서반구 전체로 확대되었으며, 동반구나 세계 지리 그리고 세계사에서 정점을 이뤘다(Superka, Hawke, & Morrisett, 1980, 재인용).

한편, 1900년대에는 많은 연구들이 지평확대법의 적합성을 주장하는데, 특히 컬럼비아 대학의 Horace Mann School과 시카고 대학에 Speyer School과 같이 영향력 있는 대학실험학교들에서 주로 발달했다(Akenson, 1987). 이들 중 Speyer School은 가족과 같이 간단한 주제에서 모험, 정착과 같은 복잡한 주제까지를 포함하는 교육과정을 진전시킨 것으로 유명했다. 또한 친숙함으로 시작해서 친숙하지 않는 방향으로 활동하는 것을 강조한 Dewey, 아동들이 확장된 세계를 공부하고 더 큰 세계로 나아가는 데 기반이 되는 '향토지리(Home Geography)'의 개념을 강조한 McMurry 등은 지평확대법의 발달에 탄탄한 배경을 제공했다. 특히 Dewey를 중심으로 하는 진보주의 교육자들은 "아동의 성장과 발달은 인류의 문화발달 단계를 반복한다."는 문화경관이론과 같이 형식적 틀에 넣는 것을 반대하고 아동중심적인 것을 보다 강조했다(서태열, 2005, 342). Dewey는 학생들이 친숙한 환경을 바라볼 수 있게 함으로써 자신들의 세계와 연결할 필요가 있다고 주장했다. 즉 학생들에게 친숙한 환경은 바로 집, 이웃, 학교와 같이 자기 주변이라는 것이다.

1930년대로 접어들면서 Hanna에 의해 버지니아 플랜(1934)과 샌타바버라 플랜(1937)이 연이어 발표되는데, 버지니아 플랜의 경우는

3학년까지의 사회과로 한정하고 있기 때문에 전체적인 측면에서 지평확대법이 적용되었다고 보기는 어렵다. 반면, 샌타바버라 플랜은 Hanna의 계열 연구의 단초가 되었을 뿐만 아니라 8학년까지의 동심원 계열을 나타냈다. 버지니아 안(1934)은 1930년대 중반에 초등사회과 교육과정들을 통합하기 위한 중요한 핵심으로 등장했다. 여기에서 Hanna는 초기의 학생들이 자신들의 지역사회에서 삶의 질을 향상시키는 일을 할 수 있도록 하기 위해 지평확대법을 적용했다. 그리고 1937년에 초안을 짠 샌타바버라 안은 1학년에서 6학년까지 가까운 곳에서 먼 곳으로의 원칙을 따랐고, 1940년대 초기에 여러 초등학교들에 의해 채택되었다(Hand and Hanna, 1937). 그러나 Hanna의 교육과정안에서도 가깝고 - 먼 원리(near - remote principle)에 기초하고 있다는 것 외에는 명확한 논리가 나타나지 않았다.

2차 세계대전을 거치고 난 1956년, Hanna는 '인간의 확대되는 공동체(expanding communities of men)'라 불리는 지평확대법의 계열을 제시하는데, 당시 Hanna는 직접적인 경험을 중시하는 지역사회를 매우 강조했다. 그러나 지평확대법의 발달은 여기까지다. Hanna가 지역사회를 강조하는 수정된 지평확대 계열을 잇달아 발표할 무렵, 이미 학계에서는 지평확대법에 대한 비판의 목소리가 점점 더 커져 가고 있었기 때문이다. 즉 지평확대법은 McMurry에서 시작하여 Hanna로 마무리되었다고 볼 수 있다.

한편, 지평확대법이 Hanna에 의해 체계화된 이후부터 학계에서는 이에 대한 비판이 끊임없이 제기되어 왔다. 그러나 지평확대법을 옹호하고 이를 적용하는 입장에서는 나름대로의 논리를 제시하고 있다. 이에 Hanna를 비롯한 여러 학자들의 견해를 통해 지평확대법의 적용 및 옹호 논리를 살펴보고자 한다.

먼저 Hanna는 지평확대법의 적용에 대해 다음과 같은 논리를 제시하고 있다. 어떤 공동체에서 문제가 발생하면, 작은 공동체인지 큰 공동체인지에 따라 문제 해결에 이용되는 공간 범위가 달라진다는 것이다. 즉 문제 해결을 위한 논리적인 장소가 있다는 것이다. 한 예로, 지역사회와 같은 상대적으로 작은 공동체에서 일어나는 문제들을 주(state) 정부나 연방 정부로 넘길 필요가 없는 경우를 들 수 있다. 반대로, 세계나 국가에서 해결을 논하기에 작은 문제들은 지역사회에서 다뤄야 한다는 것이다. 따라서 지평확대법에서 공간 계열을 조직하는 데에는 다분히 이와 같은 의미가 내포되어 있음을 이해해야 한다. 그러나 최근에 발생하는 각종 문제는 비단 특정 지역에만 국한되는 사안들이 아니다. 사안에 따라서는 지역사회로부터 세계에 이르기까지 다양한 공간 범위가 모두 관련되는 경우도 흔하다. 그러므로 Hanna의 논리는 최근의 시대적·사회적 상황에서는 적용할 만한 근거가 다소 부족하다고 하겠다.

다음으로 Hanna는 교육과정에 나타난 자신의 범위와 계열이 문제 해결의 관점에서 보편적으로 적용될 수 있다고 믿었다. Hanna는 비교와 대조의 개념을 도입하는데 구체적인 내용은 다음과 같다. 가족에 대한 학습에서 학생들은 자신들의 가족 외에도 다른 친구들의 가족에 대해서도 학습하고, 이웃에 대한 학습에서도 자신들이 살고 있는 지역사회의 이웃뿐만 아니라 다른 곳에서 이사 온 학생들을 통해 서로 비교하며 배울 수 있다는 것이다. Hanna의 이러한 생각은 비교 가능한 지역에 대한 학습으로 결론을 내리는 단원이 교과서에 포함됨으로써 구체화되었다. 즉 단원의 끝은 항상 비교할 수 있는 토픽들을 다루는 것으로 마무리되었다[9].

또한 Hanna는 1950년, 자신의 개념과 관련하여 처음으로 '동심원'이라는 용어를 사용했다. 그는 미래의 학교가 지역사회, 주(state), 국가 그리고 세계로 확장되는 동심원에서 충돌 없이 기능할 수 있는 시민들을 만들어야 한다고 주장했다. 이어 그는 지평확대법과 가장 가까운 초등사회과 권고안을 만들었다. 초기에는 이전과 마찬가지로 가정 - 이웃 - 학교 - 지역사회의 순서를 제시했다. 그러나 4학년에서 6학년까지의 중학년은 다음과 같이 제시하고 있다.

> 우리 주(state)에서 생활하기.
> 오늘날 우리나라에 있는 다른 자연적 환경에서 생활하기.
> 대조적인 도구와 기술이 이용되는 북미의 다른 환경에서 생활하기.
> 대조적인 도구와 기술이 이용되는 남미의 다른 환경에서 생활하기.
> 대조적인 도구와 기술을 가진 다른 대륙, 다른 환경에서 생활하기.
> 과학적 도구와 강력한 기술에 의해 도움을 받는 독립적인 세계에서 생활하기.
>
> (LeRiche, 1974, 156)

이상을 보면, 전술했던 사항들이 복합적으로 반영되어 있음을 알 수 있다. 특정 학년을 정해서 내용을 제시하지는 않았지만 공간이 확대되어 가는 것을 확인할 수 있다. 주(state)에서 시작하여 미국, 북미, 남미, 다른 대륙 그리고 세계로 이어지는 전형적인 지평확대법의 계열을 따르고 있기 때문이다. 또한 비교와 대조의 개념을 적

---

9) 이러한 구성에 대해 LeRiche(1974)는 소련의 레닌그라드라는 '대도시'에 대한 학습을 예로 들고 있다. 레닌그라드에서 '대도시'라는 주제에 대해 학습할 때, 학생들은 '대도시'라는 개념에 대해 배우게 된다. 그리고 세계의 다른 대도시에 대해서도 배운다. 레닌그라드만큼 상세하게 배울 수는 없겠지만, 다른 대도시에 대해서도 비교와 대조를 통해 학습할 수 있다. 이것은 학생들이 다른 형태의 공간을 경험하게 될 때 중요한 요소로 작용할 수 있다. 적어도 자기가 겪게 되는 공간에 대해서는 '대도시'라는 개념을 적용하여 구분할 수 있기 때문이다.

용한 흔적도 나타난다. '대조적인 도구와 기술', '다른 환경' 등과 같은 용어를 삽입함으로써, 특정 공간 범위에 대한 학습에서 비교와 대조를 통해 다른 형태에 관한 학습도 함께 이루어지도록 하고 있음을 알 수 있다.

Hanna는 지평확대법에 대한 이상의 생각들을 학습 이론과 관련지어 정리하는데 주요 내용은 다음과 같다. 그는 "학습의 전이는 이전의 학습이 일반화되었을 때 그리고 이전의 학습과 유사할 때 쉽게 이해되는 원리로 받아들여진다."라고 주장했다. 결국 이것을 '동심원적 공동체'와 관련지어 해석하면, 새로운 학습과 이전의 학습 사이에 유사성은 동심원 그림에서 두 가지의 가까운 공동체 사이에서 학생이 만드는 관계일 것이다. 즉 예를 들어, '가족'에 대한 학습이 이루어진 후에 '이웃'에 대한 이해가 원활하고, 또 '지역사회'와 '주(state)' 사이의 학습 내용이 유사할 때 훨씬 쉽게 이해된다는 것이다.

다음으로 Wesley는 1940년대 중반, 지평확대(Widening Horizons)와 지평확장(Expanding Horizons)이라는 용어를 번갈아 사용하며 지평확대법에 대한 옹호의 입장을 밝혔다. 그는 1937년에 초등사회과 교육과정의 자료들을 단계화하기 위한 토대로 '가까운 – 먼 원리'에 대해 다음과 주장했다.

> 학생이 알고 이해하는 곳에서 모르는 곳으로 나아간다는 사실은 오랫동안 인식되어왔다. 학생은 Champs Elysees의 산책길에 있는 것보다 학교운동장에, Churchill Downs보다 오히려 카운티(county) 박람회에, 그리고 Banff의 운동장보다 지방의 주(state) 공원을 더 잘 알고 잘 이해하고 있을 것 같다. 유사하게, 유럽이나 아시아보다 향토, 주(state), 그리고 국가에 대해 더 친숙할 것이다. 경험한 것에서 경험하지 못한 것으로 진행하는 원리는 확실한 것처럼 보인다. 경험되는 것의 토대는 경험되지 못하고 먼 것에 대한 이해를 형성시킬 수 있다(LeRiche, 1974, 138).

이처럼 Wesley는 알고 있는 곳에서 모르는 곳으로, 경험한 것에서 경험하지 못한 것으로, 친숙한 곳에서 낯선 곳으로의 진행을 강조하며 가까운 곳에서 점점 더 먼 곳으로 공간이 확대되어야 함을 주장했다. 그러나 Wesley의 주장은 최근의 상황을 고려할 때 부족한 점이 없지 않다. 즉 요즘 학생들은 학교운동장보다 월드컵이나 올림픽이 열리는 대형 스타디움에, 우리 동네의 소공원보다는 디즈니랜드와 같은 세계적으로 유명한 놀이공원에 더 많은 관심과 흥미를 나타내기 때문이다. 환언하면, 아무리 가까운 동네라 하더라도 그것이 곧 친숙함이나 직접적인 경험을 수반한다고 단정할 수는 없다. 또한 이러한 예상들은 경험의 유무와는 별개로 작용할 것이다. 즉 가깝고 주변에 있는 장소들을 경험했다고 해서 그것이 곧 친숙함을 보장한다거나, 멀리 떨어져 있기 때문에 경험을 못 했다고 해서 그것이 친숙함을 보장하지 않는다고 할 수는 없다는 것이다. 더욱이 이러한 경향성에 대해 그 어떤 경험적 자료도 뒷받침되지 못하고 있는 실정이다.

한편 Kaltsounis(1967, 72 - 74)는 지평확대법에 대한 옹호의 근거를 다음과 같이 제시하고 있다.

첫째, 심리학적으로 적당한 연구 접근 중에서, 아동들이 자신과 동떨어진 복잡한 문화를 이해할 수 있다는 주장은 연구 근거가 없다는 것이다. 여기에서 아동들에게 동떨어진 복잡한 문화가 존재하는 공간은 적어도 지역사회를 넘어선 국가 내지는 세계를 의미할 것이다. 즉 세계에 대해 아동들이 이해할 수 있다는 근거가 없음을 지적하고 있다. 그러나 이런 논의에 앞서 아동들에게 동떨어진 복잡한 문화가 과연 세계를 의미하는 것인지 고민할 필요가 있다.

'복잡한' 문화는 세계스케일에서도 존재하겠지만 가까운 고장스케일에서도 '복잡한' 문화는 얼마든지 존재할 수 있기 때문이다. 또한 아동들에게 복잡한 문화 자체를 이해시키는 것이 목적이 아니라 단순화된 형태로 가공된 문화라면 이해는 별개의 문제가 될 것이다. 따라서 '가깝고 먼', '단순하고 복잡한'의 의미는 상대적인 측면에서 재고될 필요가 있을 것이다.

둘째, 지평확대법은 교재와 아동들의 일상생활 사이의 괴리를 연결하는 다리 역할을 한다는 것이다. 자신들에게 있어 실질적인 문제를 학습 초점으로 세울 수 있고, 그 문제에 관련된 내용을 바탕으로 사회과학의 제 분야로 이어 나갈 수 있기 때문이다. 이는 아동들이 생활하는, 아동들과 거리상 가까운 이웃, 고장에 대해 다룬다는 점에서 실질적인 문제를 초점으로 하고 있다. 그러나 일상생활과 관련된 내용을 다룬다고 해서 사회과학의 제 분야로 이어 나갈 수 있다는 것은 논리적인 비약일 수 있다. 일상생활은 실질적인 측면과 더불어 '친근감'이라는 다소 추상적인 요소도 고려되어야 한다. 거리상 가까운 것만을 일상생활로 간주할 수는 없다. 성인들에게 일상적인 것이 아동들에게는 낯선 것일 수 있다. 또한 국가적인, 세계적인 공간 범위에서도 아동들이 느낄 수 있는 친근한 요소들은 얼마든지 있을 수 있다. 따라서 이런 부분까지 고려한다면 교재와 아동 사이의 괴리감을 해소하는 다리는 비단 일상생활에 국한되는 것만은 아닌 것이다.

지평확대법이 1900년대 초부터 발달될 수 있었던 데에는 이를 옹호하는 여러 학자들의 입장과 더불어 이를 뒷받침하는 이론적 토대의 영향 또한 컸다. 지평확대법의 이론적 토대는 크게 발달심리학과 경험중심 교육과정의 측면에서 찾을 수 있는데 이에 대해 구체적으로 기술하면 다음과 같다.

먼저 발달심리학은 19세기 말과 20세기 초 초등사회과의 발전에 결정적인 역할을 했다(Akenson, 1987; LeRiche, 1987). 특히 Herbart의 발달단계반복이론(Recapitulation theory)은 일련의 문화적인 시기를 통한 발달의 관점에서 초등학교시기를 바라보았다. 그래서 이 시기의 학생들은 인류의 진화와 유사한 방식으로 여러 단계들을 겪는다고 생각했다. 즉 '개체발생은 계통발생을 반복한다.'는 원시시대 문화로부터 단순한 것에서부터 복잡한 것에 이르기까지 발달의 패턴을 분명하게 했다. 이는 단순한 것에서 복잡한 것으로 나아가는 현상을 발달 패턴과 연결하려 했다는 점에서 지평확대법의 기본적인 개념과 관계가 있다. 한 예로, 학생들은 복잡한 아메리카와 유럽의 문화를 공부하기 전에 아메리칸 인디언과 아프리칸 종족들의 문화 같은 단순한 것부터 공부한다. 그래서 문화의 단순성 또는 복잡성은 학생들의 발달 단계의 단순성 또는 복잡성과 결합되는 것이다. 그러나 이상의 내용들을 전술했던 McMurry의 지리교육과정에 그대로 적용하기는 어렵다. 그래서 McMurry는 1895년 지리교육과정 권고안을 만들 때 이러한 내용들을 지리적인 측면으로 전환시켰다. 즉 집, 이웃, 학교와 같은 장소는 학생들에게 단순한 곳일 뿐만 아니라 단순한 문화가 형성되는 곳이고, 주(state), 국가, 세계와 같은 장소는 이전의 장소들에 비해 복잡한 문화가 형성될 뿐만 아니라 장소 그 자체가 복잡성을 띠고 있다고 간주했다. 발달심리학이 지평확대법과 조화를 이루는 방식은 지리교육을 위한 지침서(Guidelines for Geographic Education)(1984)에도 잘 나타나 있다. "초등학교에서의 지리(Geography in the Elementary School)"로 명명된 그 섹션은 다음과 같이 진술하고 있다.

> 초등단계에서 지리교육은 중요한 지리적 이해뿐만 아니라, 학생들의 인식적, 심리적, 그리고 사회적 발달 단계에 대한 지식에 바탕을 두어야만 한다. 그래서 지리적인 이해와 기능들을 발달시키기 위해 학생들의 풍부하고 다양한 삶의 경험들이 가능한 한 많이 이용되어야만 한다(Joint Committee on Geographic Education and the Association of American Geographers, 1984, 10 - 11).

JCGE는 이상의 진술이 초등학교에서 구체적으로 어떻게 적용되어야 하는지에 대해 진술함으로써 지평확대법과의 조화를 꾀하고 있다. 유치원에서 2학년까지의 계열은 자기 자신, 가정과 학교 그리고 지역사회 및 이웃 등을 포함한다. 3학년과 4학년은 지역사회 그리고 주(state), 국가, 세계를 포함하고, 5학년과 6학년은 미국, 캐나다, 멕시코 그리고 라틴 아메리카, 유럽, 러시아, 중동, 아시아, 그리고 아프리카를 다룬다(JCGE, 1984, 11 - 17).

다음으로 Piaget의 인지발달이론을 중심으로 하는 발달심리학적인 측면에 대해 기술하고자 한다. 자기중심적인 사고로 대표되는 전조작기는 개인과 개인 사이의 관계에 대한 사회적 방향성을 가진다. 이와는 달리 형식적 조작기는 인간 상태에 대한 생각, 관념적인 관계, 가치의 사회적 방향성을 가진다. 따라서 전조작기의 아동을 위해서는 개인과 개인 사이의 관계를 다루어야만 한다는 것인데, 이는 지평확대법의 기본 개념과 상당히 일치하는 것처럼 보인다. 그리고 이러한 내용은 가정, 학교, 이웃, 그리고 지역사회에 먼저 초점을 맞추도록 하고 있다. 또한 Piaget는 인지발달의 원천을 비사회적인 것에 두었다. 즉 성인과 아동 간 상호작용의 효과에 대해서는 관심을 기울이지 않았다. 인간의 정신 속에는 다양한 문화, 상황 및 과제와 관계없이 불변적인 심리 구조가 존재하며, 이 같은 심리 구조는 타인들과의 관계나 사회적 관계 그리고 문화적 환경과는 본질적으로 독립적인 것으로 보았다(김억환, 1996). 그러므로 나와 고장, 나와 이웃, 나와 지역 간의 관계보다 나보다는 더 확장된 공간으로서 이웃이나 고장 또는 지역을 바라보았다. 이러한 관점은 아동이 성장함에 따라 주변에서 점차 먼 곳으로 공간 범위가 확대된다고 주장했던 100여 년 전의 사회에서는 당연한 것으로 받아들여졌다. 또한 교통과 통신의 발달이 미약했던 당시로서는 상호 관계의 정도도 아동 자신과 거리상 가까운 곳에 있는 주변에서부터 이루어졌다. 따라서 경험할 수 있는 공간이 가까운 주변에서부터 먼 세계로, 익숙하고 친근한 자기 주변에서부터 낯선 먼 곳으로 확대되어 가는 것은 당연했을 것이다.

또 Piaget는 아동의 내적 준비성과 환경적 자극 사이에 적절한 격차 즉 내부의 인지적 갈등이 있을 때 인지가 발달한다고 보았다(김애경, 1997). 이를 지평확대법과 관련지어 보면 학년이 상승함에 따라 나로부터 이웃, 지역사회, 국가, 세계로 공간이 확대되는 것은 나와 이웃, 이웃과 지역사회, 지역사회와 국가, 국가와 세계라는 환경 사이에 일정 부분 차이가 존재하고, 이러한 차이가 인지적 갈등을 초래할 수 있다는 것이다. 즉 '이웃'이라는 범위를 접한 뒤, '지역사회'라는 공간에 직면하게 되면, 두 공간 범위 사이에 존재하는 차이로 인해 아동은 어느 정도의 인지적 갈등과 혼란을 초래하게 된다. 이런 갈등과 혼란을 통해 아동은 인지 발달을 이루게 된다는 것이다. 그러므로 지평확대법에서의 공간계열성은 이러한 점들을 충족시키는 데 적당하다고 본 것이다.

발달과 학습의 관계에 대해서도 Piaget는 교육의 '최적의 시기(opti-mal time)'를 강조하면서 발달이 학습에 선행되어야 한다는 입장이다(김애경, 1997). 즉 Piaget는 인지발달이 이루어진 후에 각 발달 수준에 준하여 학습이 진행될 수 있으며 이 과정에서 아동이 이미 지니고 있는 인지 발달적 구조가 더욱 세련되고 그 구조들의 세부 단위에 인지적 기능이 통합된다는 것이다(김애경, 1997). 여기에서 최적의 시기가 존재한다 함은 아동의 연령에 맞게 학습이 이루어져야 함을 의미한다. 즉 지평확대법의 측면과 관련지어 고장에 대해서 배워야 하는 최적의 시기에 도달했을 때 고장을 배워야 한다는 것이다. 따라서 고장의 범위를 넘어선 국가 범위의 내용에 대해 배우기 위해서는 그에 맞는 최적의 시기까지 기다려야 함을 의미한다. 그 최적의 시기에 도달했을 때 이전에 고장을 배울 때보다는 보다 세련된 인지 발달 구조를 형성하게 된다는 것이다. 그러나 이것은 고장에 대한 내용은 쉽고 구조가 단순하며 세계에 대한 내용은 어렵고 복잡할 것이라는 막연한 가정을 전제로 하고 있다. 즉 고장에 대한 내용은 단순해서 이해하기 쉽기 때문에 저학년 또는 어린 나이에 학습해야 하고, 국가나 세계에 대한 내용은 어렵고 복잡하기 때문에 그 내용들을 이해할 수 있는 고학년에서 학습이 이루어져야 한다는 것이다. 하지만 고장과 국가, 세계에 대한 내용들이 쉽고 어려움의 문제가 아니라, 학생들의 관심과 흥미에 관한 문제라면 최적의 시기는 다른 관점에서 재고될 필요가 있을 것이다. 특정 공간에 대한 학생들의 관심이나 흥미 정도에 따라 최적의 시기가 달라질 수 있을 것이고, 그것은 특정 공간을 다루는 데 있어 상세화의 정도에도 영향을 끼칠 수 있기 때문이다. 예를 들어, 세계에 대한 관심과 흥미가 모든 학년에서 높게 나타났다면, 지평확대법에서의 공간 계열처럼 세계를 고학년에 이르러서야 다룰 것이 아니라, 모든 학년에서 다루되 인지 발달 구조를 세련시킬 수 있는 내용의 상세화 차이를 통해 다루는 것도 고려해 볼 수 있을 것이다.

한편 최근에는 Wridt가 발달심리학의 관점에서 지평확대모델(Expanding Horizons Model)을 몇 가지 유형으로 정리했는데 주요 내용은 다음과 같다.

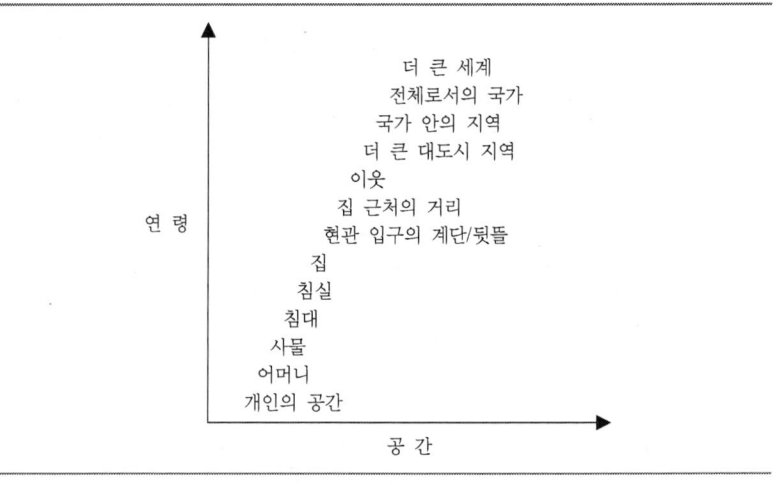

🌑 그림 3 아동-환경 사이의 지평확대모델
　　　(Harloff et al., 1998; Spencer et al., 1989, Wridt, P., 2004, 26, 재인용)

〈그림 3〉은 아동과 환경 사이의 지평확대모델을 나타낸 것인데, 아동들은 성장함에 따라 자신들의 환경을 독립적으로 진행시킨다고 제안한다(Wridt, P., 2004, 26). 즉 환경에 대한 아동들의 경험에 따라 인식의 발달 패턴이 단계적으로 나타난다는 것이다. 그러므로

여기에서의 환경은 아동 자신의 개인적인 공간에서 시작하여 집, 이웃, 대도시, 국가, 세계로 점차 확대된다. 이런 공간들은 모두 엄연히 구분되는 독립적인 공간으로 보기 때문에 공간 상호 간의 관계에 대해서는 고려하지 않는 점이 특징이다. 따라서 이런 구조는 지평확대법에서의 공간 계열과 어느 정도 일치하고 있다. 이처럼 이 모델에서는 환경과 아동의 독립적인 상호작용을 강조하는데, 이 때문에 아동들의 여행, 다른 어른 및 사회적 네트워크의 영향과 같은 측면들은 크게 고려하지 않는다. 지평확대법이 비판받는 데에는 미디어의 발달과 여행의 증가 등으로 인한 공간 상호 간의 독립성이 점차 무너지고 있다는 점이 중요한 이유다. 아동과 환경 사이의 지평확대모델은 이러한 부분을 고려하지 않았다는 점에서 아쉬움이 남는다.

다음으로 많은 연구자들은 아동 - 환경 사이의 지평확대모델에 의한 것보다 더 맥락적이고 상황적이며 복잡한 아동들의 범위에 관심을 가졌다(Wridt, P., 2004, 27). 즉 아동들은 성장함에 따라 지평확대에 의한 공간들을 경험하게 되지만, 이 공간들은 매일 생활하는 집이나 자주 찾는 장소들, 습관적으로 다니게 되는 장소들에 집중되어 있다는 것이다. 이것을 아동 - 환경 사이의 공간 - 시간 모델로 명명하는데 다음의 〈그림 4〉와 같이 나타내고 있다.

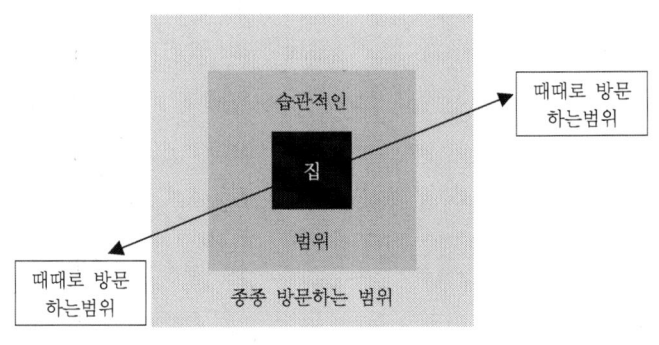

🌑 그림 4   아동 - 환경 사이의 공간 - 시간 모델
(Moore, 1990; Matthews, 1992, Wridt, P., 2004, 28, 재인용)

　그러나 〈그림 4〉 또한 지평확대모델의 요소를 일부 포함하고 있
다. 매일 경험하게 되는 집에서부터 습관적으로 자주 접하게 되는
집 밖의 정해진 특정 공간들, 그리고 그것보다는 더 이따금씩 경험
하게 되는 범위의 공간들도 결국에는 지평확대법에서의 일반적인
공간 계열과 크게 다르지 않기 때문이다. 이상과 같이 경험의 빈도
를 기준으로 공간 범위를 설정한다면 집을 중심으로 이웃과 고장
수준을 벗어나는 경우는 드물기 때문이다. 이는 결국 지역사회나
국가, 세계와 같은 보다 확장된 공간 범위를 설명함에 있어 그 부
족함이 드러나게 된다. 이유는 전술했던 바와 같이 지평확대법에
대한 비판 내용들과 유사하다.

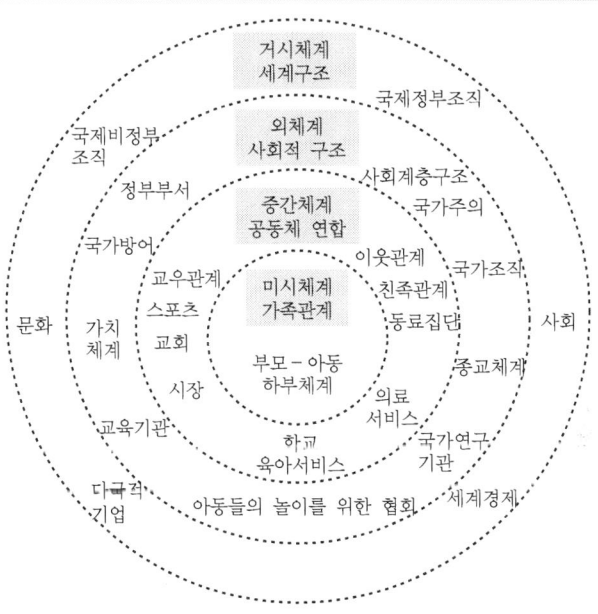

🔅 그림 5 아동-환경 사이의 사회-문화적 모델
   (Moore, R. C., 1990; Bronfenbrenner, U., 1979, Wridt, P., 2004, 29, 재인용)

〈그림 5〉는 아동-환경 사이의 사회-문화적 모델을 나타낸 것
이다. 사회심리학자들과 사회학자들은 아동과 환경 사이의 관계를
거시적인 사회 구조에 연결되어 있는 미시적인 맥락 안에서 설명
했다. 이 모델은 사회적 존재로서 아동과 사회적 발달에 영향을 미
치는 사회적 요인들에 관심을 가지므로, 물리적 환경은 주어진 것
으로 받아들여지고 사회적 환경이 연구의 초점이 된다(Wridt, P.,
2004, 28). 그러나 사회-문화적 모델 역시 기본적으로 주어진 물
리적 환경은 지평확대법에서의 공간 계열과 크게 다르지 않다. 미
시체계에서부터 거시체계에 이르기까지 포힘되어 있는 내부분의
공간들이 가족에서부터 세계로 확장되고 있기 때문이다. 다만 각각

의 체계를 구성하고 있는 세부 구조들이 사회적 요인이나 집단, 그리고 집단 간의 관계에 관심을 두고 있으므로 전술한 두 가지 모델보다는 지평확대법의 공간 계열에서 벗어나 좀 더 유연한 형태를 지닌다고 할 수 있다.

한편 Bronfenbrenner(1979)는 이상의 구조들을 사회적 생태학에 대해 실질적인 힘을 발휘하는 네 개의 상호의존적 체계로 범주화했다(Wridt, P., 2004, 29). 예를 들어, 미시체계라 부른 것은 가족관계이고, 중간체계는 학교나 교회와 같은 공동체 단계의 사회적 구조를 말하며, 외체계와 거시체계는 종교체계, 계층구조, 그리고 세계 경제와 같은 더 큰 사회적 구조들을 의미한다. Bronfenbrenner(1979)는 자연 환경들이 발달 중인 사람에게 영향을 주는 중요한 원천이라는 가정에서 출발했다(Shaffer, D. R., 2002, 송길연 외 역, 2005, 79). 〈그림 5〉에서 가운데 위치하고 있는 아동은 네 가지 체계의 중심에 있는데, 아동과 직접 접해 있는 미시체계에서부터 직접적인 포함관계가 형성되지는 않지만 아동에게 영향을 주는 외체계와 거시체계까지의 폭넓은 범위를 갖고 있다. 이 네 가지 체계 각각은 상호 작용할 뿐 아니라, 아동과도 상호 작용하여 아동 발달에 영향을 끼치게 되는 것이다.

두 번째 이론적 토대로서 경험주의적인 측면은 특히 듀이에 의해 강조되었는데, 당시 지평확대법에 중요한 영향을 끼친 교육의 한 흐름으로써 이에 대해 좀 더 구체적으로 파악할 필요가 있다. 듀이를 중심으로 하는 경험주의적인 측면에 대해 기술하면 다음과 같다.

경험주의 교육에서 강조하는 것은 교육의 사회화 측면이다. 학생들은 미래의 사회에서 적응하고 생활하는 데 필요한 여러 가지 기능들을 익히고 경험해야 하기 때문에 학습할 수 있는 사회, 즉 학습이 가능하고 경험할 수 있는 사회가 학습의 바탕이 되어야 한다는 것이다. 따라서 학생들에게 교육적으로 유용한 경험과 학생들이 일상생활에서 경험하는 것들을 학습 내용으로 구성하게 되는데, 이 때문에 교육의 사회화 측면에서는 생활과 관련된 문제들을 통합하여 가르칠 수밖에 없게 되었다. 또한 전통적인 방식으로 학습 내용을 선정한다 하더라도 학생들의 사회화에 도움이 되는 내용들을 채택하는 것이 일반적이었다. 이상을 토대로 듀이가 주장하는 경험의 의미는 구체적으로 다음과 같다.

듀이는 『경험과 교육』에서 교육은 학습자의 기존 경험에서부터 시작해야 함을 기술하면서 기존의 경험과 그 과정에서 발달된 능력이 이후에 모든 학습의 출발점이 된다고 주장했다. 예를 들어, 학습자의 기존 경험이 집이나 이웃 등 주변 공간에 한정되어 있다면, 학습자의 발달 단계가 높아지는 이후의 단계에서는 적어도 집이나 이웃에 대한 기존 경험이 학습의 출발점이 되는 것이다. 그래서 집과 이웃을 뛰어넘는 지역사회나 국가와 같은 공간에 대해서 경험하게 되고, 이러한 과정을 통해 발달이 이루어지는 것이다. 이처럼 듀이가 말하는 경험의 의미도 지평확대법과 관련지으며, 결국 아동들은 '나'를 중심으로 '세계'로 확장해 가면서 공간에 대한 경험이 이루어지는 것으로 해석할 수 있다. '기존의 경험'이란 부분에 대한 다양한 해석이 가능하지만, 경험주의이 일반적인 관점에서는 학습자의 발달 단계에 따라 기존의 경험을 해석하고 있기 때문이다.

또 듀이는 새로운 사물과 사선에는 이전의 사물·사건과 지적인 관계가 마련되어야 한다고 언급했는데, 이는 학생들이 스스로 해결

할 수 있는 그런 성질의 것은 아니다. 즉 경험을 통해 지적인 관계를 마련하기 위해서는 교사가 조력자의 역할을 수행해야 한다. 그러므로 학생들에게 일방적으로 지식을 주입시키거나, 반대로 학생들의 자발성(自發性)에만 의존하는 것이 아니라, 학생들을 여러 가지 경험에 참여시키는 계획을 세워야 한다고 주장했다. 바로 이런 점들이 경험주의적인 측면에서 강조하는 교육의 사회화와 밀접한 관련이 있다고 하겠다.

한편 듀이는 '흥미'와 관련해서도 아동들은 현재의 생활에 흥미가 있고, 자신들의 주위에 있는 그리고 자신들이 겪은 사회적 제 조건에 흥미를 갖고 있다고 주장했다. 따라서 학생들이 경험할 수 있는 사회는 바로 '나'를 중심으로 하는 주변 공간을 의미한다. 바로 이러한 측면이 지평확대법에서 주장하는 '나'에서 '세계'로의 확대에 대한 이론적 근거를 제공했다고 볼 수 있다. 요약하면, 듀이의 원리는 아동들이 가장 잘 알고 있는 것에서 시작하자는 것이다. 이 원리를 아동들의 경험과 관련지어, 부모, 가정, 이웃 등에서 서서히 공간적 범위를 넓혀 가는 동심원적 확대 방식을 취하고 있는 것이다. 그러나 듀이가 말하는 흥미는 경험주의 교육에 근거한 측면이 짙다. 즉 학생들의 실질적인 흥미를 토대로 경험주의 교육을 주장한 것이 아니라, 경험주의 교육의 측면에서 흥미를 바라보고 있는 것이다. 교육의 사회화 측면에 기여할 수 있는 경험들을 학습 내용으로 선정하는 것도 그와 같은 맥락일 것이다. 또한 100여 년 전의 사회에서는 학생들이 주변 공간에 대해 흥미를 가지는 것이 당연했을 것이다. 그러나 최근의 사회에서는 학생들을 둘러싸고 있는 여러 가지 환경들을 고려할 때 결코 주변에 대해서만 흥미를 가진다고 단정 짓기 어려울 뿐만 아니라, 각종 매체 등의 영향으로 오히려 주변 지역을 넘어선 더 확장된 공간에 대해 관심과 흥미를 지니고 있을지도 모른다. 이런 점에서 듀이의 흥미는 학생들의 관심에 대한 직접적인 경험적 자료를 바탕으로 도출된 주장이라 보기는 어렵다. 아울러 그것에 영향을 받은 지평확대법의 경우는 더욱더 그러하다.

한편, 경험주의 교육에서 교육의 사회화는 아동의 흥미와 능동적인 참여를 중요시하는 아동중심주의, 사회생활의 경험을 교육과정에 편성하는 지역사회학교 주상에 영향을 끼쳤다는 점에서 중요한 의미를 지니고 있다. 아동중심주의와 지역사회학교는 지평확대법과 무관하지 않고, 지평확대법 또한 경험주의 교육의 영향을 받아 하나의 학습 내용 구성 원리로서 체계를 갖추게 되었기 때문이다. 이에 아동중심주의와 지역사회학교에 대한 내용을 지평확대법과 관련지어 살펴보고자 한다.

먼저 1930년대까지 두 가지 종류의 진보교육운동이 있었는데 하나는 급진적인 사회재건주의자들이었고 다른 하나는 사회의 회복을 간접적인 방법을 통해 달성하고자 하는 아동중심주의자들이었다(LeRiche, 1974). 급진주의자들이 사회적 병폐를 치료하기 위해 학교를 이용하여 아동들을 직접 가르치려고 한 반면, 아동중심주의자들은 앞으로 성인이 될 아동들의 창의적인 잠재력을 발달시켜 문제를 해결하고자 했다. 이 중 아동중심주의자들이 1920년대 이후 진보교육운동의 주축 세력이 되었다. 아동중심주의에 영향을 끼친 부분들이 각기 다르다 하더라도 분명한 것은 듀이의 철학에 대한 Kilpatrick의 해석이다. Kilpatrick은 학교는 아동을 위해 실질적인 경험의 장소가 되어야 한다고 언급하며 다음과 같은 진술을 하는데 이러한 측면들이 듀이의 영향을 받은 것으로 보인다.

> 경험의 지속적인 재구성을 가장 잘 가져오고 가장 잘 만들어 낼 것 같은 학교 경험들을 적당하게 구성할 때 우리는 교육과정의 새로운 개념에 직면한다. ······ 이 새로운 교육과정이 경험을 구성한다. 그것은 교과 문제를 이용하지만 교과 문제를 구성하지는 않는다. 과거의 교육과정은 요구에 대해 되돌려 주기 위해 배우기 시작하는 교과 문제로 구성되어 있다. 새로운 교육과정의 정수는 더 나은 행동방식을 경험하는 활동에서의 아동이다(LeRiche, 1974, 재인용).

이처럼 Kilpatrick은 교과 문제를 더 나은 방향에서 이용하고 대리하기보다는 다른 어떤 경험을 하며 그리고 학생들의 목소리를 반영하고자 했다. 그러나 아동중심주의는 계획된 프로그램이 없고 지적인 측면에서 커다란 핵심이 빠져 있으며 학교를 떠난 이후에 대한 대비가 없었다는 등의 비판이 Rugg 등에 의해 제기되면서 점점 쇠퇴하기 시작했다. 또한 아동들의 관심사가 교육과정에 반영되었는지에 대한 확인과정도 없었고 부족한 계획으로 인해 내용의 반복이나 각종 활동들을 체계적으로 조절하지도 못했다. 실제로 1930년대까지는 아동중심주의의 영향이 교육과정에 적극적으로 반영되어 학생들의 관심사가 토픽으로 많이 선정되었으나, 1940년대 이후는 토픽이 줄면서 급격히 쇠퇴하였으며 1950년대 말에는 실질적으로 사라졌다.

어쨌든 아동중심주의는 전통적인 교육방식에 비해 매우 개인적인 방식으로서 교육과정의 내용을 결정하는 데 있어 아동들의 관심을 고려하여 가능한 한 실제의 생활과 관련짓고자 했다. 또한 지평확대법과 관련하여 아동중심주의는 집 - 이웃 - 지역사회로 공간 범위를 제한했기 때문에 충분히 같은 맥락에서 바라볼 수 있었다. 그러나 이러한 점은 오히려 비판의 대상이 되었다. 즉 지역사회에 대한 학습을 지나치게 강조함으로써 세계의 나머지 지역에 대한 학습 시간을 희생시켰기 때문에 학생들은 지역사회에 대해 소모적으로 공부를 했다는 것이다(LeRiche, 1974). 이는 탈지평확대의 관점과 비교할 때 다른 측면으로 볼 수 있으나 세계에 대한 학습을 더 많이 해야 한다는 양적인 측면에서는 같은 맥락으로 받아들일 수 있다. 그리고 이러한 아동중심주의에 대한 비판은 Rugg를 중심으로 이루어졌는데, 후술하겠지만 Rugg는 지평확대 억선형태의 교육과정을 제안했다는 점에서 본 연구의 목적인 탈지평확대로의 방안을 모색하는 데 있어 중요한 단서를 제공하는 인물로 판단된다.[10]

다음으로 지역사회학교는 실제 지평확대법을 체계화한 인물로 평가받는 Hanna에 의해 주도되었는데, Hanna 또한 듀이의 영향을 받았다는 점에서 경험주의적인 측면이 드러난다고 볼 수 있다. 동심원적 확대는 19세기 후반 공민과나 향토 지리에도 일부 채용되었는데, 사회과로서는 대공황의 혼미한 사회상황 속에서 사회적 경제적 내용을 중시할 목적을 갖고 도입되어 정착되고 있었다. 그 제창자가 바로 Hanna이다. 그의 동심원적 내용 구성안이 받아들여진 것은, 그가 당시의 진보주의 교육사상의 주류에 속해 있어서 진보주의적인 교육자 사이에서 넓게 공유된 관념, 특히 일상생활, 사회적 정신, 현실의 제 문제, 문제 해결 등을 강조하고 있었기 때문이었다.

---

10) 지평확대법과 밀접한 관계가 있는 아동중심주의에 대해 Rugg가 비판한 내용과 그 대안은 본 연구자가 지평확대법에 대해 비판하는 내용 및 그 대안의 방향과 비교할 때 매우 비슷한 맥락으로 판단된다. Rugg의 대안에 대해서는 지평확대법의 비판적·대안적 논의에서 구체적으로 기술하였다.

또한 Hanna는 대공황 당시의 사회 상황을 고려하여 모든 사람들이 행복한 생활을 영위할 수 있는 사회의 기본적인 구조와 질서를 구축하는 사회 재건의 역할을 교육과정에 담고자 했는데 그것이 바로 버지니아 플랜이었다. 버지니아 플랜에서 Hanna는 학생들의 경험을 위해 12개의 사회 기능을 제시함으로써 이러한 의도를 달성하고자 했다. 이 사회 기능은 경험적 조사 결과로 제시된 학생들의 흥미 수준에 따라 학년별로 활동 수준을 제시하였다(김영석, 1994, 4). 그러나 비록 Hanna가 학생들의 흥미를 사회 기능과 조화시키려 했다고 하더라도 12개의 사회 기능은 학생들의 흥미를 고려했다기보다 사회 질서나 사회 발달 등 사회적인 측면에 너무 치우쳐 있었다.

이후, 버지니아 플랜의 문제점을 보완하기 위해 Hanna는 학생들의 경험을 좀 더 중시하는 샌타바버라 안(1936)을 제안하기도 했다. Hanna의 이러한 노력은 'Youth serves the community'에서 지역사회학교의 형태로 나타나는데 이러한 측면들이 결국 경험주의교육에서 파생된 것으로 보인다.

지역사회학교가 아동의 측면과 사회적 측면의 조화를 시도했으나 아동중심주의와 지역사회학교는 약간의 차이를 보이는 것이 사실이다. 아동중심주의는 교과 내용을 중심으로 주입식 교육에 치중하는 전통적인 방식에 대한 반대 입장으로 아동의 흥미에 중심을 두는 입장이라면, 지역사회학교는 아동의 흥미 위주보다 사회 개조, 사회 재건, 사회봉사와 같은 사회적인 측면을 더 강조하는 입장이다. 즉 지역사회학교의 관점에서는 어린이의 건전한 성장을 위해서는 건전한 사회의 구축이 선결되어야 하며, 교육은 이와 같은 사회적 요청에 적극 부응하는 과정 속에서 아동의 성장을 계획해야 한다(김영석, 1994, 6)는 것이다.

이상을 토대로 Hanna는 지역사회학교에서 '지역사회(community)'의 의미를 다음과 같이 해석하는데 이것이 지평확대법으로 발달하게 된다.

> 지금까지의 지역사회학교는 학교와 인근 지역에 한정되어 취급되어 왔으나 현재와 같이 상호 의존하는 세계에서의 교육은 자신이 살고 있는 지역 공동체뿐만이 아니라 주(state), 지방, 나라, 세계 공동체 생활을 위한 준비를 시켜 주어야 한다(Hanna, 1953, 228; 김영석, 1994, 7, 재인용).

이처럼 지역사회뿐 아니라 가끼운 주변에서 세계로 나아가며 공간 범위를 구분함과 동시에 점점 더 확대되고 있다는 점에서 지평확대법과의 관련성을 찾을 수 있다. 실제로 Hanna는 여기에서 더 나아가 '확대하는 인간 공동체(Expanding Communities of Men)'라는 이름의 범위를 제시하는데 이 논리를 통해 아동과 사회의 양 측면을 동시에 달성하고자 했다.

2. 지평확대법의 비판적 · 대안적 논의

LeRiche(1974)는 지평확대법에 대한 비판이 일어나기 시작한 때를 1960년대 중반으로 규정하고 그의 박사학위논문의 연구 종료 시점 또한 1965년으로 설정하고 있다. 지평확대법은 1960년대 초반과 중반 심한 비판을 받았고, 이것은 교육과정 개정자들로 하여금 대안을 탐색하도록 했다. 또한 지평확대법은 학생들의 욕구에 부적합한 이론임을 주장하는 많은 논문들이 발표되었다. 그러나 그런 논문들 또한 경험적 연구 결과를 바탕으로 하는 실증적 논의였다기보다는 이론적 논의에 머물렀다.

이와 같이 지평확대법에 대한 비판은 1960년대부터 본격적으로 이루어졌다. 우선 Hanna는 지평확대법이 오늘날 복잡한 사회에서 학생들에게 부적당한 것이라고 비판하는 것에 대해 인정은 했지만 가까운 곳에서 먼 곳으로 나아가는 지평확대법의 기본 원리에 대해서는 의미 있는 것이라고 주장했다. 지평확대법에 의거해 교육과정안을 마련했던 Hanna조차도 이와 같은 비판을 일부 인정함으로써 초등사회과 교육과정에 있어 지평확대법의 위상 변화를 감지할 수 있다. 이러한 변화는 그의 교과서 시리즈를 통해서도 확인할 수 있는데 주요 내용은 다음과 같다.

1965년, Hanna는 '인간의 확대되는 공동체'라 불리는 지평확대법을 이론화하면서 『The Basic Social Studies Program』이라는 초등 교과서 시리즈를 썼다. 여기에서 저학년 텍스트들은 「In City」, 「Town and Country」, 「In the Neighborhood」, 「At Home and At School」와 같았고, 중학년들은 「In the Americas」, 「In All Our States」에서 'Beyond the Americas'와 같았으며, 6학년에 이르러 전 세계에 대한 학습을 완성했다. 그러나 몇 년 후, Hanna는 『Investigating Man's World』라는 새로운 교과서를 출판했는데 그것은 『The Basic Social Studies Program』에 적용되었던 지평확대법을 일부 수정한 것이다. 즉 초등학교 저학년에서부터 이미 외국 문화와 사람들에 대한 내용을 도입함으로써 당시 지평확대법에 대해 쏟아졌던 비판들을 부분적으로 수용했다.

또한 최근에 많은 학자들은 학생들이 먼 장소들에 대해 더 많은 관심과 친숙함을 가진다고 주장하며 지평확대법을 비판하고 있다. 공간에 대한 학생들의 관심과 흥미, 경험은 텔레비전, 증가된 여행과 이동의 편리함, 그리고 부모, 친척들의 영향으로 인해 크게 확대되고 있기 때문이다. 다음의 내용은 오늘날 지평확대법이 왜 비판을 받을 수밖에 없는지를 단적으로 보여 준다.

> 1900년대 초 미국은 농업사회였다. 학생들은 대가족제도하에서 길러졌고 농장에서 일을 했다. 그리고 성인이 되기 전까지는 지역사회를 벗어나는 모험은 좀처럼 하지 않았다. 그러나 현재의 학생들은 텔레비전, 여행, 그리고 인터넷 때문에 어릴 때부터 '다른 세계(world of difference)'에 노출된다(Clarke, Sears, & Smyth, 1990; Egan, 1980; National Council for the Social Studies[NCSS], 1989, Smith & Cardinell, 1964; Spencer & Barth, 1992). 이로 인해 학생들은 주변 지역에서 벗어나는 경험을 자연스럽게 생각하게 되었다. 그래서 오늘날의 학생들은 자신, 가족, 그리고 이웃이라는 '환경'을 초월하는 관심과, 세계에 대한 더 많은 지식을 가지고 학교에 다니게 된다(Curriculum Task Force of the National Commission on Social Studies in the Schools, 1989; Reed, 1987).

이상에서 알 수 있듯이 오늘날의 사회는 100여 년 전의 사회와는 비교할 수 없을 만큼 정보화, 세계화가 급속도로 진행되고 있고, 그러한 추세는 학생들에게도 많은 영향을 끼쳐 더 이상 주변에만 국한될 수 없는 상황에 놓였다. 따라서 주변에서 세계로 확대되는 지평확대법이 오늘날에도 유효할지에 대해서는 의문을 가질 수밖에 없다.

이처럼 지평확대법에 대한 비판은 1960년대 이래로 점점 더 심해졌다. 그러나 지평확대법에 대한 근본적인 비판은 이미 1915년 Johnson에 의해 제기되었다. 그의 비판은 "학생에게 무엇이 적당한지를 어떻게 결정하고 누가 결정하느냐?"라는 질문으로 요약된다.

즉 학생의 발달 단계에 따라 학년별로 일정한 공간 범위를 정해 놓은 지평확대법의 계열성을 문제 삼고 있다. Johnson은 학생의 연령과 지역사회 수준의 결합에는 난점이 있고, 이 방법은 너무 연령, 학년 지향적이라고 언급했다. 특히 처음 3단계의 지역사회(가정, 집, 학교)에서는 내용 반복이 많고, 사회적 필수기능에만 집중하여 시사적 이슈와 문제를 적극적으로 다루지 못해 유연성이 부족하다고 주장했다.

또한 Rugg는 Johnson과 함께 「사회과 교육과정을 어떻게 재건할 것인가」라는 제목의 논문으로 당시의 교육과정을 비판하는데 주요 논점은 다음과 같다.[11]

첫째, 당시의 교육과정은 교재의 선택, 학년 배당, 제시 목적과 기준에 대하여 명확하게 설명하고 있지 않음을 지적했다. 그리고 교육과정의 상세화는 사회적 요구의 조사 연구와 실험적 수업도 없이 권고 · 공표되었음을 언급했다. 즉 적절한 원리적 기초가 결여되어 있고 내용의 선택과 배당에 대해서도 충분한 증거 제시 없이 지지되고 있다는 것이다. 이는 전술한 Johnson의 주장과 같은 맥락이다. 단지 교육과정 제정자들에 의해 이론적인 논의 수준에 그치고 말았다. 둘째, 사회과 교육과정 구성 중 내용의 선택과 교재의 학년 배당에 관한 접근에 대하여 단순한, 또한 불완전한 예시밖에 보여 주고 있지 못하다고 비판했다. 사회적 요구에 대한 조사 연구와 실험적 수업이 이루어지지 못했기 때문에 내용의 선택과 교재의 학년 배당에서 과학적 접근의 미흡함은 당연한 결과로 여겨진다.

---

11) 1920년 당시의 교육과정에 대한 Rugg와 Johnson의 비판은 초등 지리에만 국한되는 것은 아니다. 그러나 당시 사회과 교육과정의 내용 조직과 구성에 대한 그들의 비판은 지평확대법과 관련하여 시사하는 바가 크다는 점에서 기술하게 되었다.

한편 1928년에는 Rugg와 Shumaker가 저서 『The Child-Centered School』를 통해 지평확대법을 비판하는데 주요 내용은 다음과 같다.

> 초등학교의 활동은 가족, 이웃, 그리고 지역사회에 대한 직접적인 학습으로 시작된다. 학교는 연속적인 활동을 통해 지방에서 세계까지 학생의 지평을 점점 확대해야 한다는 명제를 받아들여 온 것처럼 보인다. 아동 중심 학교들이 공립학교 체제에서 전통주의자들이 가진 만큼 엄격하게 동심원적 개념을 적용해 왔다고 추론되어서는 안 된다(Rugg and Shumaker, 1928, 93).

Rugg에 의하면, 전통적인 학교에서는 저학년에서 지역사회에 대한 학습에 초점을 맞추고, 다음 학년은 주(state)나 지역에 대한 생활학습으로, 나아가 상급학년에서는 국가 생활 그리고 마지막에는 세계 전체에 대한 학생들의 관점에서 마무리되도록 하고 있다. 실제로 신교육의 저학년 교육과정은 학년마다 동심원적으로 확대되는 것은 아니었다. 다만 전통적인 방식과 마찬가지로 지역사회를 축으로 조직되어 있었다. 그러나 새로운 학교 또한 전통적인 학교와 마찬가지로 장기간 동안 지역사회학습에 집착해 왔기 때문에 이것이 마치 동심원적 개념을 적용한 것처럼 보일 수 있었다는 것이다. 이처럼 전통적인 방식과 새로운 교육 사이에 미묘한 유사점과 차이점이 존재하지만 Rugg는 다음의 관점에서 신교육에 대해 비판하고 있다.

Rugg는 당시의 대표적인 초등학교들을 검토한 결과, 특히 저학년 교육과정에서 지역사회를 중시하는 경향이 짙다고 분석했다. 이들 학교에서는 직업 생활이나 지역사회 생활을 미니어처(miniature)에 재현하는 것은 학생들이 자신의 환경에 흥미를 갖고 있다는 것의 반영이라고 보았다. 그러나 학생들이 실제로 이러한 교육과정에 대해 관심과 흥미를 갖고 있었는지에 대한 논리나 실증적 자료가 부족했다. 또한 Rugg는 지역사회를 극단적으로 강조하게 되면 중요한 개념들을 가르치는 것이 곤란해진다고 주장했다. 이런 점에서 Rugg는 지역사회학교를 중심으로 지평확대법을 발전시킨 Hanna와는 반대되는 입장이었음을 알 수 있다.

한편, 구체적인 경험적 자료를 통해 지평확대법을 비판하는 연구들도 발표되었는데 이에 대해 정리하면 다음과 같다.

1932년에 Lacey는 학생들이 이미 학습한 사회과학 개념들에 대해 조사했다. Lacey는 도시와 촌락의 학생들이 사회과학 개념들에 대한 지식을 어느 정도 보유하고 있는지를 알고자 했다. 그 결과, 가까운 지역사회의 우체부, 경찰관, 소방관 등에 대해 바른 개념을 가지고 있는 비율이 1학년은 66%, 2학년에서는 71% 그리고 3학년에서는 78%에 이르렀다. 그리고 먼 곳에 대해 바른 개념을 형성하고 있는 비율은 1학년에서 50%, 2학년에서 62% 그리고 3학년에서는 83%까지 나타났다. 전체적으로 가까운 지역에 대한 이해 비율이 높게 나타났으나, 먼 곳에 대한 저학년의 이해 비율도 높게 나타났다는 점에서 의미 있는 결과로 여겨진다. 이와 같이 1932년에 이미 초등학생들은 지평확대법의 체계를 벗어나 사회과학 개념들에 대해 배울 수 있다는 경험적 데이터가 도출되었다.[12][13]

---

12) 그러나 구체적 데이터를 제시하며 지평확대법을 비판했음에도 불구하고, 이를 반박하는 여러 의견들 또한 제시되었다. 이는 1963년 Mugee에 의해 이루어졌는데, Lacey의 연구에 대해 초기 학년의 학생들은 우체국, 경찰서 등에 대해 정확한 지식이 부족하다고 반박했다. 예를 들어, 우체국의 경우, 아동들은 편지를 보내기 위해 어떻게 해야 하는지 그리고 얼마의 비용이 드는지에 대해 정확하게 알지 못한다는 것이다. 즉 애매하거나 피상적인 답변을 정확한 데이터로 받아들이기는 어렵다는 것이다.

13) Smith와 Cardinell(1964)은 지평확대법을 비판한 연구들을 '지평확대법에 대한 도전'으로 규정하고 다음과 같이 반박했다. 아동들은 어떤 주제들(예를 들어 정직, 강, 인도,

또 1954년에 McAulay는 2학년 학생들 대다수가 여행과 매스미디어 등의 경험들을 통해 자신들이 생활하고 있는 공간 밖의 세계에 대해 어떠한 지식을 가지고 있다고 주장했다. McAulay는 70명의 학생들과의 인터뷰를 통해 그 근거를 제시하고 있는데 주요 내용을 요약하면 다음과 같다.

> 23명의 학생들은 뜨거운 곳에 있는 인도차이나를 알고 있었고, TV 프로그램, 뉴스영화, 또는 라디오방송 등을 통해 그곳에서 벌어지는 싸움에 대해 알고 있었다. 11명의 아동들은 인도차이나에서의 싸움과 제네바 협정 사이에 어떤 관계가 있다는 것을 알고 있었다(LeRiche, 1974, 171).

위의 내용과 관련하여 McAulay는 47명의 아동이 가정에 TV가 있었고, 63명은 여름에 100마일 이상 멀리 떨어진 곳으로 여행한 경험이 있었으며, 18명은 새 학년도에 다른 주(state)로부터 전학 왔음을 확인했다.

1955년에는 Huck가 1학년들을 대상으로 언어, 그림, 사물의 질문 형식을 통해 사회과의 75가지 개념에 대한 이해도를 조사했다. 그 결과 아동들에게 가까운 환경은 성인 세계의 환경을 대부분 포함하고 있었다. 이미 6살 아동의 지식은 자신의 가정, 이웃, 지역사회에 한정되어 있지 않고 세계의 전체적인 모습에서 사실이나 단편 정보를 모아 놓고 있다고 결론을 내렸다. Huck는 학습원을 조사해 본 결과, 직접 경험이 19.4%, TV를 통한 것이 19%, 부모의 영향이 9%, 학교의 영향이 5% 이하인 것으로 나타났다. 결국 1학년 아동

워싱턴, 세계)에 대해 잘못된 개념을 가지고 있었지만 대부분의 흥미는 세계에 대해 나타났다는 것이다. 따라서 막연히 가지고 있는 흥미에 따라 학습할 것이 아니라, 잘못 형성되어 있는 개념을 바로잡아 주는 것이 선행되어야 한다고 주장했다.

들은 학교에서보다 자신의 생활환경에서 사회과의 더 많은 개념들을 습득한 것으로 드러났다. Huck의 연구가 비록 1학년들을 대상으로 하고 지리 중심이 아닌 사회과 개념들을 통한 포괄적인 성격이 짙지만, 개념 이해도 및 학습원 조사를 통한 구체적 자료를 이용하여 지평확대법을 비판했다는 점에서 의미 있는 연구라 여겨진다.

McAulay와 Huck의 연구를 통해 1950년대에는 이미 TV의 영향, 여행이나 이주 등으로 인한 장거리 이동으로 인해 아동들의 경험 범위가 확대되고 있었음을 알 수 있다. 따라서 최근의 사회적 상황에 비추어 본다면 학생들은 여러 가지 직·간접적인 경험의 증가로 인해 친숙하게 인지하고 있는 공간이 과거에 비해 보다 이른 시기에, 보다 멀리까지 확대되어 있다고 예상할 수 있을 것이다.

이어서 McAulay는 1960년에 펜실베이니아 주의 초등학생 715명을 대상으로 아동들이 흥미를 가지고 있는 분야에 대해 조사했는데 주요 내용은 다음과 같다.

5명을 한 단위로 하는 그룹 가운데에 지구본을 두고, 아동들에게 다음의 테마를 주어 서로 이야기한 내용을 기록하였다. 1학년과 2학년의 주제는 옛날 사람들, 지금 사람들, 좋아하는 사람들, 우리나라의 여러 장소, 다른 나라의 여러 장소, 좋아하는 장소였고, 3학년에서 6학년까지는 다른 나라의 가 보고 싶은 장소, 가 보고 싶은 나라에 대해 알고 싶은 것, 미국 내에서 가 보고 싶은 장소, 흥미 있는 역사 속의 한 시기, 사회과에 대하여 보다 알고 싶은 것이었다. 그 결과, 고학년일수록 사회적인 흥미의 개수는 증가하지만 흥미의 범위는 모든 학년을 통틀어 일본에 관심을 갖고 있다거나 하는 식으로 지평확대법의 계열에서 제시되는 공간 범위를 이미 넘어서고 있었다. 이상의 결과를 통해 적어도 지리적 공간 범위에 대한 흥미를 중심으로 학습 내용을 구성한다면 지평확대법의 일반적인 공간 계열은 수정될 필요가 있음을 알 수 있다. 고학년일수록 사회적인 흥미의 개수가 증가함을 볼 때, 저학년에서 고학년으로 갈수록 개인적 측면에서 사회적 측면으로 나아가는 현상이 오히려 지평확대법에서의 공간 계열 순서와 관련이 깊다고 하겠다.

지평확대법에 대한 비판은 1967년 Douglass에 의해서도 이루어졌다. 특히 Douglass는 정치적 사회화의 시각에서 비판의 관점을 제시하는데 주요 내용은 다음과 같다.

첫째, 이웃이나 주(stare)의 지역사회와 같이 1년에 하나의 지역사회를 공부하는 것은 2학년과 4학년에 공통적으로 제안되었다. 그러나 이것은 학생들이 사회의 넓은 곳으로 향하게 되는 것을 양쪽에서 막는다고 했다(Douglass, 1967, 73). 둘째, 이런 접근은 학생들이 가장 큰 흥미를 가지는 자료를 제거하려는 것이고 현재의 이슈들을 이용하는 것을 방해하는 것이라고 했다(Douglass, 1967, 73). Douglass의 두 가지 관점은 지평확대법이 학생들의 관심과 흥미를 제한할 수 있음을 의미한다. 이는 학생들이 이웃이나 지역사회가 아닌 다른 공간 범위에 더 많은 관심과 흥미를 가질 수 있다는 가정일 뿐만 아니라, 학습 주제들에 대한 학생들의 관심과 흥미를 고려한다면 지평확대법의 계열에서 벗어난 범위에 대해서도 학습이 가능함을 나타내는 것이다.

한편 Ravitch(1987)는 지평확대법의 기원과 본질을 역사적으로 분명히 하면서 동심원적 확대에 기초한 사회화를 비판하는데 주요 내용은 다음과 같다.[14]

초등사회과에서 동심원적 확대의 내용 구성은 1930년대부터 오늘날까지 부동의 입지를 구축하고 있기 때문에 그것은 어떠한 교육적 심리적 연구가 뒷받침되고 있다고 생각하기 쉽다. 그러나 교육의 현대화 운동의 지도자나 저명한 임상심리 학자들에게 동심원적 확대를 지지하는 심리학적 연구 성과에 대하여 문의하였으나 누구도 그것을 정당화하는 연구를 제시하지 못했다. 결국 동심원적 확대는 특정의 사회적 정치적 가치를 가르치기 위해 확립되었다고 이해할 수밖에 없으며 거기에는 아이들의 심리적인 근거에 대한 아무런 검증도 없었던 것이다(安藤輝次, 1992. 8, 재인용).

이상을 통해서 볼 때 Ravitch 역시 지평확대법을 뒷받침하는 경험적 연구 자료의 부족을 지적하고 있다. 아울러 지평확대법을 적용하는 데 있어 사회적, 정치적 측면에 대한 고려만 있었을 뿐, 학생들의 관심과 흥미는 거의 고려되지 않고 있음을 비판하고 있다.

Ravitch와 마찬가지로 지평확대법을 비판하면서 역사 중심 교육과정의 필요성을 주장한 Egan은 동심원적 확대가 듀이의 교육 이론에 있다고 주장했다. Egan(1979)은 그의 논문에서, 듀이는 『경험과 교육』에서 "교육은 학습자의 기존 경험에서 시작해야 한다."고 주장하고 있고, 그것이 동심원적 확대 지지의 이론적 근거가 되어 왔다고 여겼다. 아울러 Egan은 동심원적 확대와 같은 사회화 기준을 교육과정의 선택 원리로만 할 것이 아니라, 이야기와 같이 아이들이 자연스럽게 재미있다고 생각할 수 있는 교육적 기준도 도입해야 한다고 강조했다.

최근에 Larkins(1987)는 3학년까지의 많은 사회과 교과서들이 희망을 잃고 아무런 정보를 제공하지 않는다고 주장했다. 또한 여러

---

14) Ravitch와 Egan의 경우는 지평확대법을 지리적인 관점에서가 아니라, 역사교육과정의 관점에서 비판하였다. 그러나 학생들의 관심과 흥미를 중요하게 생각해야 한다는 점에서 본 연구의 의도와 일치하므로 이에 대해 간략히 언급하였다.

학자들은 학생들이 대부분 학교 밖의 내용을 배울 것이기 때문에 과다하고 불필요한 그리고 부적절한 텍스트들을 많이 보아 왔다(Larkins, 1987; Reed, 1987)고 언급했다. 초등 단계의 텍스트를 연구하는 다른 학자들 또한 특별히 다문화적인 그리고 지구적인 정보의 부족과 관련하여 내용이 부적절하다는 것을 알았다(Alter, 1995, 1997; Brophy, McMahon, & Prawat, 1991).

이외에 Phenix는 어린 아이들은 자신의 경계를 넓혀 상상력을 펼치는 것이 가능하고 그만큼의 흥미를 가지고 있다고 했다. Adelson은 인지 과학이나 발달 연구에서 현재의 방식을 시시하는 근거는 어디에도 없고, 적어도 내가 본 어린이들은 지평확대법을 재미없어하는 것으로 생각된다고 했다. 또한 Bettelheim은 저학년에서 가르치고 있는 초등사회과 교육과정은 학생들에게 전혀 도움이 되지 않고, 교과서에는 이러한 현실이 왜 생겨났는지에 대한 설명이 없으며, 어린이가 이미 알고 있는 현실을 반복하는 것에 불과하다. 따라서 이 연령대의 어린이가 요구하는 것은 자신들의 상상력 혹은 역사적 감정 이입을 통해 어떻게 현재의 상황이 생겨나게 되었는지를 아는 것이라고 주장했다. 이런 주장들은 사회과 교육과정 초창기 때 지평확대법에 대해 비판했던 연구 결과들과 같은 맥락으로 볼 수 있다. 그런 점에서 지평확대법의 기계적 적용은 지역 간의 상호관계를 알기 어렵게 하기 때문에 사회 현상을 보는 정확한 안목을 제공해 주지 못하고, 학년별로 학습 주제를 구별하는 것은 학생들에게 사회의 광범위한 면을 이해하는 것을 제한하여 현재의 쟁점과 사회의 흐름을 읽는 것을 방해할 수 있다고 주장한 Rahima(2002)의 연구도 비슷한 경우라 할 수 있다.

지평확대법에 대한 비판적 논의는 국내 학자들에 의해서도 제기되고 있는데 대표적인 연구들을 정리하면 다음과 같다.

먼저 류재명(2003)은 지평확대법에 대해 다음과 같이 비판하고 있다.

> "지평확대법의 가장 큰 문제점은, 학습 대상 지역이 '우리 동네'라는 좁은 것에서부터, 학년이 올라갈수록 점차 넓은 지역으로 나아간다는 그 '방향성'입니다. 좁은 지역에서 넓은 지역으로, 학습 대상으로서의 지역 범위가 넓어지면, 어떤 지리적 현상을 '좁은 주제'로 '깊게' 학습하기는 어려워질 가능성도 그만큼 증대된다는 것입니다. 학년이 올라갈수록 학습자는 보다 전문화되고 고차원적인 사고를 해 보기 원합니다."(류재명, 2003)

이상은 지평확대법에서의 계열이 학년별로 공간 범위를 한정하고 있고, 고장에서 세계로 나아가는 구조로 인해 학습 내용의 상세성이 학생들의 사고 수준과 일치한다고 보기 어렵기 때문에 학생들의 관심과 흥미, 그리고 사고를 제한하는 부작용을 초래했음을 강조하고 있다. 따라서 공간에 대한 학생들의 관심과 흥미를 반영한다면 지금과 같은 지평확대계열은 당연히 수정될 필요가 있을 것이다. 이런 측면에서 류재명의 주장은 지평확대법에 대한 비판에만 그친 것이 아니라 대안의 가능성 및 방향을 제시했다는 점에서 큰 의의가 있다고 하겠다.

서태열 또한 "현대 기술의 발전은 학생들의 이동성을 증대시켜 인지 범위가 확산됨으로써 환경의 확대 순서가 반드시 맞는지도 의문이 제기되며, 가까운 사상이라고 하여 반드시 쉬운 것은 아니다. 즉, 진보주의 교육관이 바탕을 두고 있던 당시의 사회를 이해하기 위해 유용한 방법이, 엄청난 사회 변화를 겪은 오늘날의 고도

산업 사회를 이해하는 데 아직도 도움을 줄 수 있을 것인지는 여전히 과제이다."(서태열, 2005, 346)라고 언급하며 지평확대법을 비판했다. 또 학생들의 지리적 환경의 지각이 과연 스케일의 순서대로만 계속 발생해 나가는가에 대한 의문이 여전히 제기되고, 상이한 스케일의 지역 사례들은 항상 동일한 지리적 주제나 질문들로만 결합되는 것은 아닐뿐더러, 서로 상이한 차원에서 상이한 공간관계, 인간-환경 관계가 존재하므로 스케일(지역 크기)의 순서(예: 가까운 곳 → 먼 곳, 작은 지역 → 큰 지역)가 지리내용을 계열화하는 유일한 원리는 아님을 강조했다.

이처럼 지평확대법에 대한 비판적 논의는 지속적으로 이루어져 왔으나 이에 대한 구체적인 대안 제시는 미흡했던 게 사실이다. 뿐만 아니라 구체적인 경험적 자료를 바탕으로 하는 대안이나 연구는 더욱 부족했다. 지금부터는 지평확대법에 대한 몇몇 대안들을 살펴보고 그 논리와 주요 내용을 비판적 시각에서 바라봄으로써 본 연구에서 지향하는 탈지평확대로의 가능성을 모색하고자 한다.

지평확대법은 1920년대까지 초등학교에서 일반적인 것이었지만, 사실 초창기 때부터 이에 대한 비판은 끊이지 않았다. 즉 많은 학교에서 지평확대법을 채택했지만, 지평확대법에 의거한 지리 교육과정을 계승한 흔적은 거의 발견되지 않았다. 당시 지평확대법을 비판함과 동시에 대안을 제시한 대표적인 학자로 Rugg를 들 수 있다. 초등사회과에 대한 기본적인 생각은 그의 교과서 시리즈인 『인간과 변화하는 사회(Man and His Changing Society)』를 통해 파악할 수 있다. 이 책의 제목들은 일종의 역지평확대법(counter-expandingenvironments)을 나타내고 있다. 100년 이상이 지난 지금도 Rugg의 시리즈는 획기적이고 놀랄 만한 제안인데 당시로서는 파격적인 주장이 아닐 수 없다. 따라서 Rugg의 이러한 생각이 어떻게 구체화되었는지 그의 교과서 시리즈를 통해 확인할 필요가 있다. 역지평확대법과 관련하여 주요 내용들과 그 의미들을 살펴보면 다음과 같다.

먼저 3학년에서 6학년까지의 학년별 교과서 시리즈의 제목부터 살펴보자.

> 3학년 지구에 대한 최초의 서적, 자연에서 살아가는 사람들
> 4학년 인간의 커뮤니티, 인간과 국가
> 5학년 미국의 건설, 일하는 사람: 공업
> 6학년 일하는 인간: 미술과 공예, 다양한 시대의 인간

교과서 시리즈의 제목만으로도 지평확대법의 계열에서 벗어나 있음을 알 수 있다. 『지구에 대한 최초의 서적』이라는 제목에서 알 수 있듯이, Rugg는 3학년에서 '지구'에 대해 다루었는데, 지구의 탄생, 밤과 낮, 태양, 지구의 산맥과 사람들, 화산, 동식물의 탄생, 초기의 인간, 빙하기의 인간, 최초의 인간 등에 관련된 내용들이 수록되어 있다. 지평확대법에서는 3학년에서 고장 및 지역사회에 대한 내용들을 주로 다루었지만, Rugg는 3학년에서 이미 지구 전체에 관한 내용을 다룸으로써 역지평확대법의 계열을 시작하고 있다. 이는 3학년의 후학기로 가면 더욱 구체화되는데, 부시맨 – 아프리카, 에스키모 – 북극 지역, 인디언 – 남극 지역, 베두인(Bedouin) – 사막의 생활과 같이 세계 여러 지역들을 사례로 자연에서 살아가는 사람들의 모습을 다루고 있다.

4학년에서 Rugg는 인간과 커뮤니티, 인간과 국가에 대한 내용들을 다루고 있다. 그러나 커뮤니티와 국가의 개념이 학생들이 살고 있는 주(state) 지역사회나 미국뿐만 아니라, 세계 속의 커뮤니티, 즉 미국, 아시아, 유럽의 커뮤니티에 대한 내용들을 다양하게 다루고 있다. 그중 미국의 커뮤니티를 중심으로 지리에 대한 직접적인 학습을 함과 동시에, 커뮤니티의 발전에 대해 비교적 깊이 있게 다루고 있다. 이러한 구성은 지평확대법에서 다루고 있는 이웃과 지역사회 의미의 커뮤니티 개념과는 차이가 있다. 즉 세계와 커뮤니티 상호 간의 관계가 중점적으로 다뤄지고 있는 것이다. 이는 4학년 후학기의 『인간과 국가』에서도 비슷하게 나타난다. 미국이라는 자국에 대한 국가 개념이 아니라, 세계 속의 아시아, 유럽, 남아메리카 등지의 여러 나라들에 대한 지리, 역사, 문화, 산업, 생활 등의 내용들을 폭넓게 다루고 있다. 따라서 4학년까지는 전 지구적인 범위에서 시작하여 세계 속의 커뮤니티, 세계 속의 국가들을 중심으로 내용이 구성되어 있음을 알 수 있다.

5학년에서는 미국에 대해 본격적으로 다루는데 지리적 그리고 역사적으로 어떤 과정을 거쳐 미국이 건설되었고 어떤 산업들을 기반으로 발전을 이루게 되었으며 그러한 과정들 속에서 어떻게 서로 의존하게 되었는가에 대한 내용들을 다루고 있다. 이처럼 5학년은 국가라는 공간 범위를 중심으로 다루고 있다는 점에서 지평확대법에서의 공간 범위와 유사하다

마지막으로 6학년에서는 3학년에서 도입했던 인간에 대한 내용들을 심화해서 다루고 있다. 즉 3학년에서는 최초의 인간, 초기 시대의 인간 등과 같이 인류의 기원과 관련된 내용을 다루었다면, 6

학년에서는 인간과 관련하여 미술, 공예, 기술, 건축 등 다양한 문화가 어떻게 발전하게 되었는지 그리고 그것들을 바탕으로 여러 시대에서 인간들은 어떤 문명을 창조했고 어떻게 문명을 발전시킬 수 있었는지 등에 대한 내용들을 다루고 있다. 이처럼 6학년은 지평확대법과 관련하여 특정한 공간 범위를 다루고 있다고 하기에는 모호한 측면이 있다. 다만 전체적인 계열을 정리하면, 전 지구적인 범위에서 출발하여 세계 속에서 커뮤니티와 국가에 대해 다룬 뒤, 자국(미국)에 대해 접근하는 방식을 취하고 있다.

이와 같이 Rugg는 지평확대법에 반대되는 또는 지평확대법에서 벗어나는 교과서 시리즈를 제안했다.[15] 이상 Rugg의 교과서 시리즈를 통해 알 수 있는 특징들이 몇 가지 있는데 이것은 지평확대법과 관련하여 중요한 의미를 지닌다. 주요 특징들을 정리하면 다음과 같다.

첫째, Rugg의 교과서 시리즈는 1학년과 2학년이 누락되어 있고 단일 학년이나 단일 연령대보다 학년들을 그룹의 관점에서 바라보고 유연하게 프로그램을 계획해야 한다고 주장했다(Rugg, 1939, 148). 그래서 Rugg는 초등사회과 교육과정에서 정확한 학년 배치를 하지 않았다. 이는 Rugg의 교과서 시리즈에 포함되어 있는 소책자에 구체적으로 언급되어 있는데 安藤輝次(1992)는 주요 내용을 다음과 같이 요약했다.

---

15) 1976년, Anderson은 자신이 편집한 교과서 『우리들의 세계로의 창』에서 Rugg의 대안과 유사한 내용을 구성하는데 특히 3학년에 잘 나타나 있다. 3학년 교과서는 지구에서 출발하여 아이들에 이르는 '동심원적 축소'라고 할 만한 내용 구성을 채용하고 있다. 이러한 내용 구성은 1930년대에 Rugg가 작성한 초등학교 사회과 교과서와 상통하는 부분이 있다(安藤輝次, 1992).

교과서에 학년을 기재하고 있는 것은, 예를 들어 3학년의 대부분 아이들이 '지구와 우주'에 대하여 흥미를 갖고 학습하는 것을 Rugg 자신이 경험적으로 학습해 왔기 때문에 3학년에 그것을 배분했다. 그러나 학년 배당은 구교육과 같이 대륙이나 국가나 시대라는 교과 내용의 단원 목차에 따라 행해야 하는 것이 아니라, 아이들의 이해나 흥미를 한층 깊이 있도록 하기 위한 것이어야 한다. 그러므로 아이들의 정신 연령, 지적 성숙성, 발달도, 교육연령, 사회적 성숙성, 생리적 성숙성, 또래 집단의 지배적인 흥미, 학교의 교육과정 전체에 있어서 그 내용의 위치, 교사의 상상적 그리고 예술적 기량 등 여러 요인을 고려할 필요가 있다. 그래서 시간과 장소에 따라서는 4학년이나 5학년의 아이들에게 사용해도 큰 문제가 없다고 제안하며, "단일 학년이 아니라 오히려 복수의 학년에 따라 학년 배분을 계획하고 있다."고 설명한다.

이와 같이 Rugg는 역지병확대법을 제안하면서도 학년과 학습 내용을 유연하게 운영할 것을 강조하고 있다. 이러한 Rugg의 교육과정 원칙을 뒷받침하는 중요한 요소가 아이들의 흥미다. 학년 배분과 내용 선정, 교과 내용의 운영 등 여러 측면에서 아이들의 흥미가 우선적으로 고려되고 있다. 그러나 Rugg 역시 실증적 자료나 조사를 기반으로 아이들의 흥미 측면을 구체화하지는 못했다.

둘째, Rugg는 인류의 다양한 문명이 다양한 시대와 장소에서 어떻게 발전해 왔는가를 이야기하고자 했다. 그래서 지구상의 사람들과 그 역사에 관한 중요한 사실과 개념을 선정하여 배치했고, 이 사실과 개념의 선정에 있어 심지 조사와 답사, 여행과 같은 지리적인 요소를 활용했다. 이는 지평확대법의 측면에서 볼 때, 지리적 공간 중심의 구성이라기보다 지리와 역사를 활용한 공민 중심의 성격이 짙다.

셋째, Rugg의 교과서 시리즈는 다양한 개념이나 주세들을 순화시키고 있다. 예를 들어 교통은 식료품이나 의료품의 공급, 사람이나 물자의 운반, 신속한 커뮤니케이션 등을 가능하게 한다는 의미에서 중요한 개념인데, 그 개념은 자연에 적응하며 생활하는 사람들이나 원시적인 농업에 의존하는 사람들의 생활 형태와 대비시키면서 몇 번씩 제시되고 있다. Rugg가 비록 역지평확대법을 제안했지만 같은 주제 또는 개념들이 반복된다는 측면에서는 지평확대법과 크게 다르지 않음을 알 수 있다.

다음으로는 최근에 새롭게 나타나고 있는 교육과정안들을 중심으로 지평확대법에 대한 대안들을 살펴보고자 한다.

표 1 TABA의 초등사회과 교육과정

Grade(학년)	Subject Area(주제 영역)
1	가족
2	우리 주위의 공동체
3	세계 주위의 공동체
4	우리 주(state)
5	미국과 캐나다
6	중남미

(LeRiche, 1974, 179, 필자 수정)

〈표 1〉을 보면 지평확대법에 근거한 과거의 교육과정과는 몇 가지 차이가 있음을 알 수 있다. 먼저 2학년과 3학년에서 '우리 주위의 공동체'와 '세계 주위의 공동체'는 Hanna의 교육과정안에서 '이웃'과 '지방의 공동체'를 대신했고 캐나다는 5학년에서 국가에 대한 학습에 추가되었다. 그러나 이런 변화는 캐나다가 영어를 사용하는 이웃이고 라틴아메리카보다 더 가까운 위치에 있다는 점 때문에 이루어진 것이다. 또한 캐나다와 미국의 역사는 가깝게 연결되기 때문에 6학년에서 캐나다와 라틴아메리카를 묶는 것보다 5학년에서 함께 학습하는 것이 더 의미가 있다고 본 것이다. 이처럼

Taba의 교육과정이 지평확대법에 대한 대안적인 교육과정이라고 하지만, 결국 거리상의 가까움, 문화적인 동질감 등을 우선시하여 학년별 공간 범위를 설정했다는 점에서 기존의 방식과 큰 차이가 없다고 할 수 있다. 아울러 위의 교육과정은 정형화된 지평확대계열을 띠고 있지는 않지만 3학년을 제외하면 전체적인 큰 틀은 가족에서 세계로 나아가는 지평확대법에서의 일반적인 계열과 유사함을 확인할 수 있다.

표 2 미네소타 주(state)의 초등사회과 교육과정

Grade(학년)	Subject Area(주제 영역)
1 – 2	세계의 가족들
3 – 4	세계의 지역사회
5	미국의 지역들
6	미국의 역사

(LeRiche, 1974, 182, 필자 수정)

〈표 2〉에 나타난 미네소타 주(state)의 초등사회과 교육과정은 지평확대법에 근거한 교육과정과 비교할 때 많은 변화가 있음을 확인할 수 있다. 1학년과 2학년에서 이미 세계 범위에서 가족들에 대한 내용을 다루고 있고, 3학년과 4학년 또한 세계 범위에서 지역사회에 대해 다루고 있기 때문이다. 그리고 이웃과 집이 속해 있는 주(state)에 대한 학습이 생략되었고, 역사는 국가에 대한 학습으로 대체되어 6학년으로 이동되었다. 따라서 지평확대법이 적용된 흔적은 거의 나타나지 않는다. 물론 가족, 지역사회, 국가 내의 지역들의 순서로 공간이 확대되고 있다는 점에서 지평확대법에 근거한

구성이 아닌가 여길 수 있지만, 가족과 지역사회를 단지 내 주변의
공간에서만 보고자 하는 것이 아니라 세계라는 공간 속에서 가족
과 지역사회를 다루고자 했기 때문에 이는 기존의 방식과는 차별
화된 구성이라 하겠다.

◎ 표 3 프로젝트 · SPAN 보고서

학 년	주 제
유치원	자신, 가정, 학교, 지역사회
1	가족
2	이웃
3	지역사회
4	지리적 지역, 주(state)의 역사
5	미국 역사
6	세계의 문화, 서반구와 동반구

(安藤輝次, 1992, 필자 수정)

〈표 3〉은 1982년에 발표된 프로젝트 · SPAN의 보고서 「사회과의
현상」인데, 각종 실태 조사를 종합적으로 분석한 결과를 초등사회과
의 학년별 주제로 나타낸 것이다. 〈표 3〉을 살펴보면 5학년의 미국
역사를 제외하면 지평확대법은 미국 초등사회과에서 여전히 건재하
고 있음을 알 수 있다. 그러나 각 학년의 내용은 비교하는 부분을
포함하고 있고, 학생들로 하여금 자신들의 지역사회, 주(state), 국가
를 넘어서 미국 및 세계 타 지역의 생활양식을 생각하도록 하여 교
육과정에 새로운 차원을 적용하고 있다(安藤輝次, 1992). 즉 외견상
지평확대법이 적용되어 있는 것처럼 보이지만, 내용을 보면 저학년
부터 세계 여러 나라의 문화나 사람들에 대해 학습하도록 구성되어

있다는 점에서 상당 부분 지평확대법을 탈피한 것으로 보인다.

지평확대법에 대한 대안적 논의는 국내의 여러 학자들에 의해서도 제기되고 있는데 대표적인 주장을 정리하면 다음과 같다.

먼저 류재명은 지평확대법의 문제점에 대해 이의를 제기하고 이에 대한 대안을 다음과 같이 제시했다. 그는 초등학교에서 고등학교로 갈수록 지역의 스케일을 크게 해 나가는 방식을 제안하였지만, 내용의 깊이는 지역의 스케일보다 관련 내용을 체계적으로 강화해 나가는 방법을 제안했다. 또한 초등학교에서는 지역스케일을 다양화하기보다는 단순화하는 것이 필요하고, 점차 고등학교 과정으로 갈수록 주밍(zooming)의 폭을 확대하여 학습 대상 지역의 스케일을 다양화할 필요가 있다고 주장했다. 〈그림 6〉을 통해 류재명의 대안 논리를 구체적으로 살펴보면 다음과 같다.

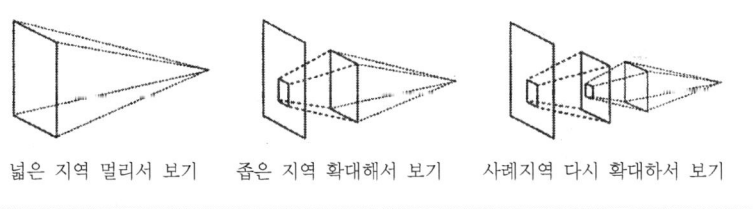

넓은 지역 멀리서 보기　좁은 지역 확대해서 보기　사례지역 다시 확대하서 보기

◎ 그림 6 지역관찰에서의 주밍(류재명, 1007, 11)

〈그림 6〉은 지역관찰에서의 주밍을 나타내고 있는데, 류재명은 학습 대상지의 수준에 따라 주밍의 폭을 조절하는 방안을 제안했다. 즉 초등학교에서는 세계지리를 큰 스케일에서 보는 것과 좁은 스케일의 지역사회를 보는 것으로 주밍의 폭을 적게 하자는 것이다(류재명, 1997, 11). 또한 초등학생의 경우에는 인지 수준의 발달 과정

으로 볼 때 세계라는 큰 지역에서부터 지역사회라는 좁은 지역까지를 각기 다양한 수준에서 하나하나 지역 규모에 따라 내용의 깊이를 조절하면서 고찰하기가 어렵다고 보았다. 따라서 초등학교에서는 주밍의 폭을 매우 좁혀 멀리서 세계의 넓은 지역을 개관해 보고, 다시 지역사회를 볼 수 있도록 하는 것이 학습의 효율성을 높일 수 있는 방식이라 주장했다. 즉 세계의 지형을 전반적으로 멀리서 고찰하여 그 특성을 파악한 다음에 자신의 지역사회의 지형을 보는 방식으로 학습해 나가게 하는 것이라고 언급했다(류재명, 1997, 12). 류재명의 대안 논리는 본 연구에서 제안하는 탈지평확대에서의 스케일에 따른 내용 구성에 많은 영향을 끼쳤다. 즉 세계스케일에서는 정보의 상세성 측면에서 볼 때, 넓은 지역을 보면서 단순하고 기초적인 내용들을 다루는 것이 학습자의 사고 수준에 적합한 것으로 보인다. 그리고 고장스케일로 갈수록 보다 상세성을 띠는 정보들을 학습 내용으로 다루고자 하는 것인데, 바로 스케일에 따른 이러한 내용 구성이 탈지평확대의 관점에서 이루어지는 것이다.

한편 남호엽은 지평확대법의 탄력적 운영을 제안했다. 그가 주장하는 탄력적 운영의 내용은 다음과 같다.

> 이른바 먼 장소의 학습은 가까운 장소의 학습을 기초로 하여 다가서는 것이다. 다만 이러한 탈맥락화의 과정으로 환경확대의 상황을 가정할 때 지나친 경직성에서는 벗어나야 하며, 동시에 그렇다고 해서 기본원칙이 흔들려서는 안 될 것이다. 즉, 환경확대법의 탄력적인 적용이 합리적인 교육과정 구조라고 본다(남호엽, 2002, 61).

이와 같이 남호엽은 초등학교 지리교육과정의 현실과 이에 대한 기존의 논의를 검토하면서 쟁점을 부상시키고자 했다. 논의의 대상은 교육내용의 범위 선정 문제, 교육내용의 계열화 문제임을 강조하며 독자적인 지리교육과정안의 개발과 사회과 교육과정에 대한 지리적 접근의 활성화를 주장했다. 초등에서 독자적인 지리교육과정안의 개발과 같은 지리적 접근의 활성화를 꾀했다는 점에서 의미 있는 주장이라 여겨진다.

남상준(2004)은 기본적으로 지평확대법의 시대적 부적합성에 대해서는 인정하나 문제중심 지리교육과정의 개발을 통해 지역확대법을 만족시키려 했다. 연계성을 확보하기 위해서 지금까지 제안·실천되어 온 방법으로서 가장 유력한 것은 나선형 교육과정의 개념과 지역확대법이다. 문제중심의 통합방식을 채택한다면 초·중등 지리교육 내용 연계 원리로서의 나선형 교육과정과 지역확대법이라는 요구도 '자연스럽게' 상당한 정도 만족시킬 수 있을 것으로 기대한다(남상준, 2004, 24)고 언급했다.

이영희는 지평확대법에 대한 대안으로 '탄력적 환경확대법'을 제시했다. 기존의 3·4학년의 생활 주변과 시·군·구, 시·도의 지역 사회 이해와 문제를 각 지역, 국가, 세계와 관련지어 다루도록 하고, 5·6학년에서는 국가, 세계의 사회 현상을 자신의 일상생활과 삶이 이루어지는 생활 주변과 지역 사회와의 상호 관계 속에서 파악하자는 것이다. 다만 이영희의 연구는 지리중심이 아닌 다문화교육, 세계이해 교육과 같은 내용 중심으로 전개되고 있다.

김영석(1994)은 어린이의 사회 인식이 과학 개념으로 진행되어 가기 전에 일단 생활 개념이라는 과정을 거친다고 할 때 주변 학습 속에 세계 학습을 도입하는 것이 의미를 갖게 된다고 주장했다. 타국이나 타 문화에 대한 객관적인 지식 형성은 어렵다고 하더라도 타국·타 문화를 생활 개념으로 이해함으로써 장차 학습에 유리하게 작용할 수 있다는 것이다. 김영석의 대안에서는 타국·타 문화를 생활 개념으로 이해할 수 있는 요소, 즉 주제를 찾아야 할 것으로 보인다. 단순히 비교 차원에서 이야기하는 것은 수업 차원의 문제가 될 수 있기 때문이다.

이상의 대안적 논의들을 통해 나타난 몇 가지 특징들을 정리하면 다음과 같다. 첫째, 학생들이 무엇에 관심과 흥미를 가지고 있는지에 대한 구체적인 자료가 부족했다. 이는 학자들의 머릿속에 존재하고 있는 학생들에 대한 막연한 상상력으로 교육과정을 구성해서는 안 된다는 점에서 반드시 보완되어야 할 것이다. 즉 특정 연령에서, 특정 학년에서 그리고 특정 교과 등에서 학생들은 이 정도 수준의 내용이면 적당할 것이라는 판단으로 내용을 구성해서는 안 된다는 것이다. 따라서 학습자의 요구에 대한 좀 더 치밀하고 폭넓은 경험적 연구가 이루어져야 할 것이다.

둘째, 많은 연구들이 내용을 구성하는 데 있어 사회적 요구, 학습자의 요구를 강조했다. 세계화 시대에 능동적으로 대처하고 국가 경쟁력 제고를 위해서는 교육과정에서의 적극적인 변화가 필요하다고 역설했다. 또한 교육과정 내용 구성의 일반 원칙 중 사회적, 문화적 기초로서 정보화, 지구화 등 시대적, 사회적 변화와 요구에 부응해야 할 것이고, 심리적 기초로서 학습자의 흥미와 발달 과정, 경험 세계에 기초한 학습 방안 등을 고려해야 할 것임을 주장했다. 그러나 사회의 요구와 학습자의 요구는 엄연히 구분될 필요가 있다. 사회적 요구가 달라짐에 따라 학습자의 요구는 달라지고 있으므로 학습자의 요구에 부합하는 방향으로 교육과정은 변화되어야 한다는 논리적 전개가 바람직할 것이다. 그러나 사회의 요구 변화에 따라 학습자가 따라갈 수 있도록 교육과정을 바꾸자는 식의 논리는 문제가 있다고 본다. 이런 점에서 사회적 요구에 대한 올바른 이해가 선행되어야 할 것이다.

탈지평확대로의 모색과 스케일

탈지평확대로의 모색과 스케일

전 장에서 지평확대법의 발달 및 이론적 토대, 적용 및 옹호 논리에 대해 살펴보았다. 이를 바탕으로 탈지평확대로의 방향 모색을 위해서는 지평확대법의 문제점이 어떤 방식으로 수정되어야 하는지에 대한 논리가 필요하다. 따라서 본 장에서는 지평확대법에 대한 비판적・대안적 논의에 근거하여 탈시평확대로의 방향을 모색할 수 있는 이론적 토대에 대해 살펴보고자 한다. 아울러 대안의 구체적인 논리로 스케일에 대한 학생들의 관심과 흥미, 시리 내용 선성 기순, 즉 지식, 흥미, 경험 및 생활 요인을 요소로 정하여 논의하고자 한다. 이는 학자들에 의해 예측된 내용 구성이 아닌 학습자의 학령 수준에서 그들이 진정으로 배우기를 원하는 것들을 파악함과 동시에, 지평확대법에 의한 내용 구성을 비판하기 위함이다.

먼저 지평확대법 비판의 이론적 토대로 Vygotsky와 Bruner의 교육

이론에 대해 기술하였고, 이론적 토대를 바탕으로 지평확대법에 대한 대안 논리로서 탈지평확대로의 방향을 모색하고자 했다. 이를 위해 탈지평확대적 관점에서의 논리적 근거로서 스케일에 대해 규정하고, 이 스케일과 연계하여 학습 내용을 구성할 수 있는 요소로서 지식, 흥미, 경험 등의 지리 내용 선정 기준에 대해 기술하였다.

1. 탈지평확대로의 모색

지평확대법을 비판하는 입장에서의 이론적 토대로 우선 Vygotsky의 교육 이론을 그 근거로 들 수 있다. 학습과 아동 발달의 관계, 사회적 상호작용론 등이 대표적이다. Piaget이론에 대한 대안으로 인식되기도 하는 Vygotsky의 이론을 지평확대법을 비판하는 입장에서 기술하면 다음과 같다.

Vygotsky는 인간의 정신 능력 즉 인지 발달은 사회적 경험 즉 사람이 세상과 상호 작용함으로써 발달한다고 보았다(심우엽, 2003). Piaget가 인지 발달을 개인내적 차원, 개인의 심리적 차원, 또는 생물학적 차원에서 일어나는 것으로 보는 반면, Vygotsky는 인지 발달을 사회문화적 맥락 안에서 이루어진다고 보기 때문에 때로는 사회문화적 관점(sociocultural perspective)으로 불렸다(심우엽, 2003). 이러한 배경을 지평확대법과 관련지어 기술하면 다음과 같다. 100여 년 전의 학생들이 겪었던 경험의 폭과 현재의 학생들이 겪고 있는 경험의 폭은 그 차이가 크다. 100여 년 전의 사회는 사람과 사회가 상호 작용하기보다는 사회가 개인에게 일방적으로 영향을 끼쳤거나, 개인이 사회에 의해 일방적으로 영향을 받고 의지하는 경우가 대부분이었다. 그러나 현재의 학생들은 각종 교통·통신의 발달 등으로 경험의 범위가 과거와는 비교할 수 없을 정도로 넓을 뿐 아니라, 그로 인해 사회와 상호 작용하는 빈도도 훨씬 증가된 상태다. 따라서 학생들의 인지 발달은 과거처럼 단계적으로 확대되거나 단계화를 통해 설명하기는 어렵게 되었다. 즉 지평확대법에 의한 공간 범위의 단계적 확대도 Vygotsky의 이론을 토대로 한다면 현재 학생들에게는 적용하기가 어려울 수 있다는 것이다.

지평확대법의 논리는 100여 년 전의 사회적 환경에서는 얼마든지 가능할 수 있었다. 아동의 행동반경이나 경험할 수 있는 환경의 범위 등이 이웃, 지역사회, 국가, 세계와 같이 단계별로 구분될 수 있었다. 따라서 공간 범위 간에 발생하는 인지적 갈등을 토대로 그 격차를 줄이는 인지 발달이 이루어졌다. 그러나 최근의 사회적 환경에서 이웃, 지역사회, 국가, 세계 등을 각각 분리하여 생각하기란 쉽지 않다. 이웃과 지역사회, 이웃과 국가, 이웃과 세계, 지역사회와 국가, 국가와 세계 등 공간 범위 상호 간의 활발한 교류가 가능해졌기 때문이다. 따라서 공간 범위 상호 간에 발생하는 인지적 갈등의 폭은 훨씬 적다고 할 수 있다. 오히려 인지적 갈등의 격차 해소보다는 공간 상호 간의 관계를 인지하는 것이 더 중요한 책무가 되었다.

또 Vygotsky는 발달이 반드시 학습에 선행될 필요는 없으며 학습은 발달을 촉진하는 매우 중요한 수단으로 보았다. 즉 Vygotsky는 어떤 학습이 아동의 인지 발달을 도울 수 있느냐 하는 문제에 초점을 두었다(김애경, 1997). 그렇다면 아동의 발달은 어디에서 어디로 진행되는지를 살펴보자. 아동의 인지 발달은 저급에서 고급으로, 구체에서 추상으로 나아간다. 이를 지평확대법과 관련지어 보면 아마도 고급 사고를 하기에는 범위가 넓은 세계보다는 좁지만 깊이 학습할 수 있는 고장 단위가 적절할 것이다. 물론 세계나 고장 범위에서도 그 상세성에 따라 저급과 고급, 구체와 추상의 정도가 얼마든지 달라질 수 있다. 그러나 일반적으로 세계 범위에서는 내용의 깊이나 높은 상세성보다 포괄적이면서도 특징적인 내용들을 개관하는 것이 바람직할 것이고, 고장의 경우는 주변 공간들을 중심으로 비교적 상세하면서도 상대적으로 깊이 있게 다룰 수 있는 요소들이 많이 존재할 것이다. 따라서 현재와 같이 고장에서 세계로의 방향이 아닌, 세계에서 고장으로의 방향 전환에 대해 심도 있는 논의가 필요할 것이다.

다음으로 "어떤 교과도 지적 성격을 각기 가지고 있어서 어느 단계의 어느 아이들에게도 효과적으로 가르칠 수 있다."는 Bruner의 주장을 근거로 들 수 있다. Bruner의 가설은 지평확대법에 대한 대안으로 역사의 복권을 주장하는 이들에게는 저학년부터 역사를 본격적으로 가르쳐야 한다는 주장에 활용되었다. 또한 글로벌(global)한 문제를 도입하기 위해 사회 일반의 논쟁 문제를 초등학교에서 가르쳐야 한다고 주장할 때도 Bruner의 가설이 인용되었다. 더 나아가, Bruner는 「교육의 의의」에서 발견이나 탐구를 시사하는 '흥미 있게'라는 단어를 강조했다. 이것은 지리에서의 스케일 문제를 논의함에 있어서도 중요한 근거로 작용할 수 있다. 지평확대법에서 저학년은 나를 비롯한 가족, 이웃, 지역사회와 같은 가까운 장소를 다루는 반면, 고학년으로 갈수록 국가와 세계처럼 확장된 공간 범위를 학습해야 한다는 게 일반적인 생각이다. 그러나 공간스케일에 대한 아동의 흥미를 기준으로 내용을 구성하고 스케일의 차이에 따라 달라지는 학습 내용을 효과적으로 가르칠 수 있다고 전제한다면, 굳이 지평확대법을 그대로 받아들일 필요는 없을 것이다. 다만 이 때, 공간스케일에 대한 아동의 흥미를 어떻게 파악할 것인지 그리고 아동의 흥미를 고려해서 스케일에 따른 학습내용을 어떻게 구성할 것인지에 대한 연구는 반드시 선행되어야 할 것이다.

이와 같은 점에서 본 연구는 Bruner의 교육 이론에 일정 부분 영향을 받았다고 볼 수 있다. 즉 '흥미'라는 개념을 지평확대법에서의 공간스케일에 대입하여 생각함으로써 공간에 대한 아동들의 흥미를 파악하고자 했다. 아울러 공간에 대한 아동의 흥미 결과를 바탕으로 학습 내용을 구성함으로써 기존의 지평확대법과는 다른 탈지평확대적인 관점에서 대안을 모색하고자 했다. 이는 공간에 대한 아동의 흥미를 직접적으로 파악하고자 했다는 점에서 그리고 Bruner의 이론에 근거하여 기존의 공간 계열순서와는 무관하게 학습 내용이 구성되더라도 아동들에게 충분히 가르칠 수 있다고 전제한다는 점에서 분명히 탈지평확대적인 요소를 지닌다고 하겠다.

한편 Preston은 익숙하고 친근한 것으로부터 사회과를 구출하지는 주장을 하며 신사회과 운동에서 교육과정의 편성 원리로 대조(contrast)의 의의를 강조하고 있는데, 이 또한 Bruner의 이론을 바탕으로 하고 있다. Bruner는 아동들이 익숙하고 친근한 사물에서 일반성을 찾는 것은 어렵다고 수상했다. 우체국이나 슈퍼마켓과 같은 향토의 모습을 보는 것보다도 매우 의미 깊은 것에서 분명한 내용을 발견할 수 있다고 생각했다. 즉 가까운 사건이나 제도의 의미는 쉽게 지각된다는 것이다. 그는 에스키모 가족에 대한 학습을 예로 들고 있다. 연간 활동을 통해 에스키모 가족을 학습함으로써 에스키모의 문화와 같은 하나의 문화 전체를 아동들에게 도입하는 것이다. 처음에 잘 모른다고 생각되었던 내용이 깊게 학습되다 보면 자기 생활의 다양한 측면과 관련되어 있다는 점을 아동들이 인식하게 된다고 생각했다.[16] 결국 먼 환경에 대한 학습은 아동들에게 자기 사회 안의 가까운 요소들에 대한 의미 분석에 몰두하게 할 수 있는 수단이 될 수 있다는 것이다. 이처럼 소원(疎遠)한 환경에 대한 학습을 통해 '대조'는 '지금 여기'가 가진 의미의 깊이를 보다 풍부하게 인식할 수 있도록 하기 때문에 대조를 고려하지 않은 지금 이곳에서의 학습은 피상적이 되기 쉬우며 정해진 사건만을 다루어 사회과의 학습 계획을 정당화할 수 있는 관계에 접근하지 못할 수 있다.

한편 Kaltsounis는 동심원적 확대 접근은 내용 선택과 조직을 위해 적용된 것으로 수정될 필요가 있다고 주장했다. 그 근거로, 학교는 아동들이 자신의 환경을 탐구하는 과정이라 할 수 있으므로 이미 탐구해 온 사회과 내용을 다시 도출하려 하는 것은 피해야 한다고 언급했다. 즉 지평확대법에서는 특정 학년에서 특정 공간 범위를 다룰 때 이전 학년에서 학습한 공간 범위를 토대로 시작해야 한

---

16) '대조'에 관해서는 Hanna 또한 그 의의를 인식하고 있다. 그러나 에스키모에 대한 학습의 예를 볼 때 Hanna와 Bruner는 '대조'에 대한 시각 차이를 나타낸다. Hanna는 특정 공간 범위에 기준을 세워 두고, 필요에 따라 에스키모와 같은 보다 먼 세계의 문화나 사람들과 대조를 시키려고 하는 반면, Bruner는 에스키모에 비중을 두고, 간접적으로 자신이 있는 환경을 확인시키려는 접근을 하고 있다.

다. 그러므로 공간 범위와 내용이 중복될 소지가 많다. 따라서 지평
확대법에 의한 공간 계열은 아동의 흥미를 떨어뜨리는 주요 원인이
될 수 있다. 이에 Kaltsounis는 1964년에 동심원적 확대의 내용 구
성에 의문을 제기하면서 수정안을 제시하는데 그 논리는 다음과 같
다. Kaltsounis는 TV, 라디오, 인쇄 기술이 발달하고, 각 가정에 적
어도 한 대의 자동차가 보급되어 여가 시간이 늘어난 현대에는 동
심원적 확대의 내용이 적합하지 않다고 언급했다. 따라서 아동들의
기지(旣知)와 미지(未知)의 환경은 동심원적인 형태가 아니라 다음
의 〈그림 7〉과 같이 그 구조에서 돌출된 시섬에까지 이를 수 있다
고 주장했다. 즉 아동들을 둘러싼 환경은 2가지 측면에서 인식되어
야 하는데, 첫째는 아동들이 학교에 가기 전에 탐색하고 있던 부분
과 학교에 있는 시간 동안에 스스로 탐색할 수 있는 부분이고, 둘째
는 학교의 원조를 필요로 하는 부분이다. 그리고 학교는 아동들과
환경 사이에 동기 부여의 목적 이외에는 경계를 설정하는 데 주의
를 기울여야 한다고 강조했다. 그러므로 학교가 효과적인 역할을
하기 위해서는 그 경계선의 거리를 분명히 하고, 그 불규칙성을 규
정하여 거기에서 출발하는 것이다. 즉 익숙하고 친근한 것들처럼
아동들에게 가까운 사물이 아니라, 익수한 것들의 여상이라는 관점
에서 아동들에게 친근하고 미지(未知)인 사물을 제공하자는 것이다.
따라서 그것에는 비단 지역사회와 주(state)에 관한 내용뿐만 아니라
세계에 대한 내용들도 얼마든지 포함될 수 있다. 일정 연령 아동들
의 기지(旣知)의 환경범위를 정히여 경계선의 거리를 분명히 하는
것은 지평확내법에 의해 계열화된 공간 범위를 받아들이는 것이지
만, 불규칙성을 규정하여 거기에서 출발한다는 것은 정형화된 동심

원으로 확대되는 것이 아니라는 점에서 이 수정안은 절충적인 성격을 띤다고 할 수 있다.

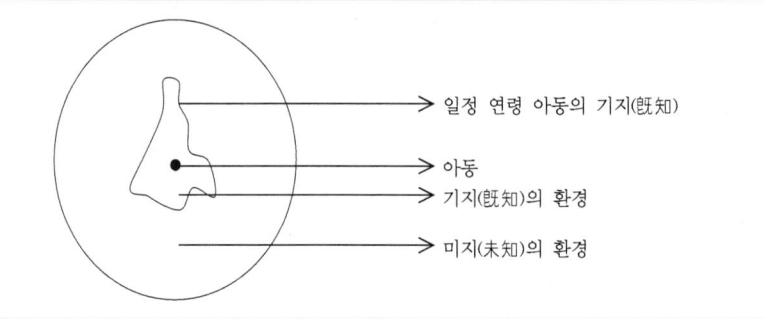

🌀 그림 7 아동들의 기지(既知)와 미지(未知)의 환경(安藤輝次, 1992, 필자 수정)

아울러 Kaltsounis는 지평확대법에 대한 Hanna의 주장에 대해 다음과 같은 의견을 제시한다.

> Hanna는 사회가 잘 기능하기 위해서는 정치·운송·통신 전달과 같은 몇몇 사회 기능이 존재해야 한다고 제안했다. 이러한 기능은 지역사회 수준에서 현재 존재하고 학습될 수 있다. 그러나 이러한 기능은 주변 몇몇의 지역사회, 주(state), 국가, 그리고 세계에까지 확대되어 연결되어 있다. 따라서 지역사회는 더욱 넓은 환경을 다루어야 한다(安藤輝次, 1992, 재인용).

그러나 Hanna 또한 자신의 교육과정과 관련하여 아동들은 몇 개의 커뮤니티를 안팎으로 움직일 수 있다는 유연성을 언급했다. 그렇지만 이런 주장이 실제 교과서상에는 반영되지 않았고 교사의 재량에 맡기는 측면이 많았다는 점에서 아쉬움이 남는다. Kaltsounis의 수정안 또한 아동 개개인의 여건에 따라 개별교육으로까지 이를 수 있는 문제점이 제기되었지만 이에 대한 명확한 해결책이나 대안은 제시되지 못했다.

다음으로 1970년대에 제시된 글로벌 교육과 관련하여 지평확대법에 대한 비판의 근거를 제시하고자 한다. 시민성을 육성시키는 차원에서 글로벌 교육을 주장한 학자들의 주요 논리는 다음과 같다.

> a. 교통과 통신 수단의 발달에 따라, 아이들의 흥미나 능력은 가까운 환경을 넘어선 범위로 확대되어 왔다.
> b. 동심원적 확대는 학습 범위를 학년별로 지정하고 있어 유연하지 못하다.
> c. 동심원적 확대는 표면적이고 피상적인 학습이 되기 쉽다. 원리, 관련, 과정에까지 이를 수 있는 집중적인 학습이 필요하다.
> d. 동심원석 확대의 토픽은 고정되어 있기 때문에 시대에 뒤떨어지기 쉽고 사회 문제의 학습에 내하여 소극석이다.
>
> (安藤輝次, 1992, 재인용)

이상의 논리는 아동의 흥미를 중요한 요소로 본다는 측면에서 본 연구의 목적과 상당 부분 관련이 있다. 특히 a와 b는 동심원 구조에 따라 학년별로 지정되어 있는 학습 범위로 인해 학생들에게 사고의 폭을 제한하여 흥미를 저해함은 물론, 다양하고 폭넓은 학습을 하기에는 유연성이 부족함을 지적하고 있다. 즉 학생들의 흥미와 능력은 지평확대법에서 생각하는 것보다 훨씬 유연하게 확장되고 있기 때문에 초등학교에서 가정, 학교, 이웃, 지역사회에 갇혀 있어서는 최대한의 학습 효과를 기대할 수 없다. 이는 학생들의 관심과 흥미가 세계에 많이 집중되어 있으므로 지평확대법의 공간계열에서 벗어나 초등학교 저학년에서도 세게에 관해 다를 수 있음을 이미하는 것이다.[17]

---

17) 이와 관련하여 Douglass(1967)는 다음의 예를 통해 설명하고 있다. 2년년은 이웃 부분만 다루는 것처럼 한 학년에 하나의 커뮤니티를 학습하게 하는 것은 사회의 다양한

이처럼 탈지평확대로 나아갈 수 있게 해 주는 이론적 토대에서의 공통적인 비판 근거는 바로 아동의 심리적인 측면에서의 '흥미'에 있다. 지평확대법에 대한 비판이 본격화된 1960년대 중반 이후, 시기에 따라 약간의 차이는 존재했지만 비판을 하는 근거의 중심에는 항상 아동의 심리적인 측면이 자리 잡고 있었다. 최근에는 이와 관련한 연구까지 활기를 띠면서 개인적인 학자의 막연한 주장이 아닌 학문적 타당성을 인정받기에 이르고 있다. 따라서 이제는 아동의 '흥미'에 대한 실증적인 연구가 뒷받침될 필요가 있다. 이런 측면에서 세계에 대해 증가하고 있는 아동들의 관심과 흥미를 반영하여 학년에 따라 고정된 공간 범위를 탈피할 수 있는 내용 구성의 논리적 토대가 마련되어야 할 것이다.

2. 탈지평확대에서의 스케일

일반적으로 스케일은 지도 스케일(cartographic or map scale), 지리적 스케일(observational or geographic scale), 측정 스케일(measurement scale)로 분류(Sheppard, E., & McMaster, R. B., 2004, 25 - 26)될 수 있는데 각 스케일의 의미를 본 연구와 관련지어 기술하면 다음과 같다.

첫째, 지도 스케일(map scale)은 실세계의 거리와 지도상의 거리 비율을 말하는 축척을 의미하는데, 축척 자체의 의미 외에도 지도가 한

측면으로 향하는 눈을 가리는 것이 된다. 저학년 아이들에게도 중학년이나 고학년 대상의 커뮤니티를 학습할 여지를 남겨 둘 수 있어야 하며 그 역방향도 생각해 볼 수 있어야 한다.

정하고 있는 공간 범위 및 상세화의 정도에 따라 소축척(small scale)과 대축척(large scale)의 의미로도 언급된다. 즉 대축척 지도는 보다 작은 지역을 나타내고 더 상세한 정보를 가지는 반면, 소축척 지도는 보다 큰 지역을 나타내는 대신 덜 상세한 정보를 가진다(Sheppard, E., & McMaster, R. B., 2004, 25). 본 연구에서도 세계, 국가, 고장에 따라 스케일이 다른 지도를 구성했고 그에 상응하는 학습 내용의 예를 제시한 바 있다. 즉 고장스케일에서는 대축척 지도를 통해 강과 인구에 대한 정보를 나타냈고, 국가와 세계스케일로 가면서 소축척 지도를 통해 관련 정보를 표현했다.

둘째, 측정 스케일(measurement scale)은 공간 사상을 인지하는 최소 단위를 의미하며(Sheppard, E., & McMaster, R. B., 2004, 25), 일반적으로 해상도(resolution), 정밀도(precision) 등과 함께 사용된다. 본 연구와 관련지어서는 측정 스케일이 달라짐에 따라 강과 인구에 대한 학습 내용의 예가 달라진 것을 확인할 수 있다. 세계스케일에서 강에 대한 해상도와 고장스케일에서 강에 대한 해상도는 차이가 있기 때문이다. 예를 들어, 세계에서는 해상도가 떨어지기 때문에 강 유역에 대한 정보, 국가나 고장의 강에 대한 정보와 같이 상세한 내용들을 다루기 어렵다. 그래서 시각적으로 단순히게 확인할 수 있는 강의 위치나 강의 길이를 선(line) 정도로밖에 다룰 수 없다. 반면, 고장에서는 해상도가 높아지기 때문에 강 유역의 모습이나 이용 형태와 같이 구체적인 정보를 다룰 수 있다.

셋째, 지리적 스케일(geographic scale)은 연구 지역의 공간 크기(size)나 범위(extent)를 의미하는데, 이때 대축척(large scale)은 큰 연구 지역을 나타내는 반면, 소축척(small scale)은 더 작은 연구 지역을 나타낸다(Sheppard, E., & McMaster, R. B., 2004, 25). 예를 들어, 지리 교육 측면에서 인구에 대한 개념을 다룰 때 고장에서 국가, 세계에 이르기까지 다양한 범위에서 논의될 수 있다. 세계스케일에서는 지구촌 사람들의 식량 문제, 질병 문제 등을 다룰 수 있고, 국가스케일에서는 인구 감소 및 그에 따른 대책, 수도권 인구집중 현상 등을 논의할 수 있으며, 고장스케일에서는 인구 증가와 감소로 인한 도시 문제, 인구 구성(연령별, 성별, 직업별)의 특징 등을 다룰 수 있을 것이다. 이처럼 지리적 스케일은 범위를 규정짓는 하나의 기준으로서 스케일을 이해한다. 특정 경관에 대해 자기 자신에서부터 고장, 지역, 국가 그리고 세계에 이르는 단계를 인식할 수 있는 것도 이러한 기준이 있기에 가능하다. 물론 자기 자신에서부터 세계에 이르는 범위를 정확하게 구분하기는 어렵다.[18]

한편 지평확대법에서는 지리적 스케일을 학년에 따라 구분하고 있는데 이 기준에 따라 강이나 인구와 같은 주제들을 다루고 있다. 즉 학생들의 공간 범위를 고장에서 세계로 확대하는 방식을 취하고 있다. 이는 지리적 주제들에 대한 학생들의 관심과 흥미를 고려하지 않은 채, 크기가 작은 고장에서부터 큰 세계까지 단순히 범위만 확장한 것이다. 이와 같이 지평확대법은 공간 범위를 학년별로 제한함으로써 공간 상호 간의 관계나 스케일에 대한 학생들의 관

---

18) 스케일(scale) 구분의 어려움을 R. J. Johnston Derek Gregory Geraldine Pratt and Michael Watts, 2000, 『The Dictionary of Human Geography』, p.726에서는 인도네시아의 예를 통해 설명하고 있다. 인도네시아 대통령 수하르토의 몰락은 자카르타와 같은 특정 지역에서 집중적으로 일어난 폭동에 기인한다. 이 폭동은 단순히 지역사회의 사건이기도 하지만, 동시에 더 넓은 범위에 해당하는 동아시아의 경제적 붕괴를 초래한 사건이기도 하다. 더 나아가 global 범위에서, 1998년에 일어난 세계적 경제 위기에 직접적인 영향을 끼친 사건이다.

심과 흥미를 차단시켰다. 따라서 본 연구에서는 스케일에 대한 학생들의 관심과 흥미를 기반으로 탈지평확대의 관점에서 스케일의 지리 교육적 측면에 대해 논의하고자 한다.

지평확대법은 학년별로 제한적인 공간 범위, 즉 3학년에서 6학년까지 각 학년에 따라 고장에서 세계로 확장되는 고정된 스케일 패턴으로 일관해 왔다. 이로 인해 다양한 공간 범위에 대한 학생들의 관심과 흥미를 차단했음은 물론, 사고의 폭까지 제한하는 부작용을 낳았다. 따라서 지평확대법의 이러한 시대적 부적합성에 대한 논의는 제한적인 공간 범위를 적용했을 때의 문제점을 밝힘과 동시에, 탈지평확대로의 가능성 모색을 통해 공간 범위를 어떻게 다르게 적용해야 할 것인가에 대한 대안 제시의 과정이라 할 수 있다. 아울러 스케일에 따라 달라지는 지리 내용에 대한 논의도 함께 포함될 것이다.

그동안 초등 지리 학습 내용은 지리 주제에 대해 학년별로 공간만 구분되어 있었을 뿐 스케일에 따른 내용 차이나 학생들의 인식 차이에 따른 주제별 선호도 차이 등을 고려하지 못했다. 예를 들어, 강(river)의 경우, 3학년은 우리 고장의 강, 4학년은 시·도 지역의 강, 5학년은 우리나라의 강, 그리고 6학년은 세계 여러 나라의 강을 차례대로 배우게 되는 것이다. 이러한 계열은 학년이 상승하더라도 강에 대해 비슷한 내용을 반복적으로 배우게 되는 약점이 있어 흥미를 떨어뜨림은 물론, 다양한 내용에 대한 학습도 어려운 단점이 있다. 즉 강이 존재하고 있는 공간의 차이만 있을 뿐, 그 내용은 강의 위치, 길이, 이용, 오염 등으로 계속 반복된다는 것이다.

그러나 탈지평확대적 관점에서는 학년과 공간 범위 사이에 일대 일 대응관계가 형성되는 것이 아니므로 고정된 스케일로부터 비교적 자유로울 수 있다. 따라서 학년과 공간 범위에 근거한 내용 구성이 아닌, 스케일의 차이에 따라 지리 내용을 달리할 수 있는 특징이 있다. 스케일에 따라 주제에 대해 다룰 수 있는 내용을 차별화할 수 있기 때문이다. 즉 세계에서 강을 학습하는 경우와 고장 그리고 국가에서 학습하는 경우에 따라 학습자가 배울 수 있는 내용은 달라질 수밖에 없다. 스케일에 따라 지리 내용은 어떻게 달라질 수 있는지 강을 예로 기술하면 다음과 같다.

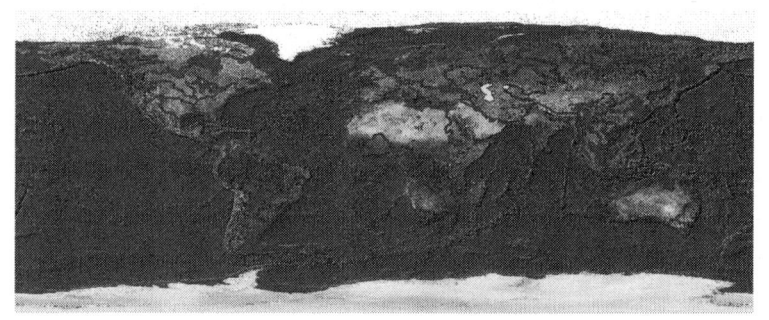

🌀 그림 8 세계스케일에서의 강

〈그림 8〉은 세계스케일에서의 강을 나타낸 것이다.[19] 파란색으로 표시된 선들이 세계의 주요 강들을 나타내고 있다. 강에 대한 정보들이 선(line)의 형태로 제시되어 있음을 알 수 있다. 이처럼 세계스케일의 강과 관련된 내용들은 포괄적인 측면이 강하다. 세계

---

19) 국가스케일과 고장스케일은 구글 어스(google earth)의 위성사진을 이용하여 강(river)을 나타냈지만, 세계스케일은 광범위한 규모로 인해 위성사진으로 모든 지역을 나타내기가 어렵다. 따라서 세계스케일에서의 강(<그림 8>)은 arcview 3.3을 이용해서 'mapping our world'에 수록되어 있는 세계지도에 강에 대한 정보를 삽입하여 나타냈다.

전체를 대상으로 하고 있기 때문에 강의 길이나 위치, 강이 흐르는 방향이나 강과 접해 있는 대양 등 시각적으로 확연히 드러나는 정보에 치중되는 경향이 있다. 이는 세계스케일에서 다룰 수 있는 강과 관련된 내용들이 양적인 측면에서 제한적이고 다양성 측면에서도 단조로움을 의미한다. 그러나 이런 점이 학습 내용으로서 흥미롭지 못하거나 유용하지 않음을 의미하는 것은 아니다. 왜냐하면 그러한 내용들이 국가나 고장스케일에서는 다루기 힘든 부분일 수 있기 때문이다. 즉 국가나 고장스케일에서는 강에 대해 더 세부적으로 다룰 수 있는 정보나 내용들이 존재하기 때문이다. 이는 다음의 국가스케일에서의 강을 통해 확인할 수 있다.

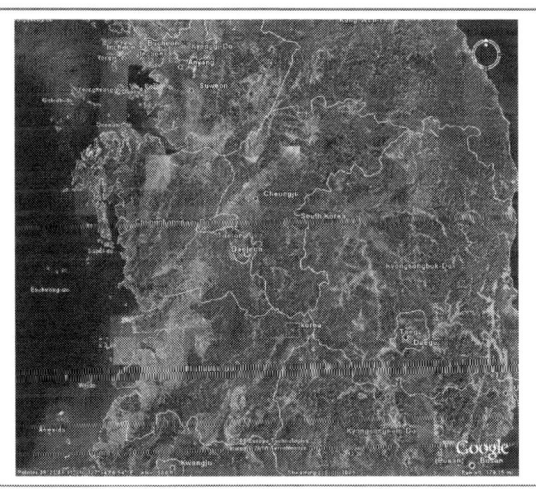

🌀 그림 9 국가스케일에서의 강

〈그림 9〉는 국가스케일에서의 강을 나타낸 것이다. 세계스케일에서 선의 형태로만 나타났던 정보들[20]이 국가스케일에서는 더 구

체화된 선의 형태나 주변의 정보들이 가미된 형태로 나타나고 있다. 한강, 금강, 낙동강 등 국가의 주요 강들이 파란 선으로 표시되어 있다. 또한 강 유역에 발달해 있는 여러 도시들과 평야지대, 지형에 따라 어느 방향의 바다로 흘러드는지에 대한 정보, 댐의 위치와 지형적 특성 등 세계스케일에서의 강에 비해 다룰 수 있는 정보나 내용들이 훨씬 구체화되어 있음을 알 수 있다. 이는 스케일에 따라 정보의 종류가 다양해지고 정보의 양도 이전 스케일에 비해 많아졌기 때문이다. 이러한 측면은 공간 범위가 축소됨에 따라 내용이 상세해지고 많아졌기 때문에 난이도가 높아진 것으로 인식해서는 안 될 것이다. 국가라는 스케일로 인해 달라질 수밖에 없는 내용들, 국가스케일이기 때문에 다룰 수 있는 내용들이란 의미로 받아들여야 할 것이다. 결국 지평확대법에서는 5학년에서 국가 수

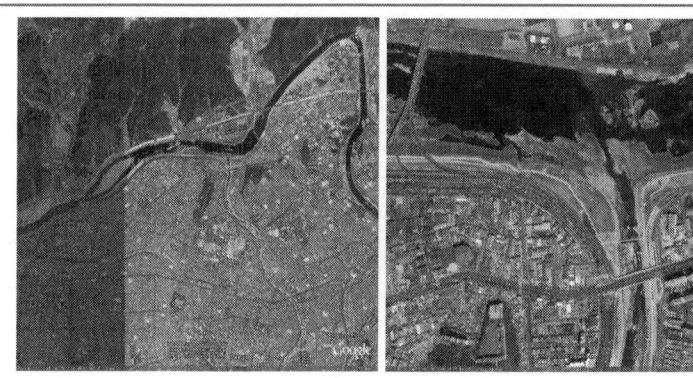

🌀 그림 10   고장스케일에서의 강

---

20) 정보를 달리한다는 말의 의미는 스케일의 차이에 따라 학습 내용의 난이도를 높이는 것이 아니라, 이전 스케일에서 접할 수 없었던 내용들을 다룰 수 있다거나 이전 스케일에서의 내용을 상세화할 수 있다는 의미로 받아들여야 할 것이다.

준의 강에 대해 배우는 것으로 학습이 이루어지겠지만, 탈지평확대적 관점에서는 특정 학년에 해당되는 국가의 강이 아닌, 스케일에 따라 달라지는 강에 대해서 배우게 되는 것이다.

〈그림 10〉은 고장스케일에서 대구광역시의 강을 나타낸 것이다. 앞의 스케일과 비교했을 때 강에 대한 정보들이 선의 형태뿐만 아니라 면적의 형태로 함께 나타나고 있음을 확인할 수 있다. 이처럼 스케일에 따라 기본적으로 제공되는 정보의 종류나 양에서 많은 차이를 가져올 수 있다. 1차수와 2차수의 강폭이 분명한 차이를 나타내고 강 주변의 주택, 도로, 다리 등의 모습들도 구체적으로 나타난다. 그리고 내가 살고 있는 곳 주변이라는 느낌을 가질 수 있을 뿐만 아니라, 직접적인 경험을 했던 장소들도 존재할 수 있다. 고장스케일에서는 강에 대해 다룰 수 있는 내용들이 이전 스케일에 비해 더 구체적이고 직접적임을 알 수 있다. 강에 있는 다리의 위치와 역할, 강 주변의 도로 모습 등은 이전 스케일에서는 나타낼 수 없는 정보들이다. 즉 강에 대한 정보들이 선의 형태에서 면적의 형태로 전환되고 그에 따라 제시되는 정보의 종류와 양도 달라졌기 때문이다. 아울러 비슷한 내용을 다룬다고 하더라도 세계스케일에서는 강의 길이나 위치 정도를 다루었다면, 고장스케일에서는 강의 너비나 가 유역의 이용 형태 및 경관까지도 다룰 수 있다. 바로 이러한 점이 탈지평확내석 관점에서 가능한 내용 구성 방식일 것이다.

이상의 정보들은 더욱 좁혀진 공간 범위에서 도출된 내용들이기 때문에 난이노가 높거나 학생들의 관심과 흥미가 떨어지는 것으로 판단되어서는 안 될 것이다. 그리고 각 스케일에 따른 시도를 바탕으로 위에서 제시된 내용들 이외에도 공간 범위에 따라 지리 내용으로 선정될 수 있는 다양한 정보들이 존재할 것이다. 따라서 이러한 정보들이 학생들의 관심 및 흥미와 결합될 때 지리 내용은 효과적으로 구성될 수 있을 것이다.

3. 스케일과 지리 내용 선정 기준

스케일에 대한 초등학생들의 관심과 흥미를 학년과 결부시켜 바라보고자 하는 것은 기존의 지평확대법에 기인한 학년별 공간 계열은 문제가 있음을 제기하기 위함이었다. 그러나 이런 논의가 단지 학생들이 세계에 대해 관심을 나타내고 흥미를 느끼면 모두 학습 내용으로 구성되어야 하는가에 대한 명쾌한 해답은 될 수 없을 것이다. 즉 스케일에 대한 학생들의 단순하고 막연한 선호도 결과 이외에, 학습 내용을 선정하는 데 있어 일반적으로 고려되는 요소들 또한 반영되어야 할 것이다. 따라서 본 절에서는 탈지평확대적 관점에서의 스케일과 함께 고려되어야 할 지리 내용 선정 기준에 대해 기술하고자 한다.

일반적으로 교육 내용을 선정하는 데에는 여러 기준들이 존재한다. 지리 교육 또한 마찬가지다. 그러나 본 연구에서는 일반적인 교육 내용 선정 기준 외에 특별히 지리 교육 내용 선정 기준[21]을 고려하고자 한다. 첫째, 지리적으로 중요하고 의미 있는 것이어야 한다는 점에서 지식 요소를 고려했다. 둘째, 학생들의 호기심을 자

---

21) 박선미(2004)가 분류한 지리 교육 내용 선정 기준 세 가지를 근거로 했다.

극하고 인지적 갈등을 일으킬 수 있어야 한다는 점에서 흥미 요소를 고려했다. 마지막으로 지리 교육의 내용은 현실과 관련된 구체적이고 실제적인 것이어야 한다는 점에서 경험 및 생활 요소를 고려했다. 따라서 이 세 가지 기준들을 스케일과 관련지어 기술함으로써 탈지평확대로의 모색을 위한 논리적 근거로 삼고자 한다.

먼저 지식 요소에 대해 살펴보면 다음과 같다. 지리 교육은 모학문인 지리학의 연구 결과 및 업적들을 대상으로 한다. 그러나 수십 년 동안 축적되어 온 지리학의 연구 업적들은 헤아리기 어려울 정도로 방대하다 따라서 지리 영역에서 지식이라는 이름으로 학습될 수 있는 것은 지리적으로 중요한 것, 지리 교육에서 꼭 다룰 필요가 있는 것 등으로 요약될 수 있다. 이는 지리 교육을 통해 지리와 관련된 모든 내용을 가르칠 수도 없고 또한 가르칠 필요도 없다는 것을 의미한다. Whitehead(1967)는 교육에서 학생들이 참여하지도 못하고 곧 잊어버릴 얄팍한 수많은 지식을 다루기보다는 기본적이면서도 중요한 아이디어와 기능을 숙달하도록 해야 한다고 강조했다(박선미, 2004, 110, 재인용).

그렇다면 어떤 내용이 기본적이면서도 중요한 지리적 지식이 될수 있을까? 이런 문제 제기를 하는 이유는 지리 내용을 구성하는 데 있어 학생들의 흥미 요소만을 일방적으로 고려해서도 안 되고 경험적인 측면만을 무작정 내세워서도 안 된다는 점 때문이다.[22] 이는 그동안의 교육과정 개정을 통해서 학생들의 흥미와 경험의 측면이

---

22) 이홍우(1991)는 학교에서 가르치고자 하는 경험은 아무것이나 될 수 없으며, 최소한 옳고 그름을 가려낼 수 있는 것으로 검증된 것이라야 한다고 주장했다. 이에 대해 서태열(2005)은 학교에서의 경험은 사실의 진위검증 내지 진리검증과 무관한 것이 아니며, 학교에서 다루고자 하는 경험은 올바른 지식을 얻는 것과 다를 바 없다고 언급했다.

적극 반영되지 않았다는 의미이지 결코 지식 측면을 배제하자는 의도는 아니다. 따라서 기존의 지리학의 연구 결과를 바탕으로 선정된 지식 측면의 내용과 선정 기준을 수용하고자 한다. 이 기준들은 탈지평확대의 관점에서 지리 내용을 구성하는 데 그대로 반영되어 내용 분류 기준 내지는 내용 선정 기준으로 설정되었다. 강을 사례로 지식적인 측면에서 이상의 기준들이 반영된 내용들을 나타내면 다음과 같다.[23]

* 경관으로서의 강
* 자연 환경 및 자연의 이용
* 개발과 보전의 문제
* 자연 재해와 환경 문제
* 인간의 거주지 및 생활의 터전

이상은 강에 대해 내용 분류를 한 것이다. 7차 교육과정의 학습 내용과 학생들의 설문 조사 결과 등을 종합하여 위와 같이 5가지 영역으로 구분했다. 영역별로 부여된 명칭들은 하위 내용 또는 세부 내용들을 포괄할 수 있는 용어로 설정했다. 위의 분류는 후술할 학생들의 스케일 선호도 이유 요인에서도 동일하게 적용되었다. 즉 학생들의 응답을 위와 같이 지식적인 측면에서 분류하여 스케일에 대한 인식 경향을 파악하고자 하였다.[24]

---

23) 본 연구에서는 강(river)과 인구(population)를 대상으로 초등 지리 내용 구성의 논리적 토대를 마련하고자 했다. 따라서 본 장의 논리적 토대에서부터 이후의 기초연구, 실증연구에 이르기까지 모든 내용들은 강과 인구를 사례로 기술되어 있다. 한편, 지식 측면에서 강과 인구의 내용 선정 기준은 지리학의 학문적 결과 및 분류를 참고로 하여 학생들의 응답을 정리한 것이다. 연구자의 임의 설정에 따라 지리 내용이 구성되는 것이 아니라 설문조사에 따른 학습자의 의사를 내용 구성에 반영하고자 했기 때문이다. 이는 탈지평확대의 관점에서 지리 내용 구성의 논리적 토대를 마련하겠다는 본 연구의 목적 및 취지와도 부합하는 것이다.

이상의 내용들은 탈지평확대의 관점에서 다음과 같이 해석할 수 있다. 기존의 지평확대법에서는 이상의 내용들을 각 학년에 대응하는 공간 범위에 맞추어 지도했다. 따라서 학년과 공간 범위에 따라 난이도의 차이만 있을 뿐 실제로는 비슷한 내용을 반복적으로 다루는 경향이 많았다. 그러나 탈지평확대의 관점에서는 스케일에 따라 다룰 수 있는 내용과 정보가 달라지기 때문에 위의 내용들은 특정 스케일에서만 취급되는 경우, 스케일과 스케일 간의 관계에서 다뤄지는 경우, 모든 스케일에서 다뤄지는 경우 등 상황에 따라 다양한 방식으로 학습에 도입될 수 있나. 예를 늘어, 강의 개발과 보전의 문제에 관한 내용은 단지 선(line) 하나로 나타나는 세계스케일에서 다루기보다 해상도가 높고 면적의 형태로 강이 드러나는 국가나 고장스케일에서 다루면 훨씬 효과적일 것이다. 또한 강의 개발과 관련하여 어떤 고장의 문제로 인식하는 것에서부터 고장과 이웃 고장과의 문제, 나아가서 고장과 국가와의 관계, 전 지구적인 차원으로까지 다양하게 접근할 수 있을 것이다.

　　* 인구의 성장과 둔화
　　* 인구 분포와 인구 밀도
　　* 인구 이동
　　* 인구 문제와 인구 정책
　　* 인구 구성

---

24) 기존의 지평확대법에서는 학년에 따라 공간 범위가 확대되며 이에 따라 학습 내용에서 난이도의 차이가 발생한다. 그러나 탈지평확대의 관점에서는 스케일에 대한 인식 정도에 따라 내용 구성 방식이 달라지므로 지식 요인에서의 난이도는 별개의 문제가 될 수 있다. 따라서 본 연구에서는 지리학의 학문적 성과 및 분류에 바탕을 둔 지식 측면만을 고려하였다.

이상의 5가지 영역들은 인구에 대해 내용 분류를 한 것이다. 강과 마찬가지로 지리학(인구학)의 학문적 결과, 7차 교육과정의 학습 내용, 학생들의 응답 등을 종합하여 나타냈다. 인구 또한 탈지평확대의 관점에서 스케일에 따라 다룰 수 있는 지식적인 측면은 다양하게 나타날 것이다. 인구의 성장과 둔화에 관련된 내용들은 모든 스케일에서 다룰 수 있을 것이고, 인구 문제와 인구 정책의 경우는 국가스케일 또는 국가와 세계스케일에서, 그리고 인구 구성에 관해서는 국가 내지 고장스케일에서 다루면 효과적일 것이다. 물론 탈지평확대에서의 이런 적용은 관점에 따라 달라질 수 있으나, 난이도의 차이만 있고 비슷한 내용들을 반복적으로 다루는 지평확대법의 단점을 보완할 수 있다는 점에서 의미가 있다.

지리 교육의 두 번째 내용 선정 기준으로 학생들의 호기심을 자극하고 인지적 갈등을 일으킬 수 있어야 한다는 점에서 흥미 요인을 고려했다. 아동들의 흥미는 학습 내용을 결정할 때 무시할 수 없는 중요한 요인일 뿐만 아니라 교육과정의 결정 요인으로 반드시 고려되어야 한다. 그럼에도 불구하고 실제 교육과정을 구성하는 데 있어 제대로 고려되지 못한 것이 사실이다. 이런 원인에는 흥미의 의미가 해석하기에 따라 다양한 관점에서 바라볼 수 있는 요소이기 때문이다. 이에 본 연구에서는 흥미를 흥미 자체에 대한 학문적 의미와, 호기심과 인지적 갈등 측면에서 먼저 살펴본 다음, 탈지평확대의 관점에서 흥미에 대해 접근하고자 한다.

우선 '흥미'의 학문적 의미를 살펴보자. 학문적 의미에서의 흥미는 헤르바르트 교육 이론의 중요한 개념 중 하나다. 따라서 헤르바르트 교육이론에서의 흥미 개념에 대해 언급하는 것으로 학문적 접근을 대신하고자 한다. 학문적 의미에서의 흥미는 우리가 흔히 생각하는 놀이에 수반되는 피상적인 흥분을 뜻하지는 않는다(이환기, 2004, 98). 놀이와 흥미는 반드시 구분되어야 한다는 의미다. 그러나 헤르바르트는 학습이 일어나는 데 필요한 조건으로 일반적인 의미에서의 흥미가 중요하다는 점을 들며, 교육에서 학생의 즉각적인 흥미를 소홀히 취급하는 것에 대하여 비판하고 있다. "지루하고 따분한 것은 교수의 으뜸가는 죄이다."(SE, p.93)라는 헤르바르트의 경구는 이 점을 잘 말해 주고 있다(이환기, 2004, 98). 본 연구에서는 이 사실에 주목하고자 한다. 지난 수십 년간 여러 차례의 교육과정 개정이 이루어졌지만 학생들의 즉각적인 흥미가 반영된 적은 거의 없었다.[25]

하지만 과거에 학습자의 흥미를 교육과정에 반영하기 위한 노력이 전혀 없었던 것은 아니다. 대표적으로 Hanna는 1930년대 버지니아 주의 교육과정을 계획하면서 학습자의 흥미에 기초를 둔 단원을 개발해서 가르치고자 했다. 그러나 학습자의 흥미가 하나 또는 특정 주제에 대해 뚜렷하게 나타나지 않자 Hanna는 교육과정을 조직하는 원리로서 흥미에 대해 다시 생각하게 되었다. 그 결과,

---

25) 남상준은 우양식-숙의과정 중심 교육과정 개발 모형은 학습자의 흥미와 관심을 중시하는 교육과정의 개발, 그 출발점으로서의 요구 분석(need assessment)의 필요성을 강조하게 될 것이라고 주장했다. 아울러 현재의 지리교육이 가지는 가장 큰 한계는 학습자가 항상, 의무적으로 학습할 준비를 한 채 대기하고 있는 것이라 언급했다. 따라서 요구 분석을 통하여 학습자들에게 잠재되어 있는 지리 교육적 요구를 파악한 뒤, 그것을 현재화하기 위한 노력이 수반되어야 하는데 그 부분이 소홀했음을 지적했다(남상준, 2002, 8). 이와 관련하여 본 연구자는 학습자의 흥미가 어떤 식으로 나타나든 학자들은 이 흥미를 지리 개념과 연결 지어 체계화할 수 있나고 생각한다. 그러나 학습자는 학자들이 흥미라고 간주하여 만들어 놓은 내용을 내면화하여 흥미라고 규정짓지 못할 것이다. 학습자에게는 아직 그런 정도의 능력이 없다고 봐야 하기 때문이다. 결국 흥미에 기반한 학습자 중심의 교육과정을 만드는 것이 학자들의 중요한 과업이라 여겨진다.

Hanna는 버지니아 교육과정안에서 학습자의 흥미보다는 어른의 관심사나 사회적 과정의 학습을 보다 강조하게 되었다.

그러나 Hanna의 결정은 본 연구에서 논의하고자 하는 흥미의 개념과는 차이가 있다. 흥미에 대한 Hanna의 생각은 전적으로 초등 사회과 교육과정을 염두에 둔 반면, 본 연구에서는 지리 영역에서의 스케일에 대한 흥미로 한정하고 있기 때문이다. 즉 학습자가 어떤 공간 범위에서 어떤 주제에 대해 느끼고 있는 흥미를 의미한다. 물론 학습자의 즉각적인 흥미만을 놓고 지리 내용을 선정하는 기준으로 삼을 수는 없다. 하지만 '즉각적'이라는 것이 며칠 내지는 몇 개월 이내의 일시적인 흥미가 아닌 수년간의 흥미로 간주되고, 또 지리학의 연구 결과 내지는 학문적 성과의 범주를 넘어서지 않는다는 전제가 성립한다면 충분히 재고의 여지가 있을 것이다. 헤르바르트가 중요시하는 흥미도 순간적 그리고 일시적으로 사라지고 마는 외적이고 단순한 흥미가 아니라 학습 활동에 수반될 수 있는 깊은 흥미 내지는 내적인 흥미를 말하는 것이기 때문이다.

다음으로 호기심과 인지적 갈등 측면에서 흥미를 바라보고자 한다. 호기심의 사전적 의미는 '새롭고 신기한 것을 좋아하거나 모르는 것을 알고 싶어 하는 마음'으로 정의되어 있다. 따라서 호기심의 측면은 학생들이 흔히 느끼는 '궁금한 것', '알고 싶은 것', '관심 있는 것', '재미있는 것' 등으로 해석할 수 있다. 이런 생각들이 단독으로 또는 복합적으로 작용하여 학습 내용을 구성하는 데 있어 능동적 내지는 적극적인 참여가 이루어지게 된다. 결국 학생들에게 이런 부분들을 자극시켜 줄 수 있는 지리 내용을 선정해야 할 것이다. 한편 인지적 갈등은 피아제의 인지 발달 이론에서 '외부의 자극이 자신이 가지고 있는 인지 구조와 맞지 않음을 알게 되는 경우'를 의미한다. 학생들은 기존 지식의 맥락에서 새로운 외부 자극이나 경험을 해석하게 되지만, 동시에 새로운 외부 자극이나 경험에 의해 지식을 수정할 수도 있다. 이런 조절의 과정을 통해 학생들은 지식의 세계를 넓혀 가게 된다. 언뜻 인지적 갈등은 지식 측면으로 보일 수도 있다. 그러나 새로운 외부 자극이나 경험, 즉 학습 내용들이 의도적으로 지식 획득의 목적을 띠고 제시되었다기보다는, 알고 싶어 하는 학습자의 의지 내지는 욕구, 호기심과 같은 요소에 의해 더 활발한 작용이 이루어졌다고 판단했다. 이처럼 호기심과 인지적 갈등의 두 측면은 학습자의 능동적, 자기 주도적, 적극적 학습 참여를 유도할 수 있어 학습 효과의 향상은 물론 지리 내용 선정에도 많은 영향을 끼칠 것이다. 따라서 본 연구에서도 학습자의 흥미 측면을 지리 내용 선정의 중요한 기준으로 삼게 되었다. 흥미에 관한 이상의 내용들을 탈지평확대의 관점에서 해석하면 다음과 같다.

우선 초등학생들은 어떤 스케일에 흥미를 가지고 있을까 하는 질문에서 논의를 시작할까 한다. 기존의 지평확대법에서는 스케일에 대한 학생들의 흥미를 고려하지 않았다. 인지 발달 단계에 의해 학년에 따라 공간 범위가 이미 정해져 있었기 때문이다. 즉 특정 학년의 학생들은 그 학년에 해당되는 공간범위 안에서 학습내용들을 이해할 수 있는 단계인가 아닌가라는 점에만 관심을 기울였다. 이 때문에 고장에 대한 내용은 가깝고 쉽게 접할 수 있기 때문에 흥미와 난이도 여부에 관계없이 저학년 학생들이 이해할 수 있는 단계에 해당되고, 세계에 대한 내용은 멀리 떨어져 있고 어렵기 때문에 저학년 학생들이 이해할 수 없으므로 고학년에 이르러야 배울 수 있다는 식의 논리가 성립되고 말았다.

그러나 탈지평확대의 관점에서는 스케일에 대한 학생들의 흥미를 기반으로 학습 내용을 구상하게 된다. 그래서 학생들이 세계에 대해 흥미를 나타낸다면 학년에 따라 정해진 공간 범위에 관계없이 세계스케일을 중심으로 학습 내용을 구성하게 된다. 이때는 물론 지식 측면들이 함께 반영될 것이고, 다른 스케일에 대한 흥미 정도도 참고되어야 할 것이다. 즉 세계스케일에 대한 흥미를 주제별로 어떤 내용들을 통해 학습 내용으로 발전시킬 것인가를 고민해야 하는 것이다. 스케일에 대한 막연한 흥미를 지식 요소와 결합하여 실제적인 학습 내용으로 구체화해야 하기 때문이다. 이런 점에서 흥미는 탈지평확대로의 모색을 위한 논리적 근거로서 중요한 의미를 지닌다.

지리 교육의 세 번째 내용 선정 기준으로 현실과 관련하여 구체적이고 실제적이어야 한다는 점에서 경험 및 생활 측면을 고려했다. 지평확대법에 대해 언급한 기존 연구에서의 공통적인 내용들은 '아동들의 친숙한 경험'에 근거한 학습의 강조였다. 하지만 아동들에게 친숙하다는 것의 기준이 무엇인지에 대해서는 명확한 규정이 없었다. 일정한 거리를 기준으로 아동들의 주위에 있으면 친숙한 것인지, 자신이 직접 경험했다면 그것이 친숙한 것인지 등에 대한 논의가 생략된 채, 아동의 발달 단계와 지평확대법에서의 공간 범위를 연결한 것이 전부였다.[26] 비록 '친숙한'의 의미를 객관적으로

---

26) 이에 대해 Kaltsounis는, 지평확대법에서 내세우는 '학생들에게 친숙한 것'이라는 관점은 학생들에게 가까이 있다는 의미가 아니라, 친숙한 것들에 대한 연상이라는 관점이라고 주장했다. 그러므로 아동에게 알려지지 않은 것들 중에 무엇이 가까운지 사회과 교육과정에 제공할 진단적 과정의 필요성을 주장했다(Kaltsounis, 1964, 101). 이러

규정하기는 어렵다고 하더라도 '경험'의 의미는 비교적 분명하게 정의 내릴 수 있을 것이다. 따라서 '경험'의 일반적인 의미를 먼저 규정한 다음, 탈지평확대적 관점에서의 경험에 대해 논의하고자 한다.

'경험'의 사전적 의미는 크게 두 가지로 구분된다. 하나는 실제로 자신이 해 보거나 겪어 보는 것, 또는 거기서 얻은 지식이나 기능을 의미하고, 다른 하나는 객관적 대상에 대한 감각이나 지각 작용에 의하여 깨닫게 되는 내용으로 정의된다. 첫 번째 '경험'의 의미가 직접적인 측면이 강하다면, 두 번째 '경험'의 의미는 간접적이 측면이 강하다. 즉 직접적인 경험은 학습자 자신이 직접 체험하여 거기서 획득되는 지식이나 기능을 바탕으로 실생활에 유용하게 적용할 수 있는 측면을 말하고, 간접적인 경험은 실제적인 체험이 수반되지는 않지만 직접적인 체험을 했을 때 얻게 되는 지식이나 기능을 그대로 획득하는 효과를 지니게 되는 측면을 의미한다.

이것을 초등 지리 영역에서의 공간 범위와 관련지어 기술하면 고장이나 지역사회 범위에서의 경험은 직접적인 체험이 수반되는 경험을 의미하고, 국가 내지는 세계 범위에서의 경험은 직접적인 체험을 했을 때의 효과를 지니게 되는 간접적인 경험일 확률이 높다. 적어도 지평확대법이 태동하기 시작한 100여 년 전의 사회에서는 이와 같은 해석이 충분히 가능할 것이다. 그러나 최근의 사회에서는 각종 매체의 영향으로 인해 간접적인 경험이 직접적인 경험만큼 많은 비중을 차지하고, 실제로 간접적인 경험이 직접적인 경험 못지않게 뚜렷한 효과를 나타내고 있다. 또한 고장이나 지역사

한 주장은 학생 개개인의 발달 상황을 고려한 것이다. 그래서 Kaltsounis는 학생 각자가 자신의 공간에서 나아갈 수 있는 형태를 제안했다.

회와 같이 가까운 공간 범위에 대해 학생들의 직접적인 경험이 수반될 확률이 높다는 것과 국가나 세계와 같이 좀 더 확장된 공간 범위에 대해서는 직접적인 경험이 어려우므로 간접적인 경험이 작용할 가능성이 높다는 것도 어떤 면에서는 100여 년 전 사회적 상황에서의 추측에 불과하다. 구체적인 경험적 자료가 뒷받침된 상태에서의 주장이나 논리로 보기는 어렵기 때문이다. 그러므로 초등 지리 학습 내용을 선정하는 데 있어서 이러한 두 가지 측면들을 모두 고려해야 할 뿐 아니라 구체적인 경험적 자료를 바탕으로 학생들의 실태나 입장을 좀 더 적극적으로 반영해야 할 것이다.

이상의 내용들을 탈지평확대의 관점에서 기술하면 다음과 같다.

먼저 기존의 지평확대법에서는 학생들이 경험하기 쉬운 고장에서부터 직접적인 경험이 어려운 세계로 나아가는 방식을 취했다. 고장은 우리가 생활하는 곳이고 경험하기가 쉽기 때문에 자연스럽게 친근한 것으로 여긴다. 반면, 세계는 '나'로부터 아주 멀리 떨어져 있어 직접 경험이 어려우므로 낯선 공간으로 여기는 경향이 강하다. 그러나 지금의 사회는 세계에 대한 수많은 정보들을 다양한 매체를 통해 쏟아 내고, 학생들은 여러 미디어를 통해 그것들을 접하고 있다. 따라서 적어도 학생들은 세계에 대해 과거보다 덜 낯선 것으로 생각할 경향성이 크다. 오히려 더 친근하게 받아들이고 있을지도 모른다.

스케일에 대한 학생들의 이러한 친근함의 변화는 경험의 의미와도 연결되는데, 과연 가깝다는 이유로 고장은 쉽게 경험할 수 있는 공간이고, 멀다는 이유로 세계는 경험하기 어려운 공간인가 하는 점이다. 간접적인 경험의 측면에서는 이미 세계가 고장보다 앞설지도 모른다. 또한 직접적인 경험을 고려하더라도 세계에 대한 학생들의 경험 빈도는 갈수록 증가하고 있다. 아울러 고장에 대한 직접적인 경험이 반드시 많다고 단정하기도 쉽지 않을 것이다. 무엇보다 직접이든 간접이든 학생들이 어느 정도 의미를 부여한 상태에서의 경험인가가 중요하기 때문이다. 따라서 최근의 여러 가지 변화들에 비추어 지평확대법에서의 경험 및 생활 그리고 친근함의 의미들이 다르게 해석될 수 있다면, 이 또한 탈지평확대로의 모색을 가능하게 하는 근거가 될 수 있을 것이다.

한편 지리 내용 선정 기준의 요소로서 생활 측면 또한 경험과 관련지어 논의할 수 있을 것이다. 경험주의 교육과정에서 듀이는 교육의 사회화 측면을 언급하면서 미래의 사회에 적응하고 생활하는 데 필요한 여러 가지들을 학습하고 경험해야 함을 강조했다. 생활 요소는 이런 측면을 반영하기 위함이다. 즉 탈지평확대의 관점에서 스케일을 규정하고, 그 스케일에 따라 학습 내용을 구성한다 하더라도 학생들의 경험과 생활 요소를 소홀히 다루어서는 안 된다는 것이다.

제4장

탈지평확대적
내용 구성을 위한 분석

탈지평확대적 내용 구성을 위한 분석

　　　　탈지평확대로의 모색을 위한 논리적 근거를 토대로 본 장에서는 초등학생들의 스케일 선호도에 대해 기술하고자 한다. 스케일 선호도는 초등학생들의 관심과 흥미가 어떤 공간 범위에 있는가를 알려 주는 기본적인 자료가 될 것이다. 지평확대법을 비판함에 있어 그리고 탈지평확대로의 방인을 모색하는 데 있어, 스케일에 대한 학생들의 관심과 흥미를 학습 내용 구성에 반영할 수 있는가에 대한 가능성을 찾을 수 있다는 점에서 그 의의가 크다고 하겠다.

　이에 본 장에서는 초등학생들의 전체적인 스케일 선호도와, 그 결과를 바탕으로 스케일에 따라 구성된 내용 선호도를 통해 탈지평확대로의 방향을 모색하고자 한다. 1절에서는 초등 지리 내용 영역들에 대한 전체적인 스케일 선호도를 살펴보고, 2절에서는 강과 인구를 사례로 스케일에 따른 내용 선호도를 분석하여 탈지평확대적 관점에서의 텍스트를 구성하기 위한 근거를 마련하고자 한다.

1. 스케일 선호도[27)]

먼저 1차 설문조사로 스케일에 대한 초등학생들의 관심과 흥미를 알아보기 위해 기본적으로 스케일 선호도를 조사했다. 일반적으로 초등사회과에서 지리 영역으로 분류되는 내용들을 키워드 중심의 주제별로 정리하여 20개의 질문 항목을 선정했다. 그리고는 학생들로 하여금 각 질문 항목에 대해 가장 관심과 흥미가 있는 스케일을 선택하게 했다.[28)] 다음의 〈표 4〉는 질문 항목별로 스케일 선호도 결과를 나타낸 것이다.

표 4 질문 항목별 스케일 선호도

설문항목 스케일	local (고장)	national (국가)	global (세계)	설문항목 스케일	local (고장)	national (국가)	global (세계)
인구증감이유	27	180 (52.8%)	130	강	65	99	174 (51.0%)
도시와 촌락	38	122	179 (52.5%)	인구증감현상	30	72	238 (69.8%)

---

27) 스케일 선호도는 스케일에 따른 내용 선호도나 텍스트 선호도 등 구체화된 형태를 조사하기에 앞서 초등학생들이 과연 어떤 스케일에 관심과 흥미가 있을까 하는 기본적이면서도 전체적인 측면을 고려하여 진행되었다. 이 스케일 선호도 결과에 따라 향후 내용 선호도나 텍스트 선호도의 조사 여부나 구체적인 방향이 결정된다는 점에서 매우 중요한 의미를 지닌다. 즉, 스케일에 대한 초등학생들의 선호도가 지평확대법과 일치하게 나온다면, 탈지평확대로의 방안 모색은 무의미한 논의가 될 수도 있다는 것이다.

28) 1차 조사에 투입된 설문지의 구체적인 내용 및 구성은 부록을 참고하기 바란다.

스케일 설문항목	local (고장)	national (국가)	global (세계)	스케일 설문항목	local (고장)	national (국가)	global (세계)
도시문제	58	147 (43.1%)	133	중심지	34	96	209 (61.3%)
인구밀도	51	103	185 (54.3%)	주변 환경	47	89	203 (59.5%)
지도 찾기	43	76	220 (64.5%)	도로	21	88	231 (67.7%)
땅의 크기	43	83	213 (62.5%)	국립공원	20	75	245 (71.8%)
특산물	53	76	209 (61.3%)	기온과 강수량	54	128	155 (45.5%)
인구밀도 고저	56	126	155 (45.5%)	나이	41	114	185 (54.3%)
수출품·수입품	47	108	184 (54.0%)	출생률·사망률	38	147	155 (45.5%)
지하자원	55	130	154 (45.2%)	인구이동	48	119	173 (50.7%)

(김재일, 2005, 184)

〈표 4〉는 질문 항목별로 스케일 선호도를 나타낸 것이다. 표에서 확인할 수 있듯이 대부분의 항목에서 세계스케일에 관심과 흥미가 집중되어 있음을 알 수 있다. 20개 항목 가운데 90%에 해당하는 18개 항목에서 세계스케일을 가장 선호하는 것으로 나타났다. 국가스케일을 가장 선호하는 것으로 나타난 '인구증감의 이유'와 '도시문제'에서도 세계스케일에 대한 비율은 높게 나타났으므로 실질적으로는 모든 항목에서 세계스케일을 가장 선호하는 것으로 볼수 있다. 이 질문 항목들은 초등 지리 영역의 대부분을 차지하는 내용들이기 때문에 탈지평확대의 관점에서 초등 지리 내용을 구성함에 있어 세계스케일을 중심으로 다룰 수 있는 가능성을 제시하는 것이라 할 수 있다.

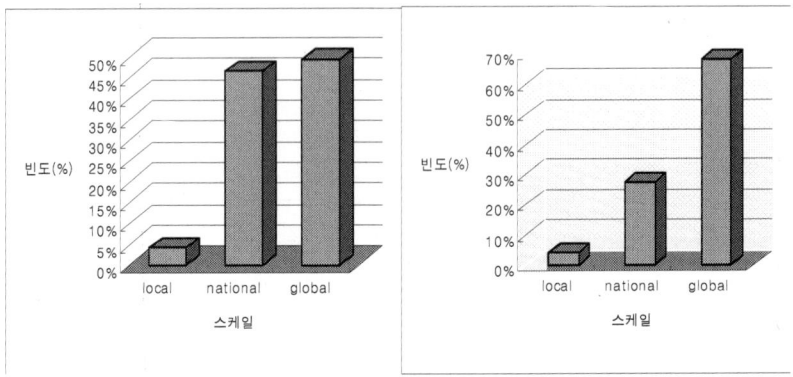

🌀 그림 11 3학년 스케일 선호도   🌀 그림 12 4학년 스케일 선호도

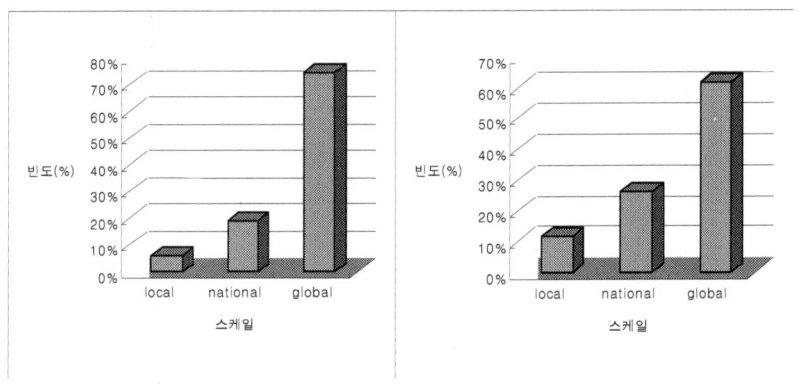

🌀 그림 13 5학년 스케일 선호도   🌀 그림 14 6학년 스케일 선호도

위의 그림들[29]은 학년별로 스케일 선호도를 나타낸 것이다. 지평
확대법에서는 각 학년에 해당되는 학습 공간 범위가 이미 정해져
있다. 공간 범위에 대한 학생들의 관심과 흥미를 반영했는가의 여
부는 차치하더라도 학생들이 선호하는 스케일을 학년별로 분석해

---

29) 김재일, 2005, 『초등학생들의 사회과 학습내용 선호도에 관한 연구』, 사회과교육, 44(3),
p.188.

보는 것은 지평확대법을 비판하는 데 있어 보다 구체적이고 의미 있는 자료로 여겨진다. 학년별 스케일 선호도는 다음과 같은 특징들을 나타냈다.

첫째, 모든 학년에서 세계스케일을 가장 선호했다. 우선 3학년은 세계와 국가스케일 간의 차이가 크게 없었다. 그러나 전체적인 경향은 세계를 가장 선호하는 것으로 나타났다. 둘째, 모든 학년에서 고장스케일에 대한 선호도가 가장 낮았다. 고장을 다루지 않는 6학년에서 오히려 11.9%의 상대적으로 높은 비율을 나타냈다. 후술하겠지만 이는 고학년으로 길수록 서서히 고장에 대한 관심을 나타내는 설문 결과와 일치하는 것이다. 셋째, 현행 각 학년에 해당되는 스케일에서 오히려 선호도가 낮게 나타났다. 현행 초등사회과 교육과정에서 3학년은 고장스케일을 다루고 5학년은 국가스케일을 주로 다루지만, 이에 대한 선호도가 더 낮게 나타났기 때문이다. 이는 초등학교에서 연간 계획에 맞게 학습이 이루어졌는가의 여부와도 크게 상관없는 상태에서의 결과이기 때문에 지평확대법에서의 공간 계열은 역시 재고되어야 할 것으로 보인다. 이상을 종합하면 다음과 같은 전체적인 스케일 선호도가 나타난다.

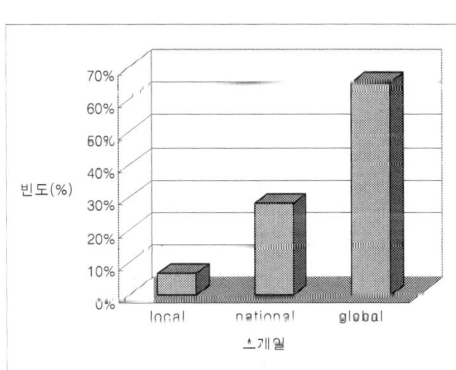

🐚 그림 15 전체적인 스케일 선호도(김재일, 2005, 183)

〈그림 15〉는 초등학생들의 전체적인 스케일 선호도를 나타낸 것이다. 그림에서 볼 수 있듯이 초등학생들은 세계스케일에 가장 많은 관심을 나타냈다. 세계스케일을 선호하는 비율이 60% 이상을 차지했다. 반면, 국가스케일은 28.1%, 고장스케일은 6.7%의 학생들만이 선호하는 것으로 나타났다. 전체적인 스케일 선호도는 20개의 주제에 대해 가장 선호하는 스케일을 선택하게 하는 형태의 질문[30]을 통해 스케일에 대한 관심과 흥미를 조사한 것이다. 그럼에도 불구하고 세계스케일에 대한 선호 비율이 압도적으로 높게 나타났다는 점은 일단 지평확대법에서의 공간 계열과는 많은 차이가 있음을 알 수 있다. 지평확대법에서는 학생들의 발달 단계에 따라 각각의 주제들을 공간 범위에 맞게 설정했지만, 학생들의 관심과 흥미는 거의 모든 주제에서 세계스케일을 선호하는 것으로 나타났다. 따라서 고장에서 세계로 확대되는 지평확대법에서의 공간 계열은 일단 재고의 여지가 있는 것으로 보인다.

표 5 학년별 스케일선호 * 형태

선호형태 학년	global>national>local	local>national>global
3학년	30 (42.3%)	1 (1.0%)
4학년	44 (63.8%)	3 (4.3%)
5학년	84 (67.2%)	5 (4.0%)
6학년	39 (51.3%)	6 (7.8%)
합 계	197 (57.8%)	15 (4.3%)

(김재일, 2005, 189)

30) 김재일(2005)의 연구 결과를 재기술한 것으로, 자세한 설문 내용은 논문을 참고하기 바란다.
* 학생별로 20개 항목에 대한 응답 결과를 종합하여 선호하는 스케일별로 분류한 다음, 빈도수가 많은 스케일순으로 나열했다(예: 20개 중 고장을 2문항, 국가를 7문항, 세계를 11문항 선택했다면 global→national→local 형태를 띠는 것으로 처리했다).

〈표 5〉는 학년별로 스케일 선호형태를 나타낸 것이다. 표를 보면 3학년에서 6학년까지 모든 학년에서 세계 → 국가 → 고장스케일의 순서에 가장 높은 비율을 나타내고 있음을 알 수 있다. 반면, 지평확대법에 근거한 고장 → 국가 → 세계스케일의 순서에 대해서는 10% 미만의 낮은 비율을 나타냈다. 따라서 학년별로 선호하는 스케일 순서가 현행과 같이 고장에서 세계로 확대되는 형태는 아님을 확인할 수 있다. 이러한 결과는 선호하는 스케일을 선택하게 하는 단순한 형태의 질문으로 응답 결과를 분류했기 때문이기는 하지만, 일종의 지평확대 역전의 형태가 높은 비율을 나타내고 있다는 점에서 지평확대법에 의한 공간 계열에 대해 또다시 재고의 여지를 남기고 있다. 즉 학년별로 세계에 관한 내용들을 새롭게 도입 또는 확대할 필요성이 있음을 알려 주는 것이다. 이처럼 모든 학년에서 세계스케일을 선호했으므로 이러한 경향성을 초등 지리 영역의 내용 구성에 반영하기 위한 노력이 반드시 요구될 것이다.

한편 〈표 5〉를 통해서는 학년 상승과 스케일 선호도 변화의 연관성을 구체적으로 설명할 수 없다. 학년별로 스케일 선호 형태를 나타낸 것에 불과하기 때문이다. 아울러 학년 상승에 따른 세계스케일의 선호도 변화에 따라 지평확대법에 대한 비판적 논의는 여러 관점에서 이루어질 수 있기 때문에 이에 대한 검증은 필수적이다. 따라서 학년 상승과 선호 스케일의 연관성 측도를 알아보기 위해 질문 항목별로 교차 분석(람다와 감마 검증)을 실시했다.[31] 주요

---

31) 학년과 스케일을 명목척도 대 명목척도로 구분한 람다 검증과, 순서척도 대 순서척도로 구분한 감마 검증을 모두 실시했다. 람다 검증의 경우, 학년과 스케일 사이의 연관성을 밝히기 위함이었고, 감마 검증의 경우는 학년 상승에 따른 선호스케일의 확대 여부를 밝히기 위함이었다. 본 연구의 목적에 비추어 두 검증 결과가 모두 의미 있는

내용과 결과는 다음과 같다.

표 6 학년 상승과 선호 스케일의 연관성 측도(감마)

항 목	값	점근 표준오차(a)	근사 T 값(b)	근사 유의확률
인구증감의 이유	.058	.072	.813	.416
도시와 촌락	.144	.070	2.030	.042
도시문제	.118	.065	1.804	.071
인구밀도	.021	.074	.288	.773
지도 찾기	.100	.075	1.330	.183
땅의 크기	−.013	.079	−.161	.872
특산물	.115	.081	1.419	.156
인구밀도의 고저	.040	.069	.580	.562
수출품과 수입품	.063	.073	.861	.389
지하자원	.200	.070	2.808	.005
강	.010	.071	.137	.891
인구증감	.180	.084	2.106	.035
중심지	.139	.076	1.825	.068
주변 환경	−.084	.077	−1.090	.276
도로	.075	.087	.853	.394
국립공원	.185	.089	2.040	.041
기온과 강수량	.029	.069	.416	.677
나이	.091	.073	1.240	.215
출생률과 사망률	−.032	.072	−.452	.651
인구이동	.080	.070	1.143	.253

a 영가설을 가정하지 않음.
b 영가설을 가정하는 점근 표준오차 사용.

〈표 6〉은 학년 상승에 따른 선호 스케일의 확대 여부를 감마 검증을 통해 나타낸 것이다. 그 결과, '도시와 촌락', '지하자원', '인구 증감', '국립공원' 등 4개 항목에서만 유의미한 결과를 나타냈다. 즉 4가지 항목에서는 학년이 상승함에 따라 선호하는 스케일이

자료라 여겨 함께 수행하였다.

고장에서 세계로 확대되었다. 이는 현행 지평확대법에서의 공간 계열과 일치하는 것이다. 그러나 나머지 16개의 항목들은 학년 상승과 선호 스케일의 확대 사이에 아무런 연관성이 없었다. 결국 대부분의 항목들은 지평확대법에서의 공간 계열과 일치하지 않음을 알 수 있다. 따라서 학생들은 전체적으로 세계를 선호하고 학년 상승과 선호하는 스케일 사이에는 연관성이 존재하지 않으므로 초등에서 세계에 관한 내용을 더 많이 다룰 수 있는 가능성이 드러난 것으로 파악된다. 이러한 사실은 다음의 람다 검증 결과를 통해서도 확인할 수 있다.

표 7   학년 상승과 선호 스케일 연관성 측도(람다)

	값	점근 표준오차(a)	근사 T 값(b)	근사 유의확률
인구증감의 이유 종속	.032	.066	.475	.635
도시와 촌락 종속	.025	.048	.517	.605
도시문제 종속	.099	.051	1.864	.062
인구밀도 종속	.000	.000	.c	.c
지도 찾기 종속	.000	.000	.b	.b
땅의 크기 종속	.000	.000	.c	.c
특산물 종속	.000	.000	.c	.c
인구밀도의 고저 종속	.066	.058	1.107	.268
수출품과 수입품 종속	.000	.000	.c	.c
기하가위 종속	.022	.055	1.603	.108
강 종속	.006	.045	.135	.893
인구증감 종속	.000	.000	.c	.c
중심지 종속	.000	.000	.c	.c
주변 환경 종속	.000	.000	.c	.c
도로 종속	.000	.000	.c	.c
국립공원 종속	.000	.000	.c	.c
기온과 강수량 종속	.044	.058	.737	.461
나이 종속	.000	.000	.c	.c

	값	점근 표준오차(a)	근사 T 값(b)	근사 유의확률
출생률과 사망률 종속	.054	.073	.719	.472
인구이동 종속	.042	.047	.883	.377

a 영가설을 가정하지 않음.
b 영가설을 가정하는 점근 표준오차 사용.
c 점근 표준오차가 0이므로 계산할 수 없습니다.

〈표 7〉은 학년과 스케일 사이의 연관성을 람다 검증을 통해 나타낸 것이다. 표를 통해 알 수 있듯이 20개 질문 항목 모두에서 학년과 스케일 사이에는 아무런 연관성이 없는 것으로 나타났다. 따라서 감마와 람다 검증 결과를 통해 대부분의 항목에서 학년에 구애받지 않고 내용 구성을 할 수 있는 가능성을 확인할 수 있다. 즉 특정 학년에 얽매이지 않고 여러 주제를 다양한 스케일에서 다룰 수 있다는 것이다. 그리고 그 스케일은 위의 조사 결과를 통해서 볼 때 세계라는 공간 범위가 되는 것이다. 비록 통계 결과만으로 지평확대법에서의 공간 계열을 부정하기에는 무리가 있지만, 대부분의 주제를 학년에 상관없이 다양한 스케일에서 다룰 수 있다는 근거로서는 충분한 의미를 지닌다고 하겠다.

이상을 종합하면 초등학생들은 모든 학년에서 그리고 대부분의 주제에서 세계스케일에 대해 가장 높은 선호도를 나타냈다. 또한 학년과 스케일 사이에는 아무런 연관성이 없었고 학년이 상승함에 따라 선호하는 스케일의 형태가 지평확대법에서의 공간 계열처럼 확장되지도 않았다. 따라서 현재 6학년 2학기에 불과 두 단원에서만 다루고 있는 세계에 관한 내용을 모든 학년, 특히 3학년에서부터 도입하는 방안을 강구해야 할 것이다. 학년별, 주제별로 세계에 대한 내용의 비중과 국가와 고장에 대한 내용의 가미 여부 등은 후속 연구가 이어져야 할 것으로 보이지만 적어도 초등학생들의 스케일 선호도 결과만을 놓고 본다면 세계에 대한 내용은 모든 학년, 모든 주제에서 도입되어야 하고 아울러 지금보다는 관련 내용들이 많이 확대되어야 할 것으로 보인다.

2. 내용 선호도

1) 사례 Ⅰ: 강

1차 설문 조사를 통해 초등학생들은 세계스케일에 가장 많은 관심을 나타내고 있음을 확인했다. 그러나 단순한 형태의 설문을 통한 스케일 선호도 결과만으로 판단하기에는 부족함이 있다. 또한 지평확대법에 대한 비판과 동시에 탈지평확대로의 방안을 모색하기 위해서는 기본적인 논리를 뒷받침할 수 있는 보다 구체적인 형태의 조사가 필요할 것이다. 따라서 본 절에서는 초등 지리 영역에서 세계에 관한 내용을 보다 확대하기 위해 스케일에 따른 학습 내용의 구성을 고려하고자 한다. 즉 학생들의 관심과 흥미, 사고 수준을 고려할 때 학년이 상승함에 따라 학습 내용은 점차 상세성을 드러내야 할 것으로 보인다. 이에 본 절에서는 강과 인구를 사례[32]

---

32) 강과 인구를 사례로 결정한 이유는 다음과 같다. 우선 자연 지리와 인문 지리의 내용에 따라 연구 결과가 달라질 수 있고, 이는 초등 지리 내용 구성에도 영향을 끼칠 수 있기 때문에 자연 지리를 대표하는 주제로 강을, 그리고 인문 지리를 대표하는 주제로 인구를 선정하게 되었다. 또한 강과 인구는 현재 초등사회과 내의 지리 내용으로서 높은 비중을 차지하고 있어 다른 주제에 파급될 가능성이 크다는 점도 고려되었

로, 스케일에 따른 상세성을 달리하는 지도와 그에 맞는 학습 내용의 예를 구상하였다. 설문지는 지도와 학습 내용의 예를 함께 제시한 경우(설문지 A형)와, 지도만 제시하고 학습 내용은 학생들로 하여금 자유롭게 기록하게 하는 경우(설문지 B형)의 두 가지로 구성되었다. 그리고 지도에 대해 간략히 언급하면, 스케일의 차이가 발생할 경우 강과 인구에 대한 정보의 종류와 상세성의 정도가 달라지기 마련인데 이런 측면을 지도에 나타내고자 했다. 앞에서 스케일의 차이에 따른 세 종류의 위성사진을 제시한 바 있다. 그러나 위성사진은 일관되게 나타낼 수 있는 공간 범위에 한계가 있고 초등학생들이 위성사진을 제대로 이해할 수 있는가의 문제가 발생한다. 따라서 본 연구에서는 ArcView 3.3을 이용하여 스케일 차이가 나타나게 지도를 재구성했다.[33] 이상을 토대로 재구성된 스케일별 지도, 스케일에 따른 학습 내용의 예에 대해 먼저 언급한 뒤 사례별 분석 결과를 구체적으로 기술하고자 한다.

다. 특히 인구의 경우, 1차 설문 조사에서 선정되었던 20개 항목 중 9개 항목이 '인구'라는 범주에 포함될 만큼 많이 다뤄지고 있다. 그리고 강의 경우도 자연 지리의 다른 여러 주제들(산, 바다, 기후 등)보다 관련 내용들이 교과서에서 많이 다뤄지고 있다.

33) 실제 설문지에는 초등학생들이 이해할 수 있도록 지도를 단순화하여 나타냈다. 실제 사용된 지도는 부록을 참고하기 바란다.

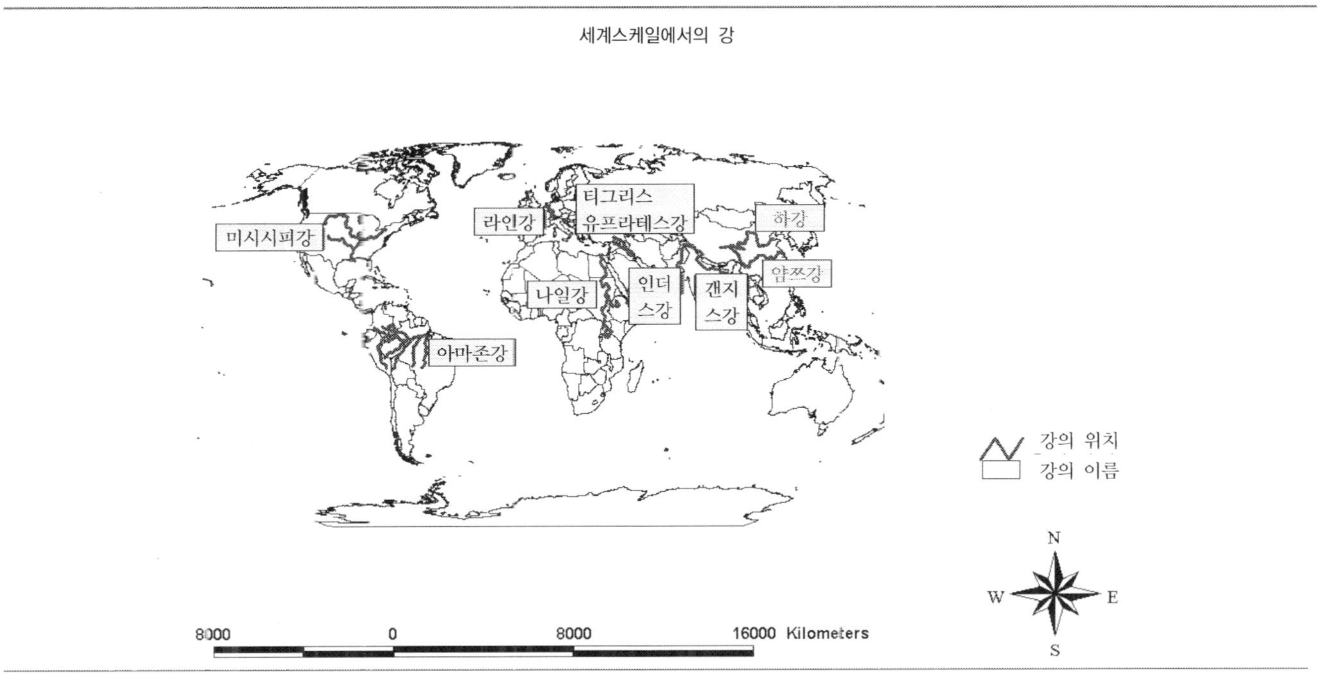

세계스케일에서의 강

강의 위치
강의 이름

N
W   E
S

8000   0   8000   16000 Kilometers

미시시피강

아마존강

나일강

티그리스
유프라테스강

인더
스강

갠지
스강

하강

아무르강

● 그림 16 재구성된 세계스케일에서의 강

〈그림 16〉은 세계스케일에서의 강을 나타낸 것이다. 파란색으로 보이는 선(line)이 주요 강을 나타내고 있고, 지도를 통해 파악할 수 있는 정보로는 세계의 주요 강 이름과 강의 흐름 등이 있다. 또한 지도에 직접 표시되지는 않는다 하더라도 강이 흐르는 나라의 이름, 강이 흘러 들어가는 대양의 명칭, 강의 길이 등도 세계스케일의 지도를 통해 학습할 수 있는 내용들이다. 그러나 세계스케일에서는 강에 대한 정보가 선의 형태로 나타나기 때문에 상세한 정보나 내용을 다루기가 어렵다. 그리고 정보의 종류와 양이 다양하지 못하다. 이는 지도상에 강에 대한 정보를 나타내기가 어려운 측면

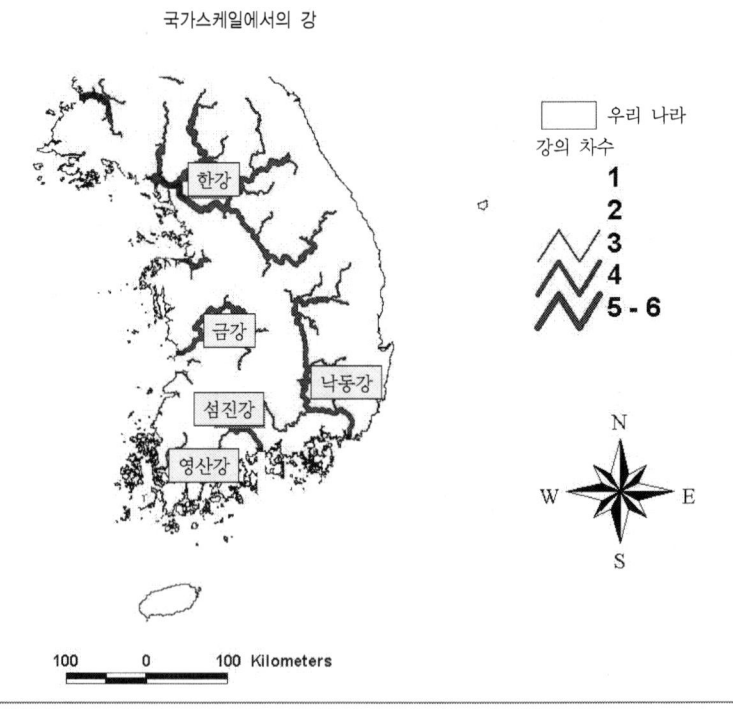

국가스케일에서의 강

우리 나라
강의 차수
1
2
3
4
5 - 6

100   0   100 Kilometers

🌀 그림 17   재구성된 국가스케일에서의 강

과도 무관하지 않다. 비록 규모의 광범위함으로 인해 학생들이 접할 수 있는 상세한 정보의 양은 줄어들지만, 단순한 형태의 내용들을 다루는 만큼 전체적으로 학생들이 관심과 흥미를 가질 가능성이 크다. 따라서 세계에 대한 내용은 어려울 것이라는 막연한 추정을 전제로 학습 내용을 구성하는 것은 적어도 스케일에 따른 내용 구성 측면에서는 바람직하지 않은 것으로 보인다.

〈그림 17〉은 국가스케일에서의 강을 나타낸 것이다. 세계스케일에서의 강보다 정보의 양이나 종류가 다양해졌음을 알 수 있다. 세계스케일에서는 볼 수 없었던 우리나라의 강을 비교적 자세히 볼 수 있다. 전체적으로 강에 대한 정보가 선의 형태로 나타나는 것은 비슷하지만, 차수에 따라 선의 굵기가 다르게 나타난다. 또 주요 강이 어느 방향의 바다로 흘러드는지, 지형과의 관계를 통해 왜 그 방향으로 흘러드는지에 대한 내용도 다룰 수 있다. 그리고 지도에 직접 나타나지는 않았지만 면적이 드러나는 댐이나 저수지 등의 정보도 함께 수록할 수 있다. 또한 우리나라 강 주변에 있는 주요 도시와 평야의 이름 및 위치가 함께 제시됨으로써 강과 도시, 강과 평야와의 관계 등도 다룰 수 있다. 이처럼 국가 범위로 스케일이 좁혀지면 세계에서는 다루기 어려웠던 상세한 정보와 내용들을 일정 부분 다룰 수 있게 된다. 이것은 세계와 국가스케일에 따라 학습 내용의 난이도가 변하는 것이 아니라, 상세화의 정도 차이로 인해 다룰 수 있는 학습 내용의 종류나 양이 달라지는 것으로 봐야 할 것이다.

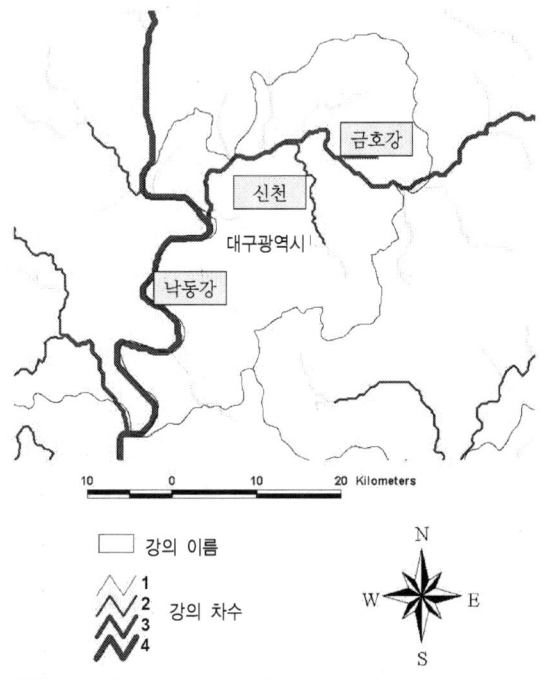

고장스케일에서의 강

🔵 그림 18   재구성된 고장스케일에서의 강

〈그림 18〉은 고장스케일의 예로 대구광역시의 강을 나타낸 것이다. 파란색으로 표시된 강의 경우, 선의 굵기를 통해 1차수와 2차수 등의 정보를 나타냈다. 이때 차수는 스케일의 차이로 인해 우리나라의 강을 나타냈을 때 보다 더 분명한 면적의 형태를 띄게 된다. 지도에 나타나지는 않았지만 짧은 선을 통해 강에 있는 다리를 나타내거나 대구광역시의 각 행정구역을 나타냄으로써 강이 지나는 경로를 구체적으로 알 수 있게 하는 것도 고려할 수 있다. 지도의 재구성 정도에 따라 도로, 토지 이용 모습과 같은 다양한 정보

들을 삽입할 수 있고, 고장생활과 강의 관계, 강이 주는 이로움, 강 보호의 필요성, 강의 오염상태, 개발과 보전의 문제 등 지도에 제시하기 어려운 내용들도 간접적으로 다룰 수 있다. 이처럼 고장스케일에서는 인간 생활과 강의 직접적인 관계와 같이 보다 더 깊고 상세한 측면을 다룰 수 있기 때문에 세계나 국가스케일에서는 다루기 어려웠던 내용들을 포함할 수 있다. 이 또한 세계나 국가스케일에 비해 난이도가 높아졌기보다는 스케일이 고장으로 좁혀지면서 다룰 수 있는 학습 내용의 종류가 다양해진 것으로 볼 수 있다. 바로 이런 측면이 탈지평확대의 관점에서 상세성의 정도에 따라

표 8 스케일에 따른 학습 내용의 예(강)

세계스케일(global scale)	국가스케일(national scale)	고장스케일(local scale)
*세계에서 가장 긴 강은? *동서 방향으로 흐르는 강은? *세계에서 남북 방향으로 흐르는 강은? *강 주변에 발달한 도시는 어디인가? *큰 강이 위치하고 있는 나라는? *여러 나라를 지나면서 흐르는 강은? *대륙별로 흐르는 강의 이름은? *자연재해가 많이 발생하는 강은? *태평양으로 흘러나가는 강은? *대서양으로 흘러나가는 강은? *인노냥으로 흘러나는 강은? *위에 표시된 강 이외에 다른 강은?	*우리나라에서 가장 긴 강은? *동서방향으로 흐르는 강은? *남북방향으로 흐르는 강은? *우리나라에서 동해로 흘러나가는 강은? *우리나라에서 서해로 흘러나가는 강은? *우리나라에서 남해로 흘러나가는 강은? *왜 주로 서해와 남해로 흘러 나가는가? *여러 시・도를 지나면서 흐르는 강은? *우리나라에서 댐이 가장 많은 강은? *우리나라의 강 주변에 발달한 도시는? *우리나라의 강 주변에 발달한 평야는? *우리나라의 강 주변에 유명한 관광지는? *위에 표시된 강 이외에 다른 강은?	*우리 고장의 강에 있는 다리의 개수는? *우리 고장의 강에 있는 다리의 위치는? *우리 고장에서 강물이 흐르지 않는 곳은? *우리 고장을 흐르는 강물의 오염 정도는? *강물을 어떻게 이용하고 있는가? *우리 고장을 흐르는 강의 시작과 끝은? *자연재해로 인해 피해를 입는 곳은? *강은 어느 고장과 경계를 이루고 있는가? *강은 어느 방향으로 흐르고 있는가? *우리 고장을 흐르는 강 주위의 모습은? *강의 개발로 인한 사람들 간의 다툼은? *강 주위를 어떻게 개발하고 있는가? *위에 표시된 강 이외에 다른 강은?

초등 지리 학습 내용은 달라질 수 있는 것으로 볼 수 있다. 이와 같이 탈지평확대의 관점에서는 재구성된 지도와 함께 강에 대해 다룰 수 있는 학습 내용의 종류도 달라지는데, 스케일에 따라 달라질 수 있는 학습 내용의 예를 소개하면 〈표 8〉과 같다.

이상의 내용들은 두 가지 형태의 설문지를 통해 조사가 이루어졌다. 설문지 A형은 위의 지도와, 지도를 통해 다룰 가능성이 있는 학습 내용의 예를 함께 제공하는 형태다. 학습 내용의 예를 통해 학생들은 다른 궁금한 내용이나 더 알고 싶은 내용들을 떠올릴 수 있다. 또한 지도에 대한 이해가 부족하거나 지도로 표현하기 어려운 내용에 대해서도 사고할 수 있는 장점이 있다. 반면 설문지 B형은 학습 내용의 예를 제공하지 않고 지도만 제시하는 형태다. 따라서 B형은 학생들의 인식을 자유롭게 끌어낼 수 있는 장점이 있다. 또한 B형은 학습 내용의 예시 때문에 학생들의 응답에 영향을 끼칠 가능성이 있는 A형의 단점을 보완할 수도 있다.

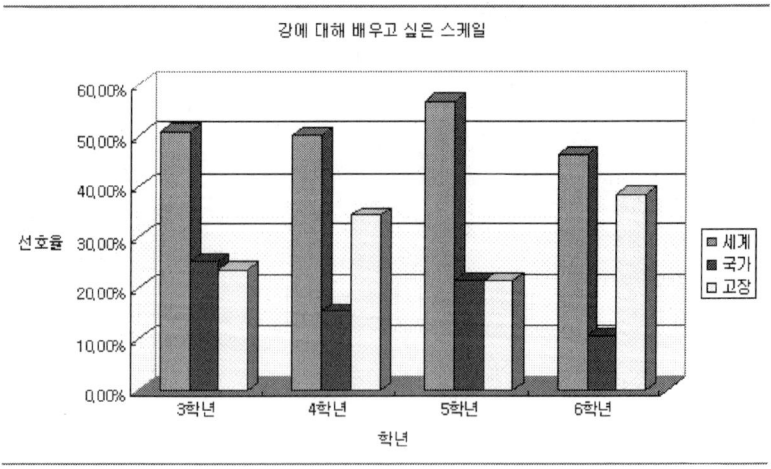

그림 19 강에 대해 배우고 싶은 스케일(A형)

이상을 토대로 강에 대한 스케일 선호도를 4가지 항목으로 구분하여 조사했다. 이에 대한 내용을 기술하면 다음과 같다.

첫 번째로 가장 배우고 싶은 스케일에 대해 조사했다. 〈그림 19〉는 설문지 A형에서 강에 대해 배우고 싶은 스케일을 나타낸 것이다. 모든 학년에서 세계스케일을 가장 선호하는 것으로 드러났다. 이는 지평확대법에서의 일반적인 계열, 즉 고장에서 세계로의 방향과는 반대되는 결과다. 특히 현행 3학년에서는 고장스케일에 대해 다루고 있음에도 불구하고 세계스케일을 가장 선호하는 반면, 고장스케일에 대한 선호도는 오히려 가장 낮게 나타났다. 이러한 결과는 국가에 대해 다루고 있는 5학년에서 국가에 대한 선호도가 가장 낮게 나타난 점, 세계를 유일하게 다루고 있는 6학년에서 세계보다 오히려 고장에 대한 선호도가 높게 나타난 점을 통해서도 확인할 수 있다. 특히 모든 학년에서 아직 세계에 대한 내용을 다루지 않았음에도 불구하고 6학년에서 고장에 대한 선호도가 가장 높게 나타난 점은 스케일의 방향성 측면에서 의미하는 바가 크다고 하겠다.[34]

---

34) 본 설문조사는 5월과 6월경에 실시되었다. 초등학교에서 세계에 관한 내용은 6학년 2학기 때 처음으로 등장하기 때문에 이 시기는 모든 학년의 학생들이 아직 세계에 대한 학습을 경험하기 못한 상태다. 반면, 고장에 대한 내용은 이미 3학년에서 충분히 다루어진 상태다. 그림에도 불구하고 3학년은 세계스케일에서, 6학년은 고장스케일에서 상대적으로 높은 선호도를 나타냈기 때문에 지평확대법에 근거한 현재의 스케일 확대에 대해서는 재고할 필요가 있을 것이다.

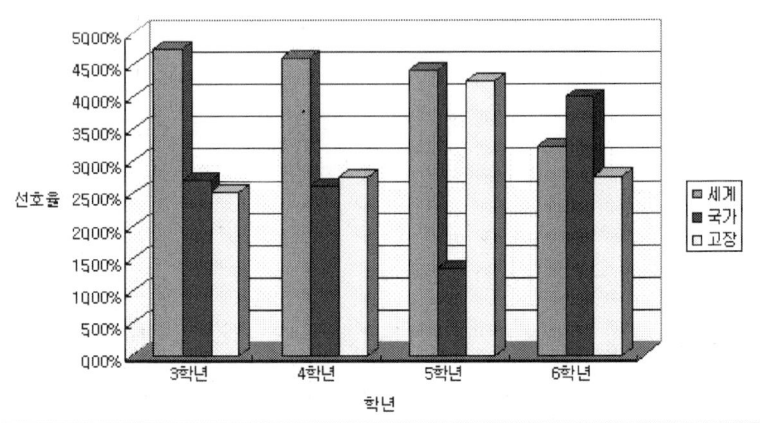

강에 대해 배우고 싶은 스케일

🐌 그림 20 강에 대해 배우고 싶은 스케일(B형)

　〈그림 20〉은 설문지 B형에서 강에 대해 배우고 싶은 스케일을
나타낸 것이다. B형 역시 세계에 대한 선호도가 전체적으로 가장
높게 나타났다. 특히 고장을 다루고 있는 3학년에서 세계에 대해
가장 높은 선호도를 나타냈다는 점이 특징적이다. 또한 세계를 다
루고 있는 6학년에서 세계보다 오히려 국가와 고장에 대한 선호도
가 상대적으로 높게 나타났다는 점도 특징적이다. 전체적으로 A형
에 비해 국가와 고장에 대한 선호도가 높게 나타났지만 세계를 가
장 선호한다는 점에서는 A와 B가 유사한 결과를 보였다. 그러나 3
학년에서 고장에 대한 선호도가 가장 낮게 나타난 점, 5학년에서
국가에 대한 선호도가 가장 낮게 나타난 점 등은 학습의 영향이 어
느 정도 작용한 것으로 판단된다.[35]

---

35) 현행 7차 초등사회과 교육과정에서는 3학년 1학기에 고장에 대한 내용을, 5학년 1학
　　기 때 국가에 대한 내용을 다루도록 구성되어 있다. 설문 조사 시기가 3월과 4월을

이상 A형과 B형에서 공통적으로 나타나는 결과를 정리하면 다음과 같다. 전체적으로 거의 모든 학년에서 세계를 가장 선호했다. 고장스케일에 대한 선호율은 높지 않았으나 고학년으로 갈수록 선호율이 증가하는 추세를 보였다. 이는 학년에 따른 현재의 공간 계열과 반대되는 현상이다. 스케일별 지도와 학습 내용의 예가 제공된 상황에서도 현행 방식과는 다른 결과가 도출된다는 사실에 주목해야 한다. 따라서 전체적인 공간 범위는 세계를 중심으로 하되, 다른 공간 범위의 내용이 가미되는 방식을 취하는 것도 고려될 필요가 있을 것이다. 아울러 모든 학년에서 세계스케일에 대한 내용을 도입하고, 그 비중도 지금보다 많이 늘리는 방안 또한 검토되어야 할 것이다.

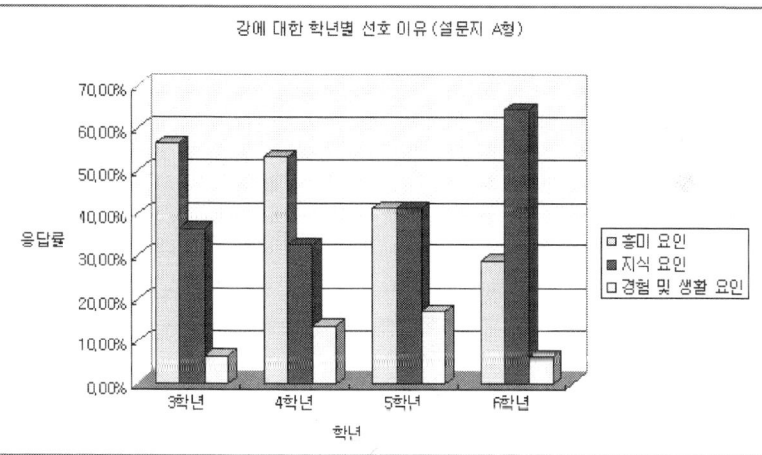

그림 21 강에 대한 학년별 스케일 선호 이유(A형)

기난 상뵈였기 때문에 학생들은 고장과 국가에 대한 학습을 이미 마친 상태였다. 따라서 이러한 상황이 긍정적이든 부정적이든 설문 결과에 어느 정도 반영되었으리라 추측된다.

두 번째로는 가장 배우고 싶은 스케일을 선택하게 된 이유에 대해 물어보았다. 〈그림 21〉은 설문지 A형에서 강에 대해 배우고 싶은 스케일의 선호 이유36)를 학년별로 나타낸 것이다. 학년이 상승함에 따라 이유 요인의 변화가 뚜렷하게 나타나는 것을 알 수 있다. 저학년(3·4학년)은 흥미 요인이 가장 중요하게 작용한 반면, 고학년에서는 지식 요인이 더 중요한 이유로 나타났다. 즉 학년이 상승할수록 흥미 요인의 비중은 감소하는 반면, 지식 요인의 비중은 점차 증가하는 경향성을 나타냈다. 저학년은 '더 궁금한 것이 많아서', '그냥 먼저 알고 싶어서'와 같이 아주 단순하고 직관적인 이유들이 많았다. 그러나 고학년으로 갈수록 '강에 대한 지식을 쌓고 싶어서', '공부할 것이 많을 것 같아서'와 같이 배움에 관한 이유들이 많았다. 강에 대한 학문적 결과 및 분류를 기준으로 강의 길이나 깊이, 크기와 같이 외적이고 직접적인 지식부터 강에 서식하는 생물, 강의 이용, 강 이름의 유래, 자연 재해 등과 같이 다양한 측면에 관심을 가지고 있었다. 요약하면 학년이 상승할수록 흥미 요인에서 지식 요인으로 스케일 선호 이유가 변하는 것으로 나타났다. 이러한 측면은 설문지 B형에서도 유사하게 나타나는데 다음의 그림을 통해 확인할 수 있다.

---

36) 학생들의 응답 결과를 바탕으로 스케일 선호 이유 요인들을 흥미, 지식, 경험 및 생활 요인으로 분류했다. 3장에서 지식, 흥미, 경험 및 생활 요소에 대한 의미를 이미 기술한 바 있으므로 여기에서는 이유 요인들의 비율과 각 요인별로 대표적인 사례를 몇 가지 제시하고자 한다. 주요 사례는 다음과 같다.
  * 흥미 요인 답변 예시: 재미있어서, 관심이 많아서, 흥미가 있어서, 궁금해서 등.
  * 지식 요인 답변 예시: 공부에 도움이 될 것 같아서, 지식을 쌓고 싶어서, 알아 두면 좋을 것 같아서 등.
  * 경험 및 생활 요인 답변 예시: 사는 데 도움이 될 것 같아서, 직접 보고 싶어서, 실제로 쓰일 것 같아서 등.

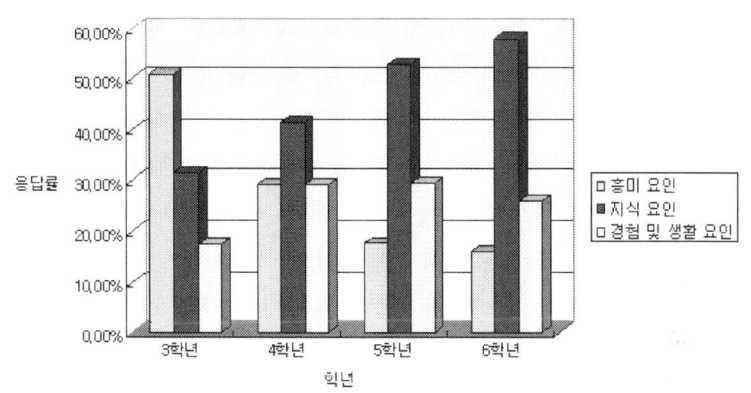

강에 대한 학년별 선호 이유(설문지 B형)

☞ 그림 22 강에 대한 학년별 스케일 선호 이유(B형)

〈그림 22〉는 설문지 B형에서 강에 대해 배우고 싶은 스케일 선
호 이유를 학년별로 나타낸 것이다. 설문지 A형과 마찬가지로 학년
이 상승함에 따라 흥미 요인의 비중은 줄어들고 지식 요인의 비중
은 증가하는 경향을 나타냈다. 즉 저학년일수록 흥미 요인의 영향
이 큰 반면, 고학년으로 갈수록 지식 요인의 영향이 크게 작용했다.
특히 설문지 B형은 흥미 요인과 지식 요인의 변화 정도가 각각 반
비례와 정비례에 가깝게 나타남으로써 A형에 비해 그 경향성이 더
욱 뚜렷하게 나타나고 있음을 알 수 있다. 한편 A형은 5학년을 기
점으로 지식 요인의 비중이 흥미 요인이 비중보다 높게 나타난 반
면, B형에서는 4학년을 기점으로 지식 요인의 비중이 흥미 요인의
비중보다 크게 나타나고 있다는 점이 특징적이다. 또한 B형에서는
흥미 요인의 작용 정도가 더 급격히 줄어든다는 점, 지식 요인이 4
학년과 같이 더 이른 학년에서 작용한다는 점, 경험 및 생활 요인이
상대적으로 많이 작용하고 있다는 점 등이 뚜렷하게 나타났다.

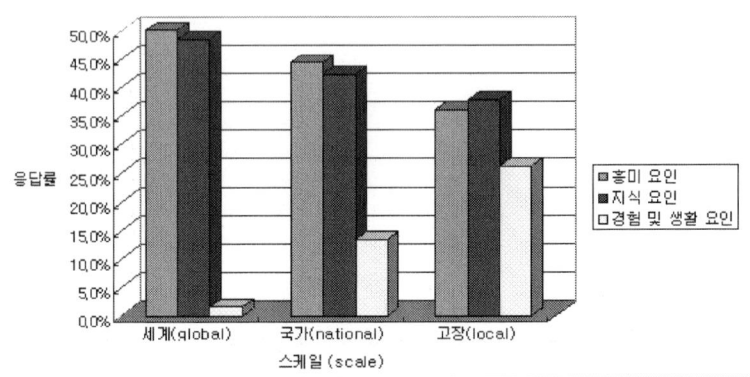

🌀 그림 23 강에 대한 스케일별 선호 이유(A형)

〈그림 23〉은 설문지 A형에서 강에 대해 배우고 싶은 이유들을 스케일별로 나타낸 것이다. 고장으로 갈수록 흥미나 지식 요인의 비중은 줄어드는 반면, 경험 및 생활 요인의 비중은 증가하는 경향을 볼 수 있다. 세계에서는 '큰 것부터 배우고 싶어서', '신기한 것이 많을 것 같아서'와 같이 세계에 대한 막연한 호기심이 많이 작용하는 것으로 풀이된다. 하지만 고장으로 갈수록 이러한 측면은 감소하는 것으로 드러났다. 다만 흥미와 지식 요인의 비중은 전체적으로 높은 응답률을 나타내므로 줄어드는 경향성 자체에 큰 의미를 부여하기는 어렵다. 이는 학생들의 응답을 단편적으로 분류했기 때문으로 추측된다.37) 한편, 고장에서는 경험 및 생활 요인의 비중이 흥미와 지식 요인의 비중에 비해 낮게 나타나지만, 세계와

---

37) 초등학생들에게 있어 흥미는 곧 배움이 될 수 있고, 지식은 곧 재미가 될 수도 있기 때문이다. 즉 머릿속에서 흥미라고 생각하는 것을 지식으로 표현할 수도 있고, 그 반대의 경우로 나타날 수도 있다는 것이다. 그러므로 학문적 의미에서의 흥미와 지식이 아니라, 학생들이 막연히 느끼는 의미의 흥미와 지식으로 보는 것이 타당할 듯하다.

국가의 결과와 비교하면 상대적으로 높은 응답률을 나타내고 있음을 알 수 있다. 이는 고장의 경우, '내가 살고 있는 곳', '내 삶의 터전', '내가 직접 경험할 수 있는 곳'이라는 인식이 작용하여, 그런 인식과 결부시켜 설문에 응답하려는 경향이 컸기 때문으로 해석된다. 실제 학생들의 응답에서도 '내가 사는 곳이기 때문에', '가장 가까운 곳이니까'와 같이 직접 경험하고 생활하는 곳에 대한 인식이 작용하고 있었다. 이러한 인식은 국가에서도 비슷하게 나타났다. 즉 '우리'라는 인식이 작용하여 '우리나라의 강이니까', '우리나라의 강에 대해 알 수 있기 때문에', '우리나라의 강을 알고 싶어서'와 같은 이유를 들었다.

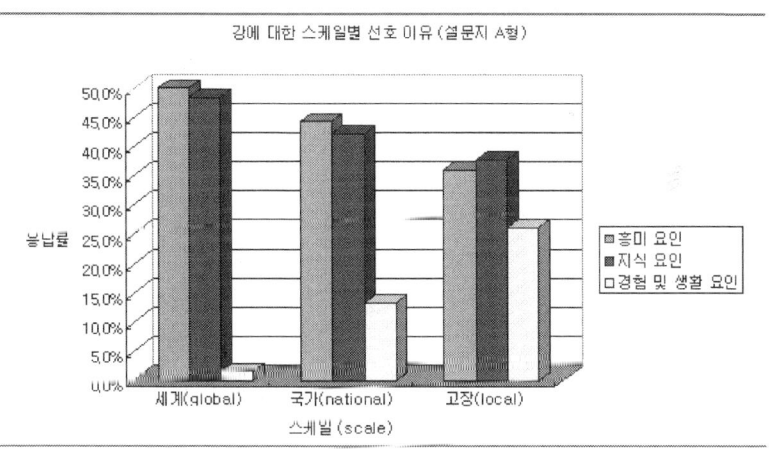

🌀 그림 24 강에 대한 스케일별 선호 이유(B형)

〈그림 24〉는 설문지 B형에서 강에 대해 배우고 싶은 이유들을 스케일별로 나타낸 것이다. 세계에서 고장으로 이동할수록 흥미 요인의 비율은 줄어드는 반면, 경험 및 생활 요인의 비율은 증가하고

있음을 알 수 있다. 설문지 A형에서는 흥미 요인의 비중이 50% 내외로 높게 나타났지만, B형에서는 흥미 요인의 비중이 30% 내외로 감소했다. 또한 A형에서는 경험 및 생활 요인의 비중이 고장스케일에 한해 20% 내외로 나타났지만, B형에서는 국가와 고장스케일에서 각각 30%와 40% 내외로 높게 나타났다. 특히 고장스케일에서는 경험 및 생활 요인의 비중이 지식 요인과 함께 가장 높게 나타남으로써 학생들이 선호하는 스케일을 결정하는 데 큰 영향을 끼친 것으로 보인다. 그러나 이러한 이유들의 수치상 차이를 고려하더라도 세계스케일에서 고장스케일로 갈수록 흥미 요인의 비중은 감소하고 경험 및 생활 요인의 비중은 점차 증가하는 경향성은 유사하게 나타난 것으로 파악된다.

이상 설문지 A형과 B형의 결과를 정리하면 다음과 같다.

첫째, 강에 대해 선호하는 스케일을 결정하는 데 있어 학년이 상승할수록 흥미 요인에서 지식 요인으로 그 비중이 변했다. 이는 초등 지리 영역의 내용을 구성하는 데 있어 저학년일수록 흥미적인 요소를 중심으로 하고 고학년으로 갈수록 지식적인 측면을 부각할 필요성이 있음을 나타낸다. 첫 번째 문항 분석 결과와 종합하면 저학년일수록 세계에 관한 내용을 흥미 중심으로 구성하는 것이 학습자 중심의 내용 구성으로 나가는 방향일 듯싶다.

다음으로 세계스케일에서 고장스케일로 이동할수록 흥미 요인과 지식 요인에 대한 비율은 줄어들고 경험 및 생활 요인의 비율이 증가했다. 세계스케일은 흥미 요인이 많이 작용하지만, 고장스케일로 좁혀질수록 '내가 사는 곳', '내가 생활하는 곳'이라는 인식이 강하게 작용했기 때문으로 추측된다. 따라서 세계스케일은 흥미 요소들을 중심으로 내용을 구성하고, 고장스케일로 갈수록 경험 및 생활 측면들이 나타나도록 학습 내용을 구성해야 할 것이다. 한편 지식 요인의 비율은 뚜렷한 특징이 없었으나 모든 학년과 모든 스케일에서 일정 부분 이상의 비율을 지속적으로 나타냈기 때문에 이에 대한 고려도 필요할 것이다.

세 번째는 설문지에 나타난 지도와 학습 내용의 예를 보고 강에 대해 배우고 싶거나 궁금한 내용을 적어 보게 했다. 이는 배우고 싶은 스케일의 선택, 스케일 선택의 이유 등을 학습 내용 구성과 관련지어 보고자 함이다. 즉 스케일에 따른 내용 구성을 함에 있어 학습자가 배우기를 원하는 내용을 어떻게 결합시킬 것인가에 대해 알아보고자 했다.

〈그림 25〉는 A형에서 강에 대해 궁금하거나 더 알고 싶어 하는

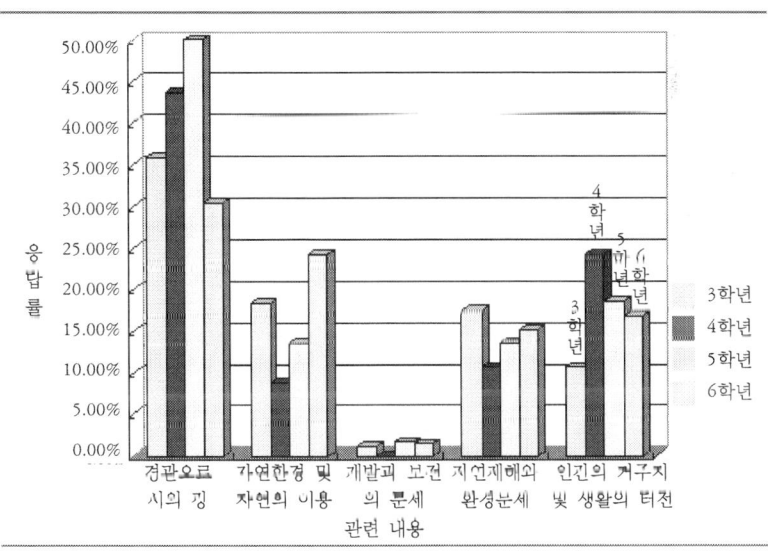

🐌 그림 25 강에 대해 궁금하거나 더 알고 싶은 내용(학년별, A형)

내용들을 학년별로 조사한 것이다. 우선 모든 학년에서 '경관으로 서의 강'에 대해 가장 높은 관심을 나타냈다. 다음으로 '자연 환경 및 자연의 이용'에 대한 내용은 학년이 상승할수록 비율이 증가하 는 것을 볼 수 있다. 또 '자연 재해와 환경 문제'는 3학년과 6학년 에서 상대적으로 높은 비율을 나타냈다. 반면, '인간의 거주지 및 생활의 터전'에 관련된 내용은 고학년에서 상대적으로 높은 비율을 나타냈다. 그러나 '경관으로서의 강'에 대한 내용을 제외하면 대부 분 20% 내외의 낮은 비율을 나타내고 있어 특정 내용으로의 쏠림 현상이 두드러진다. 특히 '개발과 보전의 문제'에 대한 내용은 거 의 관심을 나타내지 않았다. 다만 6학년은 관련 내용들의 비율 격 차가 다른 학년들에 비해 작고 '개발과 보전의 문제'를 제외한 내 용들에 대해 고른 관심을 보였다. 이는 고학년일수록 강에 대해 다 양한 관심을 나타낸다는 사실과, 고학년일수록 단순한 지식과 내용 보다는 복잡하고 사고력을 요구하는 내용을 다루면 효과적일 수 있다는 사실을 보여 주는 것이다. 그러나 A형을 통해서는 학년에 따라 선호하는 내용들이 뚜렷이 드러나거나 학년이 상승함에 따라 선호하는 내용의 변화 관계가 분명하게 드러나는 경우는 거의 찾 아볼 수 없었다. 이처럼 A형 설문지는 '경관으로서의 강'에 대한 응답이 대부분의 비중을 차지했다. '경관으로서의 강'에 대한 응답 을 좀 더 자세히 분석하면 몇 가지 특징이 나타나는데 주요 내용은 다음과 같다.

첫째, A형에서는 모든 학년에서 극단적인 상황에 대한 관심과 흥미가 높았다. A형은 지도와 학습 내용의 예를 함께 제시한 후, 더 궁금하거나 알고 싶은 내용에 대해 기술하게 했다. 따라서 예시로 제시한 학습 내용과 관련하여 더 극단적인 상황으로 관심이 이동한 것으로 추측된다. 특히 학년에 관계없이 '가장 깨끗한 강과 더러운 강', '가장 유명한 강', '가장 깊고 가장 긴 강', '가장 크고 넓은 강' 등에 대한 내용이 대부분을 차지하고 있었다. 또한 이상의 내용들은 세계스케일과 관련된 것이 대부분이었다. 둘째, 전체적으로 특정 지역에 대한 정보 및 지식에는 별다른 관심을 나타내지 않았다. 이는 학습 내용의 예가 미리 제시되어 학생들이 사고할 수 있는 폭을 제한하는 면이 존재했기 때문으로 추측된다. 즉 지도와 학습 내용의 예를 접하면서 예시 자체에 대한 관심의 강도에는 변화가 있었지만 다른 지역의 강에 대한 관심으로 확산되지는 않았다는 것이다. 셋째, 고학년일수록 강과 관련된 내용들을 생활과 관련지어 알고 싶어 했다. 단순히 지역만 다르게 하여 비슷한 종류의 내용에 대해 관심을 나타내기보다는 예시로 제시된 학습 내용에서 더 나아가 자세하고 더 세부적인 것에 흥미를 보였다. 예를 들면, 모든 학년에서 '강의 길이', '강의 깊이', '강의 크기', '강 이름의 유래' 등에 대해 더 알고 싶어 했지만 '강의 오염이 우리 생활에 미치는 영향', '우리는 강 주변을 어떻게 이용하고 있는가'와 같이 생활과 관련된 내용에 대해서는 고학년에서 알고 싶어 하는 것으로 나타났다.

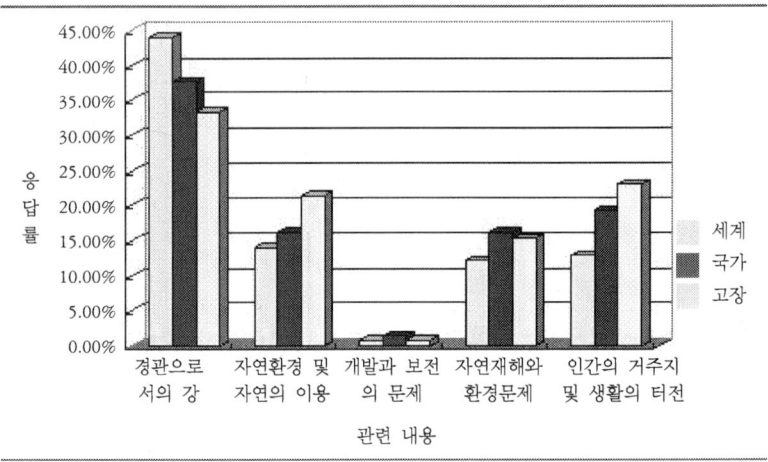

● 그림 26   강에 대해 궁금하거나 더 알고 싶은 내용(스케일별, A형)

〈그림 26〉은 A형에서 강에 대해 궁금해하거나 더 알고 싶어 하는 내용들을 스케일별로 나타낸 것이다. 우선 모든 스케일에서 '경관으로서의 강'에 대해 가장 배우고 싶어 하는 것으로 나타났다. 다음으로 '자연 환경 및 자연의 이용', '인간의 거주지 및 생활의 터전'에 관한 내용은 고장스케일로 갈수록 비중이 증가하는 경향을 보였다. 이는 고장스케일로 갈수록 강과 관련된 거주지, 생활의 터전, 자연의 이용 등과 같은 내용들을 '내가 살고 있는 동네' 또는 '내가 사는 마을'과 결부 지어 생각하려는 경향이 드러났기 때문으로 판단된다.

〈그림 27〉은 설문지 B형에서 강에 대해 궁금해하거나 더 알고 싶어 하는 내용들을 학년별로 조사한 것이다. 모든 학년에서 '경관으로서의 강'에 대해 가장 높은 비율을 나타냈다. 그러나 A형에 비해 학년별 비율의 격차가 클 뿐만 아니라, 3학년을 제외하면 전

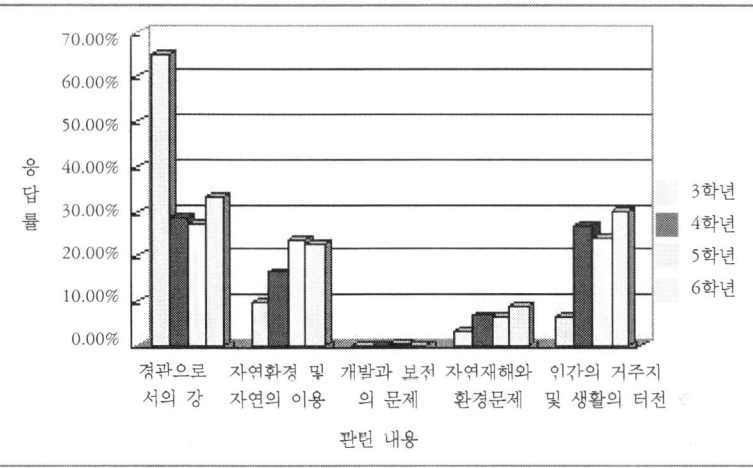

🌀 그림 27   강에 대해 궁금하거나 더 알고 싶은 내용(학년별, B형)

체적인 관심과 흥미가 많이 낮아진 것을 확인할 수 있다. 다음으로 '자연환경 및 자연의 이용', '인간의 거주지 및 생활의 터전'에 관한 내용들은 고학년으로 갈수록 비율이 증가하는 경향을 볼 수 있다. 이는 구체적인 비중 변화에서는 다소간의 차이가 있지만, 전체적으로 학년 상승에 따라 비중이 증가하는 경향성은 A형과 유사하게 나타난 것으로 보인다.

이와 같이 설문지 B형 또한 '경관으로서의 강'에 대한 응답이 대부분의 비중을 차지했다. '경관으로서의 강'에 대한 응답을 좀 더 자세히 분석하면 몇 가지 특징이 나타나는데 주요 내용은 다음과 같다.

첫째, 저학년일수록 극단적인 상황에 대한 관심과 흥미가 높았다. 지도상에 제시된 한정된 정보를 토대로 저학년 학생들은 강에 대해 '가장 긴 강', '가장 넓은 강', '가장 깊은 강'과 같이 기록에 바탕을 둔 극단적인 상황에 대한 관심이 많았다. 이는 '가장 깨끗한 강',

'가장 더러운 강' 등과 같은 내용에서도 유사하게 나타났다.

둘째, 고학년일수록 특정 지역에 대한 정보 및 지식에 대해 관심을 나타냈을 뿐만 아니라 더 구체적으로 알고 싶어 하는 경향이 강했다. 설문지 B형은 학생들에게 지도만 제시한 후 학습하고 싶은 내용을 자유롭게 기술하게 했기 때문에 이와 같은 결과가 나타난 것으로 보인다. 즉 지도상에 세계, 우리나라, 고장의 강에 대한 일반적이고 한정된 정보만 제시되었기 때문에 특정 지역에 대한 더 풍부한 내용과 지식을 획득하고 싶었던 것으로 해석된다. 예를 들면, 저학년은 '금강의 모습', '미시시피 강의 모습', '영국에 있는 강'과 같이 다소 막연하면서도 지도에 구체적으로 제시되어 있지 못한 내용들에 대해 알고 싶어 하는 경향이 나타났다. 반면, 고학년으로 갈수록 '낙동강은 어떻게 해서 생겨났는가?', '한강의 넓이는 어떠한가?', '나일 강의 생태계는 어떠한가?'와 같이 보다 구체적으로 알고 싶어 하는 경향이 강했다.

셋째, 고학년일수록 강과 관련된 내용들에 대해 더 깊고 자세하게 알고 싶어 했다. 특정 지역에 대한 관심과는 별개로 강 자체와 관련하여 단순한 내용에서부터 복합적이고 생활과 더 관련된 내용으로 관심이 이동하는 경향을 보였다. 이는 강에 대해 배우고 싶은 스케일에 대한 선호 이유와 유사한 결과이기도 하다. 몇 가지 예를 들면, 저학년은 '강의 깊이', '강의 길이', '강의 크기'와 같이 단순하고 외적인 강 자체에 대해 더 알고 싶어 했다. 반면, 고학년은 '강이 어떻게 생겨나게 되었는지?', '강 이름의 유래는 무엇인지?', '강에 서식하는 생물은 무엇인지?', '강의 오염정도는 어떠한지?'와 같은 내용에 대해 알고 싶어 했다. 또한 '강 주변에 사는 사람들의 생활 모습', '강물의 맑기는 우리에게 어떤 영향을 주는가?'와 같이 강과 사람들의 생활에 관련되는 내용에도 관심을 나타냈다.

이상 설문지 A형과 B형을 통해 공통적으로 나타나는 결과들은 다음과 같다.

첫째, 모든 학년 모든 스케일에서 '경관으로서의 강'에 대해 가장 많은 관심과 흥미를 나타냈다. 따라서 강에 대한 내용을 구성할 때 '경관으로서의 강'과 관련된 내용을 모든 학년, 모든 스케일에 고르게 수록해야 할 것이다. 둘째, '자연환경 및 자연의 이용', '인간의 거주지 및 생활의 터전'과 관련된 내용은 학년이 상승함에 따라 더 배우고 싶어 하는 경향이 강했다. 이는 학년이 상승함에 따라 강과 인간 생활과의 관련성, 인간과 강의 긴밀성 등이 드러난 것으로 볼 수 있다. 또한 세계에서 고장으로 이동할수록 강을 우리의 삶, 생활과 관련지어 생각하려는 경향이 두드러졌다. 따라서 고학년일수록 고장에서 생활과의 관련성을 중심으로 내용을 구성해야 할 것이다. 셋째, '자연 재해와 환경 문제'에 관련된 내용은 모든 스케일에서 거의 비슷하게 나타났다. 또한 고학년으로 갈수록 미미하게나마 응답률이 높아지는 추세를 보이나, 전체적인 비율이 낮은 편이어서 의미를 부여하기에는 무리가 있다. 따라서 '자연 재해와 환경 문제'에 대해서는 학년과 스케일에 따라 고르게 분산 배치를 할 것인지, 특정 학년, 특정 스케일에서 집중적으로 다룰 것인지가 고려되어야 할 것이다. 넷째, '개발과 보전의 문제'는 모든 학년, 모든 스케일에서 거의 응답을 하지 않았다. 강 유역의 파괴, 하굿둑 및 댐 건설, 물 부족 문제와 같이 인간 생활과 관련되는 중요한 부분임에도 불구하고 별다른 반응이 없었다. 그러나 내용의

중요성이나 필요성을 감안할 때 학년성에 맞게 스케일을 고려하여
적절한 배치가 이루어져야 할 것이다.

네 번째는 강에 대해 궁금하거나 배우고 싶은 내용들을 적은 이
유에 대해 기록하게 했다. 결과 분류는 두 번째와 동일한 방식으로
이루어졌다. 〈그림 28〉은 설문지 A형에서 강에 대해 궁금하거나
더 알고 싶은 이유 요인들을 학년별로 나타낸 것이다. 우선 모든
학년에서 흥미 요인의 비율이 높게 나타나고 있음을 알 수 있다.
반면, 지식 요인은 학년이 상승함에 따라 그 비율이 점차 높아지는
추세를 나타내고 있다. 경험 및 생활 요인은 6학년에서 10%로 낮
은 비율을 보이고 있으나, 나머지 학년에서는 전체적으로 20% 이
상의 비율이 고르게 나타나고 있음을 알 수 있다. 이는 전술했던
궁금하거나 더 알고 싶은 내용들의 성격과 관련이 깊다. 저학년에
서는 흥미 요인이 전체적으로 많이 작용했고, 고학년으로 갈수록

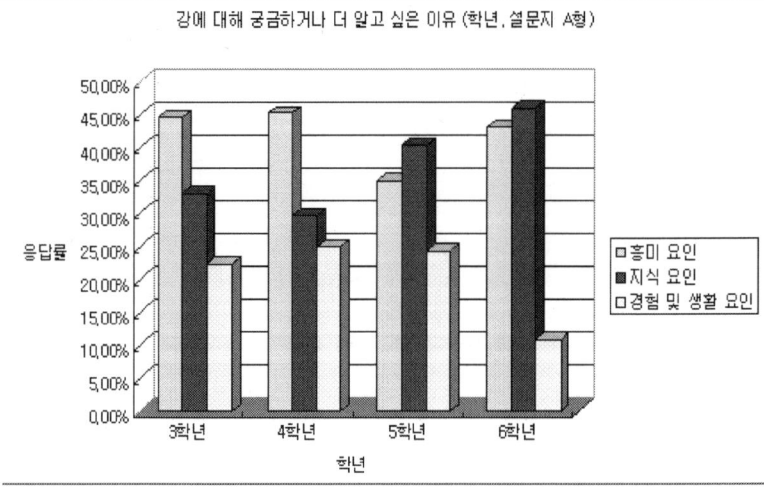

🔵 그림 28 강에 대해 궁금하거나 더 알고 싶은 이유(A형)

흥미 요인보다는 지식 요인의 비중이 더 크게 나타나는 것으로 요약할 수 있다. 이러한 경향성에 대해 좀 더 구체적으로 기술하면 다음과 같다.

먼저 전체적으로 모든 학년과 모든 스케일에서 '궁금해서', '신기하고 재미있을 것 같아서', '자주 접하지 못해서', '유명하기 때문에'와 같이 강에 대한 호기심이나 궁금증이 주된 이유로 나타났다. 다음으로 지식 요인과 관련하여 고학년으로 갈수록 '똑똑해지고 싶어서', '확실하게 알고 싶어서', '지식을 쌓고 싶어서', '공부에 도움이 될 것 같아서'와 같이 배움에 대한 이유 요인들이 주로 나타났다. 마지막으로 경험 및 생활요인과 관련하여 '생활에 도움이 될 것 같아서', '우리 생활과 관계가 있어서', '직접 가 보고 싶어서'와 같이 직접적이고 현실적인 생활에 관련된 이유들이 많았다. 이러한 경향성은 스케일을 선호하는 이유에 대해 조사했던 두 번째 설문

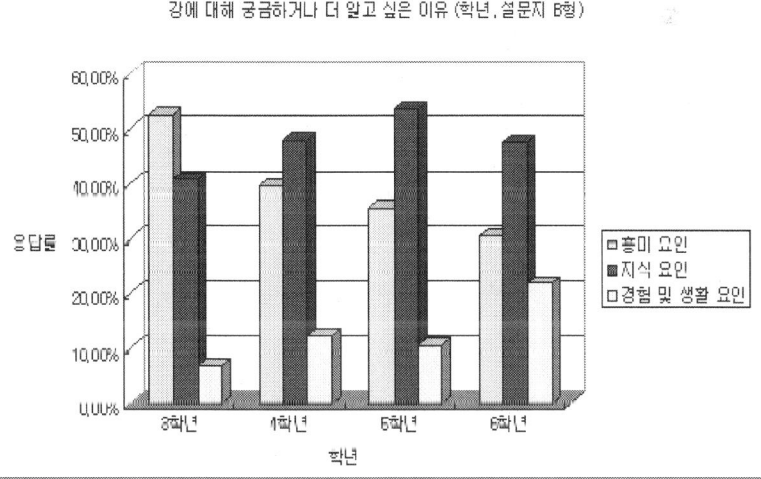

🌀 그림 29   강에 대해 궁금하거나 더 알고 싶은 이유(B형)

항목의 결과와도 유사한 것으로, 저학년일수록 흥미 중심의 내용 구성을, 고학년으로 갈수록 지식 중심으로 내용을 구성하는 것이 바람직함을 증명하는 것이라 하겠다.

〈그림 29〉는 설문지 B형에서 강에 대해 궁금하거나 더 알고 싶은 이유 요인들을 학년별로 나타낸 것이다. 우선 전체적으로 흥미 요인의 비율이 높았던 설문지 A형과는 달리, 설문지 B형은 전체적으로 지식 요인의 비율이 높게 나타나고 있음을 알 수 있다. 이는 모든 학년에서 지식 요인의 비중이 40% 이상으로 높게 나타남을 통해 확인할 수 있다. 또한 고학년으로 갈수록 흥미 요인에 대한 비율이 점점 줄어드는 반면, 지식 요인의 비율은 증가하는 경향을 볼 수 있다. 한편 경험 및 생활 요인의 비중은 6학년에서 20% 내외로 가장 높게 나타났지만 나머지 학년에서는 10% 내외로 낮게 나타났다. 이상을 정리하면 고학년으로 갈수록 흥미 중심에서 지식 중심으로 방향이 전환되어야 하고, 경험 및 생활 요인은 일정 부분이 가미되는 방식으로 내용 구성이 이뤄져야 할 것이다.

이상의 설문지 A형과 B형을 통해 공통적으로 나타나는 결과들을 정리하면 다음과 같다. 첫째, 저학년일수록 강에 대해 궁금하거나 더 알고 싶은 내용들에 대한 이유로 흥미 요인이 많이 작용했고, 고학년으로 갈수록 흥미 요인 외에 지식 요인의 영향이 더 크게 작용한 것으로 나타났다. 따라서 지리 영역의 내용을 구성하는 데 있어 저학년에서는 학생들이 배우고 싶어 하는 내용을 흥미 요소들과 결합시키고, 고학년에서는 흥미 요소 외에 지식 요인과 관련된 요소들을 포함시키는 것이 바람직할 것이다. 둘째, 공간 범위에 대한 학생들의 관심과 흥미를 바탕으로 저학년과 고학년의 학습 내용을 구성하는 데 있어 이상의 여러 가지 요소들을 종합적으로 반영할 수 있는 가능성을 들 수 있다. 네 번째 문항 분석 결과, 저학년인지 고학년인지의 여부, 흥미 중심인지 지식 중심인지의 여부, 세계인지 고장인지의 여부 등을 종합적으로 고려할 때, 저학년-흥미 중심-세계스케일과 고학년-지식 중심-고장스케일로의 연결이 가능했다. 이는 적어도 학생들의 관심과 흥미를 기준으로 분석했을 때 지평확대법의 일반적인 계열성과는 다르다는 증거임과 동시에, 그것의 대안으로서 실제적인 적용 가능성을 높여 줄 수 있는 방안으로 여겨진다.

2) 사례 Ⅱ : 인구

다음은 인구를 사례로 스케일에 따른 내용 선호도를 조사하기 위해 지도를 재구성하여 나타낸 것이다.[38] 재구성된 지도의 의미와 목적에 대해 기술하면 다음과 같다.

---

38) 실제 설문지에는 초등학생들이 지도를 쉽게 이해할 수 있도록 하기 위해 더 단순화된 형태로 나타냈다. 따라서 본문에 수록되어 있는 지도는 스케일 변화에 따른 재구성의 논리를 보나 정확하게 나타내기 위해 ArcView 3.3을 활용하였다. 다만 인구의 경우는 스케일 변화에 따라 지도에 나타낼 수 있는 정보의 종류와 양이 제한된다. 강처럼 비교적 고정된 지형을 시각적으로 바라보는 것이 아니기 때문이다. 이에 본 연구에서는 인구수 데이터를 활용하여 스케일에 따른 인구 분포를 점(dot)으로 나타내는 수준에서 지도를 재구성했다. 실제 사용된 지도는 부록을 참고하기 바란다.

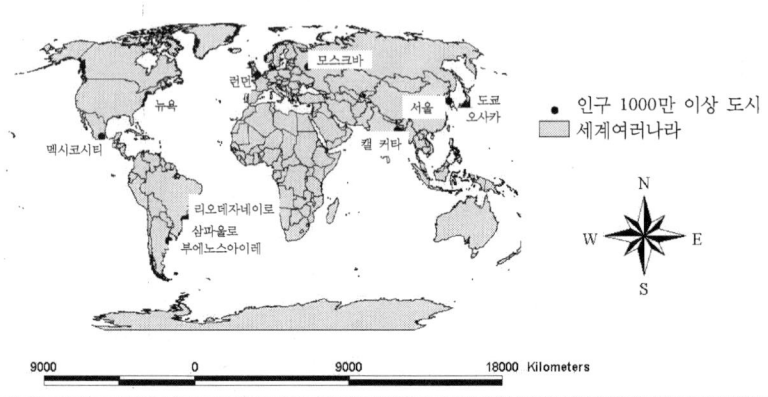

그림 30 재구성된 세계스케일에서의 인구

　〈그림 30〉은 세계스케일에서의 인구를 나타낸 것이다. 지도상에 나타나 있는 정보는 인구 1000만 명 이상의 주요 도시들을 점(dot)으로 표시한 것이다. 인구는 강과는 달리 인문 지리적 특성 때문에 지도상에 나타낼 수 있는 정보나 내용에 한계가 있음을 밝힌 바 있다. 이에 본 연구에서는 인구수 데이터만을 활용하였는데 세계스케일에서는 위와 같이 나타낼 수 있었다. 그러나 지도상에는 나타나지 않았다 하더라도 세계에 대해 다룰 수 있는 인구 관련 내용들은 다양하게 존재한다. 세계에서 인구가 가장 많은(적은) 도시와 나라, 인구 밀도가 높은(낮은) 나라, 세계 전체의 인구와 미래의 인구변화 등이 있다.

　그러나 세계스케일에서는 국가나 고장 범위에서의 인구에 관한 내용을 다루기가 어렵다. 위의 지도에서도 볼 수 있듯이 인구 1000만 명 이상의 세계 주요 도시도 작은 하나의 점으로밖에 표시할 수 없기 때문에 각 국가 내에 존재하는 여러 도시나 고장에 대한 인구 정보는 더욱 나타내기가 어려워진다. 이러한 현상은 탈지평확대의 관점에서 스케일에 따른 상세성의 문제와 결부된다. 즉 세계스케일에서는 다루는 범위 자체가 매우 넓기 때문에 단순한 정보나 내용만을 다룰 수밖에 없다. 스케일에 따른 상세성의 문제는 다음의 국가스케일에서의 인구를 통해서도 확인할 수 있다.

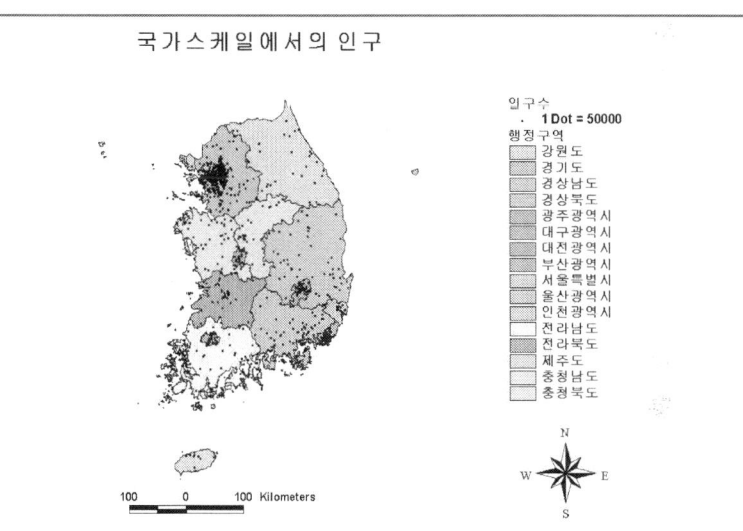

국가스케일에서의 인구

🌏 그림 31 재구성된 국가스케일에서의 인구

〈그림 31〉은 국가스케일에서의 인구를 나타내고 있는데 점(dot) 하나에 인구 5만 명을 기준으로 나타낸 것이다. 각 행정구역별로 인구 분포 현황을 확인할 수 있고 시·군·구별로 인구수 데이터를 활용했기 때문에 행정구역 내의 인구가 많고 적은 지역의 위치도 비교적 정확하게 파악할 수 있다. 국가 범위로 스케일이 좁혀지

면서 유사한 인구수 데이터를 활용했음에도 불구하고 나타낼 수 있는 정보의 양과 종류가 증가한 것을 알 수 있다. 물론 국가스케일에서 다룰 수 있는 내용들 또한 세계스케일에서의 내용들과 비슷한 면이 있지만 상세성의 차이는 분명히 존재한다. 예를 들어, 세계에서는 인구가 많은 주요 도시들을 하나의 점과 같이 단편적으로 파악할 수밖에 없었지만, 국가스케일에서는 인구가 많은 도시들이 점으로 나타날 뿐만 아니라, 점의 크기를 통해 인구 규모의 차이도 드러낼 수 있다. 더 나아가 이러한 정보는 전체적인 지형과의 관계를 통해 인구 분포와의 관련성을 나타내는 데에도 활용될 수 있다. 또한 스케일이 좁혀지면서 점의 분포를 통해 인구가 집중되는 지역과 인구 밀도가 낮은 지역 등이 나타나며, 이와 관련된 국가 차원에서의 인구 문제나 인구 이동 현상까지도 다룰 수 있다. 이러한 측면이 탈지평확대의 관점에서 스케일에 따른 상세성의 정도가 존재하고 있음을 나타내는 것이다.

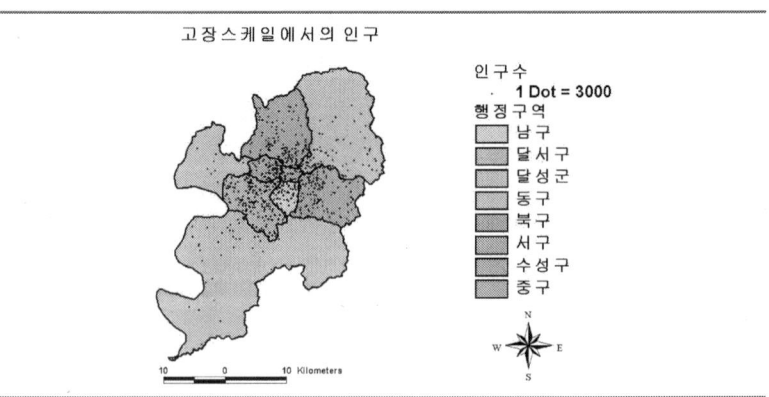

🌀 그림 32 재구성된 고장스케일에서의 인구

〈그림 32〉는 고장스케일에서의 인구를 나타낸 것인데 점 하나에 인구 3천 명을 기준으로 표시하였다. 각 행정구역별로 인구 분포 현황을 확인할 수 있고, 특히 읍·면·동별로 인구수 데이터를 활용했기 때문에 행정구역 내의 인구가 많고 적은 지역의 위치도 비교적 정확하게 파악할 수 있다. 범위가 대구광역시라는 고장스케일로 좁혀졌기 때문에 그만큼 상세성의 차이는 존재할 수밖에 없다. 세계와 국가스케일에서 다뤘던 주요 내용 및 정보들을 고장스케일에서 반복적으로 다룰 수 있을 뿐만 아니라, 범위의 축소를 통해 작은 지역을 보다 구체적으로 다룰 수 있는 내용들이 존재한다. 예를 들어, 동 단위 인구를 기준으로 점이 표시되기 때문에 인구 분포를 통해 행정구역 내의 주거 지역 및 도심의 위치를 파악할 수 있고, 이와 관련하여 하루의 인구 이동 현상 및 인구 문제 등을 보다 작은 범위에서 접근할 수 있다. 국가스케일의 경우보다 거시적이고 장기적인 관점에서 인구 이동과 인구 문제 등을 다룬다면, 고장스케일에서는 바로 지금 여기의 측면을 강조하여 다룬다는 차이점이 있다. 이는 내용 및 정보의 난이도 상승을 의미하는 것이 아니라, 스케일의 축소로 인한 정보의 다양화 내지는 상세화를 의미한다. 이런 측면이 탈지평확대의 관점에서 스케일에 따른 내용의 차이를 나타내는 것이라 하겠다.

이와 같이 탈지평확대의 관점에서 재구성된 지도와 함께 인구에 대해 다룰 수 있는 학습 내용의 종류도 달라지는데, 스케일에 따라 달라질 수 있는 학습 내용의 예를 소개하면 다음과 같다.

세계스케일(global scale)	국가스케일(national scale)	고장스케일(local scale)
*세계에서 사람들이 많이 사는 곳은? *사람들이 많이 사는 이유는? *사람들이 많이 살지 않는 곳은? *사람들이 많이 살지 않는 이유는? *세계 전체의 인구는 몇 명일까? *하루에 몇 명이 태어나고 죽을까? *땅은 크지만 사람이 별로 없는 곳은? *땅은 작지만 사람이 많이 있는 곳은? *우리나라 사람이 많이 사는 곳은? *사람들은 추운 곳에서 많이 살고 있을까? 더운 곳에서 많이 살고 있을까? *사람들이 가장 많이 사는 나라는? *사람들이 가장 적게 사는 나라는? *우리나라보다 사람들이 많이 사는 나라와 적게 사는 나라는 어디일까?	*우리나라에서 사람들이 많이 사는 곳은? *사람들이 많이 사는 이유는 무엇일까? *사람들이 많이 살지 않는 곳은? *사람들이 많이 살지 않는 이유는? *우리나라의 전체 인구는 몇 명일까? *우리나라는 하루에 몇 명 태어나고 몇 명이 죽을까? *땅은 크지만 사람이 별로 없는 곳은? *땅은 작지만 사람이 많이 있는 곳은? *사람들이 많이 사는 곳의 특징은? *우리나라는 사람들이 어디에서 어디로 많이 이동할까? 많이 이동하는 이유는? *사람이 많은 곳은 어떤 문제가 있을까? *사람이 적은 어떤 문제가 있을까? *우리나라의 중심은 어디일까?	*우리 고장에서 사람들이 많이 사는 곳은? *사람들이 많이 사는 이유는? *우리 고장에서 사람들이 많이 없는 곳은? *사람들이 많이 살지 않는 이유는? *우리 고장의 전체 인구는 몇 명일까? *우리 고장은 하루에 몇 명 태어나고 몇 명이 죽을까? *우리 고장은 사람들이 많이 들어올까? 아니면 다른 고장으로 많이 나갈까? *우리 고장으로 들어오고 나가는 이유는? *사람들이 많이 사는 곳의 특징은? *사람들이 많은 곳은 어떤 문제가 있을까? *문제를 해결하기 위해서는? *낮에 사람들이 많은 곳과 그 이유는? *밤에 사람들이 많은 곳과 그 이유는?

이상을 토대로 인구에 대한 스케일 선호도를 4가지 항목으로 구분하여 조사했다.[39] 이에 대한 내용을 기술하면 다음과 같다.

---

39) 설문의 두 가지 형태 및 의도는 강(river)의 사례에서 이미 기술하였다. 인구의 경우도 강과 동일하므로 전술한 내용을 참고하기 바란다.

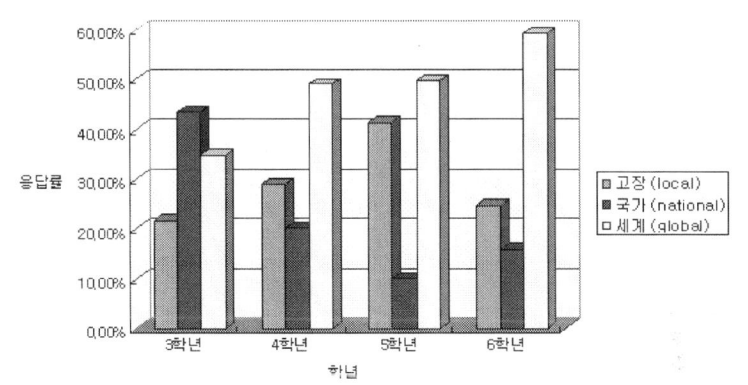

인구에 대해 가장 배우고 싶은 스케일

😊 그림 33   인구에 대해 가장 배우고 싶은 스케일(A형)

〈그림 33〉은 A형에서 인구에 대해 가장 배우고 싶은 스케일을 학년별로 나타낸 것이다. 3학년에서 국가를 가장 선호하는 것을 제외하면 모든 학년에서 세계를 가장 선호했다. 그러나 현행 교육과정은 3학년에서 고장을, 5학년에서 국가를 다루고 있는데, 이에 대한 선호도가 가장 낮게 나왔다는 사실은 지평확대법에서의 공간 계열과 학생들의 흥미 사이에는 거리가 있음을 짐작할 수 있다. 한편 학년이 상승함에 따라 세계와 고장에 대한 선호도가 증가하는 반면 국가는 비율이 감소했다. 그러나 세계는 모든 학년에서 고르게 높은 비율을 나타냈고, 고장은 5학년까지 증가하다가 6학년에서 비율이 감소했으므로 학년에 따라 뚜렷한 특징이 드러났다고 하기는 어렵다. 다만 인구는 강보다 전체적으로 고장에 대한 선호노가 높세 나타났으므로 이에 대한 고려가 필요함 것으로 보인다.

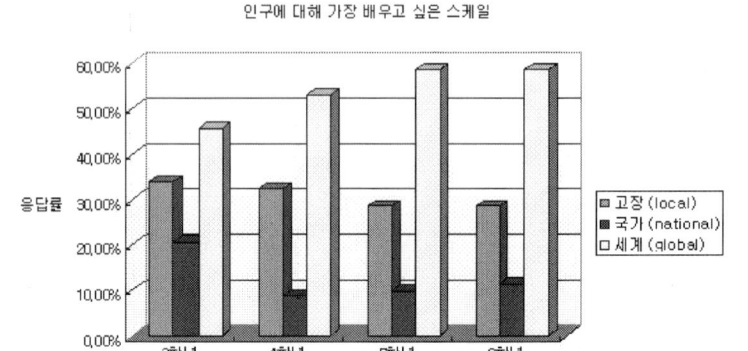

🏵 그림 34 인구에 대해 가장 배우고 싶은 스케일(B형)

〈그림 34〉는 B형에서 인구에 대해 가장 배우고 싶은 스케일을 학년별로 나타낸 것이다. 모든 학년에서 세계를 가장 선호했다. 국가 선호도는 A형과 비교할 때 낮아졌으나 세계 선호도는 A형과 유사하게 높은 비율을 나타냈다. 고장 선호도는 3학년에서 다소 높게 나타났으나 전체적으로 모든 학년에서 30% 내외의 비슷한 비율을 보였다. 그러나 이러한 결과는 3학년이 고장에 대해 배우고 있는 시점에서 설문 조사가 이루어졌기 때문에 일정 부분은 영향을 받았을 것으로 생각된다. 그럼에도 불구하고 3학년에서 고장에 대한 비율이 세계에 비해 낮게 나타났다는 사실은 세계에 대한 관심과 흥미가 더 높음을 알 수 있다. 이는 지평확대법에서의 공간 계열과는 반대로 나타났다는 점에서 중요한 의미를 지닌다. 이상 A형과 B형에서 공통적으로 나타나는 결과를 정리하면 다음과 같다.

먼저 모든 학년에서 세계를 가장 선호했다. 이는 지평확대법에서의 공간 계열과는 반대되는 결과다. 고장부터 배우고 싶다고 응답한 비율이 3학년에서 높게 나타나지 않았다는 사실이 이를 뒷받침해 준다. 다음으로 국가는 경향성이 뚜렷하지는 않았으나 학년이 상승함에 따라 선호하는 비율이 점차 낮아졌다. 현행 교육과정에서 국가는 5학년에서 다뤄지고 있는데, 이에 대한 선호율이 저학년에 비해 더 낮게 나타난다는 점 또한 지평확대법의 공간 계열과는 일치하지 않음을 알 수 있다. 마지막으로 고장의 경우 B형에서는 모든 학년에서 거의 비슷한 비율을 나타냈으나, A형에서는 6학년에서 비율이 다소 떨어졌을 뿐 전체적으로 학년이 상승함에 따라 선호율이 높아졌다. 결국 학생들은 모든 학년에서 세계에 관한 내용을 가장 배우고 싶어 했다. 따라서 세계를 중심으로 내용을 구성하고, 학년에 따라 국가와 고장에 관한 내용들을 가미하는 것이 바람직할 것이다.

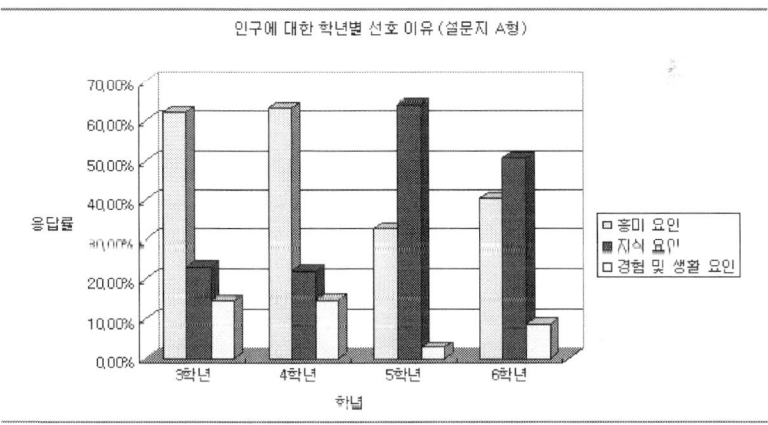

◎ 그림 35 인구에 대한 학년별 선호 이유(학년별, A형)

〈그림 35〉는 A형에서 인구에 대한 스케일 선호 이유를 학년별

로 나타낸 것이다. 우선 저학년은 흥미 요인이 60% 이상의 높은 비율을 나타냈고, 고학년은 지식 요인이 50% 이상의 높은 선호도를 보였다. 즉 학년이 상승할수록 흥미 요인은 감소했고 지식 요인은 증가했다. 이는 저학년과 고학년의 차이가 뚜렷하다는 점이 특징적이다. 강은 학년이 상승할수록 흥미 요인의 비율이 감소하고 지식 요인의 비율은 증가했지만, 인구는 저학년과 고학년의 차이가 분명하게 나타났다. 이는 3·4학년이 5·6학년에 비해 흥미 요인의 비중이 2배 이상 높았고, 5, 6학년은 3·4학년에 비해 지식 요인의 비중이 2배 이상 높게 나타났음을 통해 알 수 있다. 이와 같은 원인은 강과 크게 다르지 않다. 즉 흥미 요인은 '궁금해서', '그냥 먼저 배우고 싶어서'와 같은 응답이 많았고, 지식 요인은 '지식을 쌓고 싶어서', '이해가 잘 될 것 같아서', '공부할 내용이 많아서'와 같은 응답이 많았다. 따라서 저학년은 흥미 요인을 중심으로 내용을 구성하고 고학년은 지식 요인의 비율을 높이는 방향으로 나가야 할 것이다.

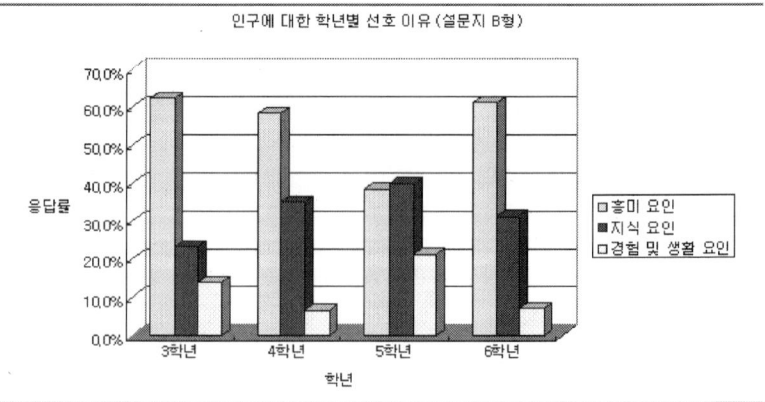

🌑 그림 36 인구에 대한 학년별 선호 이유(학년별, B형)

〈그림 36〉은 B형에서 인구에 대한 스케일 선호 이유를 학년별로 나타낸 것이다. 흥미 요인은 모든 학년에서 높은 비율을 나타냈고 지식 요인 또한 학년 상승에 따라 꾸준히 증가했다. A형은 3·4학년에서 흥미 요인의 비율이 높았던 반면 B형은 3·4학년뿐만 아니라 6학년에서도 높게 나타났다. 5학년 또한 40% 가까운 비율을 나타내고 있어 전체적으로 흥미 요인의 경향이 짙다. 다음으로 지식 요인은 3학년만 20% 정도의 비율을 나타냈을 뿐 그 외 학년에서는 30% 내외의 비율을 나타냈다. 학년이 상승함에 따라 지식 요인의 비율이 높아지고 있으나 6학년이 4·5학년에 비해 낮은 비율을 나타내고 있기 때문에 학년과 이유 요인 사이에 뚜렷한 경향성은 없었다. 그럼에도 불구하고 6학년을 제외하면 고학년일수록 지식 요인의 비중은 증가하고 있다. 따라서 전체적으로 흥미 요인을 중심으로 내용을 구성하고 고학년일수록 지식 요인의 비중을 점점 늘리는 방식으로 나가야 할 것이다.

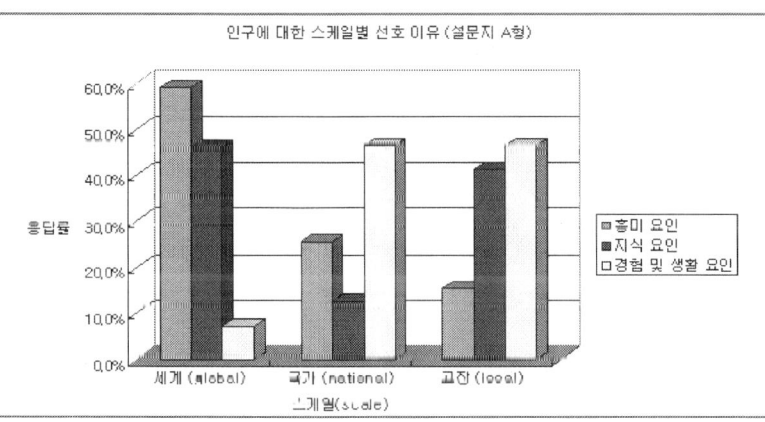

🌀 그림 37 인구에 대한 스케일별 선호 이유(A형)

〈그림 37〉은 A형에서 인구에 대한 스케일별 선호 이유를 나타낸 것이다. 먼저 세계스케일에서 고장스케일로 갈수록 흥미 요인의 비율은 급격히 떨어졌다. 세계는 학생들의 관심과 호기심 등의 이유로 비율이 높게 나타난 반면, 고장으로 갈수록 새롭거나 궁금한 측면보다는 '내 주변', '내가 생활하는 곳', '내가 사는 곳'이라는 인식이 많이 작용한 것으로 보인다. 이는 경험 및 생활 요인의 비율이 국가와 고장스케일로 갈수록 높게 나타남을 통해 확인할 수 있다. 즉 내 주변, 내 고장, 내가 사는 곳과 같이 가깝게 느끼는 곳일수록 직접적인 경험이나 일상생활과 관련지어 생각하려는 경향이 많이 나타났고, 세계와 같이 범위가 넓고 막연한 곳에 대해서는 호기심과 궁금증 유발과 같은 요소가 강하게 작용하기 때문으로 풀이된다. 이는 학생들의 응답에서 구체적으로 드러나는데 주요 내용들을 살펴보면 다음과 같다.

먼저 세계스케일은 저학년일수록 '더 재미있을 것 같아서', '큰 곳부터 배우고 싶어서'와 같은 응답들이 주를 이룬 반면, 고장스케일은 고학년으로 갈수록 '내가 사는 곳을 먼저 알아야 할 것 같아서', '가까운 동네부터 알고 싶어서', '먼저 배워야 할 것 같아서'와 같이 '나'와 관련지어 생각하려는 경향이 주로 나타났다. 이는 국가스케일에서도 유사하게 나타나는데, '우리나라'라는 인식이 작용해서 '내가 사는 나라니까', '먼저 알아야 할 것 같아서'와 같은 응답 결과가 많이 나타났다. 이러한 현상은 '나'와 '우리', '고장'과 '국가'에 대한 경계 자체에 대해 모호함을 지니고 있기 때문으로 유추된다. 따라서 세계에서 고장으로 갈수록 흥미 요인의 비중은 줄이고 경험 및 생활 요인의 비중은 늘리는 방식으로 나아가야 할 것이다.

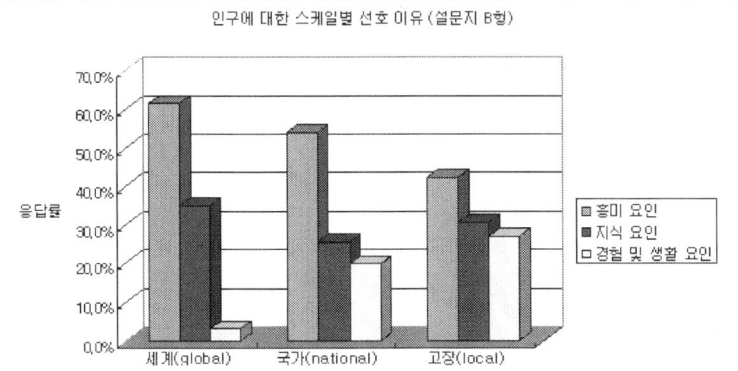

인구에 대한 스케일별 선호 이유 (설문지 B형)

● 그림 38 인구에 대한 스케일별 선호 이유(B형)

〈그림 38〉은 설문지 B형에서 인구에 대한 스케일별 선호 이유를 나타낸 것이다. 먼저 세계스케일에서 고장스케일로 갈수록 흥미 요인의 비율은 낮아지는 반면, 경험 및 생활 요인의 비율은 높아지는 것을 알 수 있다. 그러나 지식 요인은 스케일의 변화에도 큰 차이를 나타내지 않았다. 이는 고장스케일의 경우, '나', '우리', '우리 집', '나의 집', '내가 사는 곳', '내가 생활하는 곳'이라는 인식이 학생들에게 많이 작용했기 때문으로 풀이된다. 세계스케일은 전체적으로 흥미 요인 중심의 A형과 유사한 형태를 보이고 있으나, 국가스케일과 고장스케일은 A형과 다른 결과를 나타내고 있다. A형은 학습내용의 예와 지도를 함께 제시했기 때문에 선택의 문제였으나, B형의 경우는 학생 스스로의 기준과 판단에 의해 결정되기 때문에 흥미 요인의 경향성이 더 뚜렷하게 나타난 것으로 판단된다. 그러나 고장스케일로 갈수록 흥미 요인의 비중은 감소하고 경험 및 생활 요인의 비중이 증가하는 경향성은 A형의 결과와 유사

하게 나타났다. 다만 국가와 고장스케일에서 경험 및 생활 요인의 비율은 A형에 비해 20% 이상 감소하는 결과를 나타냈다. 따라서 세계스케일로 갈수록 흥미 요인 중심으로 내용을 구성하고, 고장스케일로 갈수록 흥미 요인 외에 경험 및 생활 요인이 고려되는 방식으로 나아가야 할 것이다. 이상의 설문지 A형과 B형을 통해 공통적으로 나타나는 결과를 정리하면 다음과 같다.

첫째, 인구에 대한 스케일 선호 이유에서 저학년의 경우 흥미 요인이 가장 많은 비중을 차지했다. 구체적으로 A형은 3·4학년에서 높은 비율을 나타냈고 B형의 경우는 거의 모든 학년에서 높게 나타났다. 따라서 적어도 저학년에서는 스케일을 결정하는 데 있어 흥미 요인이 가장 크게 작용했음을 알 수 있다. 다음으로 고학년은 지식 요인이 가장 크게 작용했다. A형에서는 5·6학년이 지식 요인에서 높은 비율을 나타냈고 B형에서는 5·6학년을 포함한 모든 학년에서 전체적으로 높게 나타났다. 따라서 적어도 고학년에서는 스케일을 결정하는 데 있어 지식 요인이 가장 크게 작용했음을 유추할 수 있다.

둘째, 세계스케일에서 고장스케일로 갈수록 흥미 요인의 비율은 점차 감소했고 경험 및 생활 요인의 비율은 점점 상승했다. 구체적으로 A형에서는 고장스케일로 갈수록 흥미 요인의 비율이 급격히 떨어졌고 경험 및 생활 요인의 비율은 큰 폭의 상승을 나타냈다. B형 또한 고장스케일로 갈수록 흥미 요인의 비율은 점점 떨어졌고 경험 및 생활 요인의 비율은 차츰 상승했다. 이는 전술한 바와 같이 고장스케일로 갈수록 '내가 살고 있는 곳', '내가 생활하는 곳', '내가 직접 경험하기 쉬운 곳'이라는 인식이 크게 작용했기 때문으로 풀이된다. 반면, 세계스케일로 갈수록 '궁금하거나 호기심이 생기는 곳', '재미있을 것 같은 곳'이라는 인식이 강하게 작용했을 것으로 예상된다. 따라서 세계스케일로 갈수록 흥미 요인이 적극적으로 반영된 내용들을 다루고, 고장스케일로 갈수록 경험 및 생활 요인의 비중을 높이는 방식으로 나아가야 할 것이다.

이와 같이 설문 분석 결과 '세계'라는 공간 범위는 학생들에게 있어 막연한 호기심과 동경의 대상이기도 하지만, 한편으로는 자세히 모르는 공간 범위이기 때문에 관심을 가질 수밖에 없는 그런 존재로서의 의미를 지닌다고 볼 수 있다.

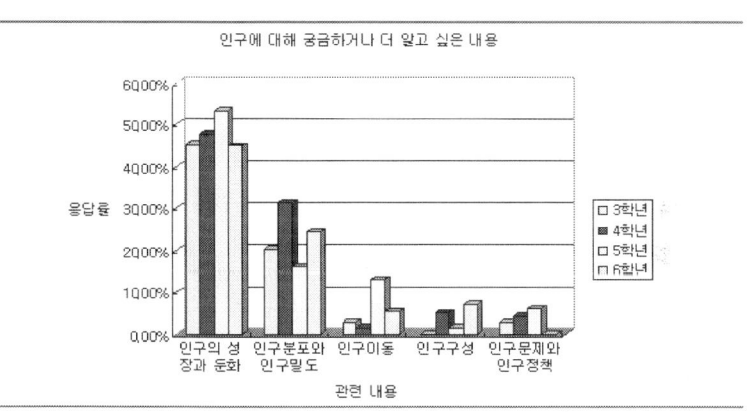

🐌 그림 39 인구에 대해 궁금하거나 더 알고 싶은 내용(학년별, A형)

〈그림 39〉는 설문지 A형에서 인구에 대해 궁금해하거나 더 알고 싶이 히는 내용을 학년별로 나타낸 것이다. 우선 모든 학년에서 '인구의 성장과 둔화'에 관련된 내용들에 대해 높은 관심을 나타냈다. 이는 '인구의 성장과 눈화'의 하위 내용이 인구수, 인구 증가와 인구 감소 등 초등학생들이 쉽게 관심을 나타낼 수 있는 요소들로

구성되어 있기 때문으로 풀이된다. 다음으로 '인구 분포와 인구 밀도'에 관련된 내용은 전체적으로 20% 내외의 고른 비율을 나타냈다. 그러나 이상의 세 가지 내용을 제외하면 전체적으로 비율이 매우 낮아 별다른 의미를 찾을 수 없다. 이는 강과 비교할 때, 응답한 내용들의 다양성 측면에서 특정 내용으로의 쏠림 현상이 두드러지는 것으로 파악된다.

이상을 토대로 가장 높은 비중을 나타낸 '인구의 성장과 둔화'에 대한 하위 내용들을 좀 더 구체적으로 살펴봄으로써 스케일에 따른 학습 내용을 어떻게 구성할 것인지에 대한 방안을 모색하고자 한다. 주요 내용은 다음과 같다.

첫째, 모든 학년에서 특정 지역의 인구에 대해 더 알고 싶어 하는 것으로 드러났다. 그러나 B형에 비해 그 비중은 크지 않았다. 저학년은 '미국과 캐나다의 인구', '중국과 일본의 인구' 등과 같이 단순히 특정 국가의 인구수나 막연히 인구에 대해 더 알고 싶다고 응답하는 경우가 많았다. 그러나 고학년은 '왜 유럽에 인구가 많은지', '땅은 넓은데 인구가 적은 나라는 왜 그런지'와 같이 인구와 면적 간의 관계에 대해 알고 싶어 하는 경우가 많았다. 이상을 통해서도 알 수 있듯이 학생들은 세계스케일에서의 특정 지역 인구에 대해 훨씬 더 많은 관심을 나타냈다. 이는 B형의 응답 결과와도 유사하다. 그러므로 고학년으로 갈수록 세계스케일에서 특정 지역의 인구에 대한 지식 측면을 가미하여 학습 내용을 구성하는 것이 바람직할 것이다.

둘째, 학년이 높아질수록 인구에 대해 알고 싶어 하는 내용이 고차적인 수준으로 나아갔다. 인구 자체에 대한 부분, 인구 지도에서 파생된 부분 등에서 이러한 점들이 잘 드러나고 있다. 예를 들면, 저학년은 '인구수를 어떻게 아는가', '1초에 몇 명의 사람이 죽는가', '사람들은 왜 많아졌을까'와 같이 제시된 자료와는 무관한 단순하고 즉흥적인 내용들에 대해 알고 싶어 하는 경향이 많았다. 반면 고학년으로 가면서 '사람들이 많이 살고 적게 사는 곳의 문제점은 무엇인가', '인구가 늘어나고 줄어드는 것을 어떻게 알 수 있는가', '백인과 흑인, 남자와 여자의 비율은 어떠한가', '인구 이동의 이유는 무엇인가'와 같이 좀 더 복잡하고 많은 지식을 필요로 하는 내용에 대해 알고 싶어 했다. 또한 고학년으로 갈수록 지도 자체에서 파생되는 질문들도 나타났다. 예를 들면, '지도에 표시된 점(dot) 하나는 몇 명을 나타내는가', '점(dot)이 많은 지역은 그 이유가 무엇인가' 등이 대표적이다. 그러므로 학년에 따라 인구에 관한 내용 수준을 지도와 함께 조절하여 학습 내용을 구성하는 것이 바람직할 것이다.

마지막으로 설문지 A형의 경우는 지도와 학습 내용의 예시가 함께 제시되었기 때문에 지도만 제시되었을 때보다 지역 간의 비교나 극단적인 상황에 대한 관심이 떨어지는 것으로 판단된다. 즉 학습 내용의 예시가 이미 주어지기 때문에 학생들이 더 알고 싶어 하는 것에 대한 사고를 제한하는 결과를 초래한 것으로 보인다

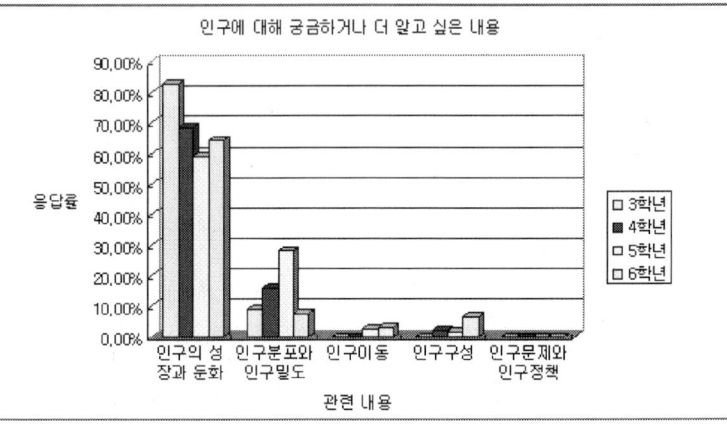

🌑 그림 40   인구에 대해 궁금하거나 더 알고 싶은 내용(학년별, B형)

〈그림 40〉은 설문지 B형에서 인구에 대해 궁금하거나 더 알고 싶은 내용을 학년별로 나타낸 것이다. 모든 학년에서 '인구의 성장과 둔화'에 관련된 내용을 가장 배우고 싶어 하는 것으로 나타났다. 이것은 A형의 결과와 비교하면 그 경향은 유사하고 실제 수치는 훨씬 더 크다는 것을 알 수 있다. 그 외의 내용들은 A형에 비해 비율이 더욱 낮아졌다. 따라서 B형은 '인구의 성장과 둔화'에 관련된 내용에 집중되는 현상이 더욱 심해졌음을 확인할 수 있다. '인구 분포와 인구 밀도'에 관련된 내용에서 10 - 20% 정도의 비율을 나타냈을 뿐 나머지 내용들은 거의 관심과 흥미가 없는 것으로 드러났다. 다만 6학년에서 '인구 구성', '인구 이동'과 관련된 내용에 대해 미미하게나마 관심을 보이는 경향이 나타났다.

이에 설문지 B형에서도 가장 높은 비중을 나타낸 '인구의 성장과 둔화'에 대한 하위 내용들을 좀 더 구체적으로 살펴봄으로써 스케일에 따른 학습 내용을 어떻게 구성할 것인지에 대한 방안을 모색할 수 있을 것이다. 주요 분석 내용들을 정리하면 다음과 같다.

먼저 3학년을 제외한 모든 학년에서 세계와 우리나라 또는 세계 여러 곳의 나라들 상호 간의 비교에 관심을 나타냈다. 이는 세계스케일에 대해 가장 먼저 배우고 싶다고 응답한 학생들이 대부분 해당되는데 '우리나라의 인구가 세계에서 몇 위를 하는지', '우리나라보다 인구가 많은 나라는 어디인지', '중국과 인도보다 인구가 많은 나라는 어디인지' 등에 대한 지식 위주의 질문들이 대표적인 예이다. 즉 세계에 대한 관심과 흥미가 세계가 아닌 우리나라와 고장과 같이 다른 스케일과의 비교를 통해 나타난 것으로 해석된다. 그러므로 고학년을 중심으로 모든 스케일을 함께 다루면서 인구에 대해 비교할 수 있는 내용들을 구성해 볼 수 있을 것이다.

다음으로 6학년을 제외한 모든 학년에서 극단적인 상황에 대해 많은 관심을 보였다. 전술한 '상호 간의 비교' 특성보다 비중으로 볼 때 더 뚜렷이 드러나는 현상일 뿐만 아니라, 이 또한 세계스케일을 가장 먼저 배우고 싶다고 응답한 학생들이 많은 비중을 차지했다. 대표적인 예로, '세계에서 인구가 가장 많은 나라는 어디인지', '인구가 제일 적은 나라는 어디인지' 등을 들 수 있다. 이는 비교적 단순하고 쉬운 질문에 해당된다. 또한 인구의 많고 적음 외에는 다른 극단적인 상황에 대해 관심과 흥미를 나타내지 않았다. 따라서 저학년을 중심으로 인구의 많고 적음과 같은 단순하면서도 쉬운 극단적인 상황을 도입함으로써 세계에 대한 관심을 학습 내용에 포함할 수 있을 것이다.

셋째로, 모든 학년에서 특정 지역의 인구에 대해 더 배우고 싶어 했다. 또 전술한 두 가지 특징들에 비해 훨씬 더 높은 비중을 나타냈다. 특히 각각의 스케일에 속해 있는 하부 지역들에 대해 알고 싶어 했다. 즉 고장스케일을 가장 배우고 싶어 하는 학생들은 시·군·구 단위가 아닌 읍·면·동 단위와 같이 더 작은 범위의 인구에 대해 궁금해하는 경우가 많았다. 예를 들면, 본 연구에서 고장스케일의 지역으로 선정된 대구광역시에서는 '칠곡'이나 '구암동' 또는 학생들이 살고 있는 아파트 단지 내의 인구와 같이 보다 작은 범위에서 인구에 대해 알고 싶어 하는 경우가 많았다. 또 국가스케일에서도 '울릉도의 인구', '독도의 인구', '북한의 인구', '섬의 인구' 등과 같이 특정 지역의 인구에 대해 알고 싶어 하는 경향이 강했다. 다만 국가스케일은 전체적인 비중이 크지 않았다. 반면 가장 많은 비중을 나타낸 세계스케일에서는 '유럽의 인구', '유럽은 땅은 작은데 왜 인구가 많은지', '유럽에 있는 프랑스와 영국의 인구' 등과 같이 유럽 지역의 인구에 대한 관심이 매우 높게 나타났다. 그외에도 '중국과 일본의 인구', '아프리카의 인구' 등과 같이 지도에 자세하게 나타나지 않은 지역들을 중심으로 더 알고 싶어 하는 경향이 강했다. 특히 고학년으로 갈수록 유럽을 사례로 인구수와 면적 간의 관계에 대해 알고 싶어 하는 경우가 많았다. 이를 토대로 학년이 상승할수록 특정 지역의 인구에 대한 지식 측면의 비중을 늘리면서 학습 내용을 구성할 수 있을 것이다. 이상의 설문지 A형과 B형을 통해 공통적으로 나타나는 결과를 정리하면 다음과 같다.

첫째, 모든 학년, 모든 스케일에서 '인구의 성장과 둔화'에 관련된 내용을 가장 배우고 싶어 했다. 특히 A형보다 학생들 스스로의 생각을 기록하게 한 B형에서 훨씬 더 높은 비율을 나타냈다. B형이 학생들의 인식이나 성향을 좀 더 적극적으로 반영할 가능성이 높다는 점에서 의미 있는 결과로 여겨진다. '인구의 성장과 둔화'에 관련된 내용들이 높은 비율을 나타낼 수 있었던 원인은 출생률, 사망률, 인구 증가, 인구 감소, 인구수, 지역별 인구수와 같이 비교적 폭넓은 하위 내용들을 포함하고 있기 때문이기도 하지만, 인구 수치, 사람이 태어나고 죽는 문제, 사람들이 증가하고 감소하는 문제와 같은 단순한 내용에 대해 많은 관심을 나타냈기 때문으로 해석된다.

한편 '인구의 성장과 둔화'에 관련된 내용을 제외하면 '인구 분포와 인구 밀도' 정도에서만 약간의 관심을 나타냈을 뿐 그 외의 내용에 대해서는 거의 응답을 하지 않았다. 이는 교과 내용에서의 중요도를 차치하더라도 학생들이 거의 관심을 나타내지 않았다는 점에서 교과 내용 수록 차원에서의 세밀한 후속 연구가 요망된다 하겠다.

둘째, 인구에 대한 외적이고 단순한 요소에 관심이 많았다. 인구가 많은지 적은지, 인구가 어디에 있고 없는지 등과 같은 내용들이 대표적이다. 반면, 인구의 내적인 요소 내지는 복잡한 요소와 관련된 부분에 대해서는 응답률이 매우 낮았다. 인구가 연령별, 성별, 직업별로 어떻게 구성되어 있는지, 시·공간의 변화에 따라 인구가 어떻게 변화되어 왔는지, 인구로 인한 문제는 무엇이고 대책은 무엇인지 등과 같은 경우가 대표적이다. 이는 강과 비교할 때 일부 내용 영역으로의 쏠림현상이 심하게 나타남을 알 수 있다. 따라서 '인구의 성장과 둔화'에 대한 내용을 중심으로 구성되어야 하겠지만, 학문적 결과와 학생들의 반응도를 고려하여 학년과 스케일에 따라 학습 내용을 적절히 배치해야 할 것이다.

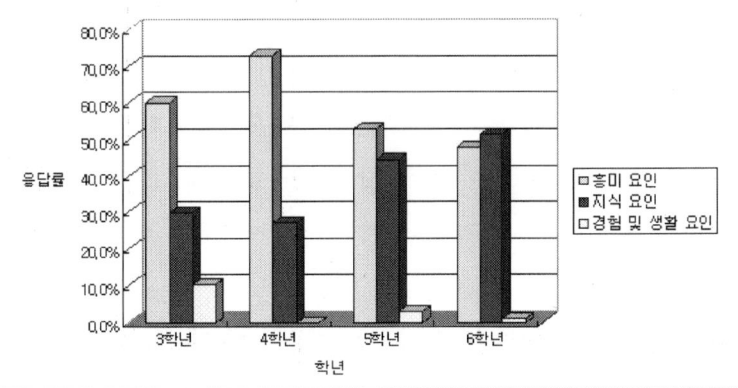

인구에 대해 궁금하거나 더 알고 싶은 이유

응답률

범례:
□ 흥미 요인
■ 지식 요인
□ 경험 및 생활 요인

학년

🌑 그림 41   인구에 대해 궁금하거나 더 알고 싶은 이유(A형)

〈그림 41〉은 설문지 A형에서 인구에 대해 궁금하거나 더 알고 싶은 이유 요인들을 학년별로 나타낸 것이다. 우선 흥미 요인은 모든 학년에서 40% 이상의 높은 비율을 나타내고 있다. 특히 저학년 (3·4학년)에서는 60% 이상의 매우 높은 비중을 차지하고 있다. 그러나 흥미 요인의 전체적인 흐름은 학년이 상승함에 따라 그 비율이 점차 감소하는 추세를 나타냈다. 이는 강의 경우와 비교적 일치하는 결과를 나타내고 있다. 즉 모든 학년에서 흥미 요인이 크게 작용하는 것은 사실이나 그 경향성을 고려할 때 고학년으로 갈수록 흥미 요인의 영향은 전체적으로 감소한다는 것이다. 다음으로 지식 요인은 학년이 상승함에 따라 그 비율이 점차 증가했다. 저학년과 고학년 사이에 비율의 차이도 20% 이상으로 비교적 크게 나타나고 있다. 이 또한 강과 유사한 결과다. 다만 인구의 경우는 강의 경우처럼 저학년과 고학년 사이에 지식과 흥미 요인의 비중 차

이가 뚜렷하게 나타나지는 않았다. 저학년에서는 흥미 요인이 지식 요인의 비중보다 2배 이상 높게 나타남으로써 강의 경우와 유사한 흐름을 보였으나, 고학년에서는 지식 요인의 비중이 흥미 요인을 압도하지 못하고 비슷한 결과를 나타냈기 때문이다. 따라서 저학년에서는 지식 요인이 크게 작용하지 않는 반면, 고학년일수록 지식 요인의 비중은 저학년에 비해 상대적으로 증가하고 있는 것으로 요약할 수 있다. 한편 경험 및 생활 요인은 응답률이 미미해서 특정한 흐름이나 경향을 기술하기에는 무리가 있다. 결국 저학년일수록 흥미 요인의 비중을 늘리고 고학년일수록 흥미 요인 외에 지식 요인의 비중을 높이는 것이 바람직할 것이다.

흥미 요인의 경우는 저학년을 중심으로 '더 재미있을 것 같아서', '궁금해서'와 같이 단순한 대답이 많았고, 지식 요인의 경우는 고학년을 중심으로 '지식을 쌓고 싶어서', '비교를 해서 알고 싶어서'와 같이 앎에 대한 대답이 많았다. 이는 강과 유사한 결과이나 강에 비해 이유 요인들에 대한 응답의 다양성이 매우 떨어졌다. 즉 '흥미'와 '지식'이라는 용어 자체의 의미를 벗어나지 못하는 수준에 그쳤다. 이것은 전체적으로 '강'과 '인구'라는 주제 자체의 차이에서 발생하는 것으로 추측된다. 즉 '강'과 관련된 여러 가지 요소들은 실제로 눈앞에 나타나고 구체적으로 떠올려지는 반면, '인구'는 사람의 모습 외에는 직접적으로 나타나는 것이 없고 관련 요소들이 추상적인 개념으로 존재하기 때문이다. 이는 지도를 재구성할 때도 강과 인구는 뚜렷한 차이가 존재하고 있었음을 언급한 바 있다

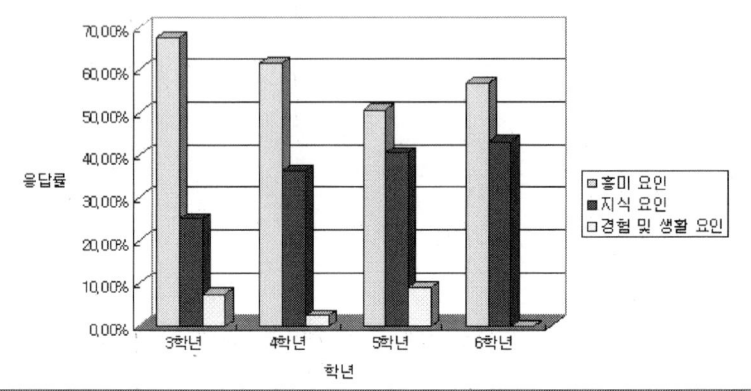

인구에 대해 궁금하거나 더 알고 싶은 이유

그림 42 인구에 대해 궁금하거나 더 알고 싶은 이유(B형)

〈그림 42〉는 설문지 B형에서 인구에 대해 궁금해하거나 더 알고 싶어 하는 이유 요인들을 학년별로 나타낸 것이다. 먼저 학년이 상승함에 따라 흥미 요인의 비율이 감소하는 경향은 있으나 전체적으로 50% 이상의 높은 비율을 나타내고 있다. 이는 설문지 A형의 결과와도 유사하다. 또한 모든 학년에서 흥미 요인이 지식 요인의 비중보다 높게 나타났기 때문에 인구에 대한 설문지 B형은 흥미 요인이 가장 크게 작용한 것으로 보인다. 다음으로 지식 요인은 학년이 상승함에 따라 점차 비율이 증가했다. 이 또한 A형의 결과와 일치한다. 그러나 지식 요인의 비율은 A형과 B형이 유사하게 나타났으나, B형의 경우는 고학년에서도 흥미 요인이 더 높게 나타났다는 점이 특징적이다. 또한 고학년으로 갈수록 '공부에 도움이 되니까', '상식으로 알아 두고 싶어서'와 같은 지식 자체에 대한 목적에 의미를 두고 있음을 알 수 있다. 따라서 저학년에서 고학년으로 갈수록

지식 요인의 비중을 더 많이 고려해야 할 것이다. 마지막으로 경험 및 생활 요인은 학년에 따른 이유 요인의 뚜렷한 특징이 없었다. 이는 A형에서도 유사하게 나타났다. 이상의 설문지 A형과 B형을 통해 공통적으로 나타나는 결과를 정리하면 다음과 같다.

첫째, 인구에 대해 궁금하거나 더 알고 싶은 내용에 대한 이유로 흥미 요인의 영향이 전체적으로 가장 크게 나타났다. 그러나 저학년에서 고학년으로 갈수록 흥미 요인 외에 지식 요인의 비중도 증가하는 경향을 나타냈다. 흥미 요인은 모든 학년에서 전체적으로 높은 비율을 나타내면서 점차 감소하는 반면, 지식 요인은 고학년으로 갈수록 저학년과의 비율 격차가 뚜렷이 나타났다. 따라서 저학년에서는 흥미 중심으로 고학년으로 갈수록 흥미 요소 이외에 지식 요인의 비중을 늘리는 방향으로 나가야 할 것이다.

둘째, 모든 스케일에서 흥미 요인의 비율이 가장 높게 나타났다. 지식 요인의 비중은 스케일에 따른 차이가 크게 없었다. 다만 전체적으로 흥미 요인보다 20% 정도 하락한 비율을 나타냈다. 그러나 경험 및 생활 요인의 비중은 고장에서 상대적으로 높게 나타났다. 이는 강의 경우에서도 마찬가지로, '내가 살고 있는 곳', '내가 생활하는 곳', '내가 직접 경험하기 쉬운 곳'이라는 인식이 작용한 것으로 풀이된다. 따라서 모든 스케일에서 흥미 중심으로 내용을 구성하되, 지식 요인을 응답률에 의거하여 적절히 반영하고 고장스케일은 경험 및 생활 요인을 일부 반영하는 방향으로 나가야 할 것이다.

한편, 이상의 2차 설문조사는 학생들이 세계스케일에 대해 가장 많은 관심과 흥미를 나타낸다는 1차 설문 결과를 바탕으로 진행되었다. 즉 1차 설문 결과를 토대로 본 연구자는 지평확대법에서의 공간 계열에 문제가 있음을 인식하고, 이에 대한 대안으로 탈지평 확대로의 가능성을 모색하고자 한 것이다. 그 대안은 스케일에 따른 내용의 상세성에 차이를 두는 것이었고, 이것은 세계에서 고장 스케일로 갈수록 정보나 내용이 더 상세성을 지닐 수밖에 없음을 전제로 하는 것이었다. 그러나 고장으로 갈수록 내용의 상세성이 높아지는 것이 아니라, 세계로 갈수록 정보의 상세성이 높아진다고 가정하는 경우도 고려되어야 한다. 따라서 세계스케일로 갈수록 내용의 상세성을 높게 한 설문지를 구성하여 이에 대한 통계 검증을 실시하였다.[40) 주요 내용 및 분석결과는 다음과 같다.

🐚 표 10   학년과 스케일 연관성 측도(감마)

	값	점근 표준오차(a)	근사 T 값(b)	근사 유의확률
강(river)	- .026	.103	- .255	.799
인구(population)	- .061	.108	- .565	.572

a 영가설을 가정하지 않음.
b 영가설을 가정하는 점근 표준오차 사용.

🐚 표 11   학년과 스케일 연관성 측도(람다)

		값	점근 표준오차(a)	근사 T 값(b)	근사 유의확률
강(river)	대칭적	.017	.041	.405	.686
	학년종속	.028	.068	.405	.686
	스케일종속	.000	.000	.c	.c
인구(population)	대칭적	.056	.035	1.556	.120
	학년종속	.094	.058	1.556	.120
	스케일종속	.000	.000	.c	.c

a 영가설을 가정하지 않음.   b 영가설을 가정하는 점근 표준오차 사용.
c 점근 표준오차가 0이므로 계산할 수 없습니다.   d. 카이제곱 근사법을 기준으로

40) 지도의 경우는 스케일에 따른 상세성을 정반대로 나타내기가 어렵다고 판단하였다. 따라서 학습 내용의 예만 정반대로 설정하여 추가 설문 조사를 실시하였다. 통계 검증 기법은 감마와 람다를 이용했고, 학년과 스케일 사이의 연관성 측도를 확인함으로써 스케일에 따른 내용 선호도 조사(2차 설문)는 논리적으로 문제가 없음을 증명하고자 했다.

〈표 10〉과 〈표 11〉은 세계스케일과 고장스케일에서 학습 내용의 상세화 정도를 정반대로 했을 경우, 학년과 스케일 사이의 연관성을 감마와 람다 검증을 통해 나타낸 것이다.[41] 그 결과, 스케일에 따라 학습 내용의 상세화 정도를 정반대로 했을 경우에도 학년과 스케일 사이에 연관성은 나타나지 않았다. 〈표 10〉과 같이 학년이 상승함에 따라 스케일의 확대 여부 사이의 연관성을 검증한 경우, 〈표 11〉처럼 학년과 스케일을 명목 변수로 두고 연관성을 검증한 경우 모두에서 어떤 유의미한 결과도 나타나지 않았다. 결국 스케일별 인식도를 통해서는 세계스케일에 대한 선호도가 높게 나타났지만, 통계 검증 결과는 학년과 스케일 사이에 어떤 연관성도 없는 것으로 드러났다. 따라서 적어도 인식도 조사 결과와 통계 검증 결과를 볼 때, 학생들의 관심과 흥미는 지평확대법에서의 공간 계열과는 일치하지 않는 것이 분명하므로 세계스케일 중심의 내용 구성에 대해 고려할 수 있을 것으로 보인다. 다만 강과 인구의 결과에서도 보았듯이 초등 지리 영역의 각 주제에 따라 인식도의 차이가 나타나므로 이에 대한 후속 연구가 이어져야 할 것이다.

---

41) 2차 설문에서 스케일 차이에 따른 내용 인식도 조사를 위해 세계스케일에서는 단순한 내용을, 고장스케일로 실수록 복잡한 내용을 학습 내용의 예로 제시한 바 있나. 그러나 정반대의 경우로 설문지를 구성하여 학생들에게 제시했을 때의 결과도 고려되어야 한다. 따라서 이에 대한 보충 설문으로 세계스케일에서는 복잡하게, 고장스케일로 갈수록 단순하게 내용을 구성하여 학습 내용의 예로 제시했다.

탈지평확대적 텍스트
구성 및 검증

탈지평확대적 텍스트 구성 및 검증

전 장에서는 내용 선호도를 지식, 흥미 그리고 경험 및 생활 요인을 중심으로 분석했다. 그 결과, 학년이 상승함에 따라 학생들이 선호하는 스케일과 그에 대한 선호 요인들이 특징적으로 나타났다. 이를 통해 스케일에 따른 내용 구성은 탈지평확대로 나아가는 데 있어 하나의 대안이 될 수 있음을 확인했다. 따라서 본 장에서는 전 장에서의 연구 결과를 반영하여 보다 구체화된 형태로, 스케일에 따른 텍스트를 구성하여 이에 대한 선호노를 파악하고자 한다. 즉 세계에서 고장으로 스케일이 달라짐에 따라 내용의 상세성도 변화하는데 이런 측면을 텍스트에 반영하고자 했다.

이에 본 장에서는 텍스트 형태에서의 선호도 검증을 통해 탈지평확대로익 가능성을 확인하고자 한다. 크게 스케일의 치이에 띠리 텍스트를 구성하는 측면과, 구성된 텍스트를 통해 학생들의 스케일 선호도를 분석하는 측면으로 구분하여 기술하고자 한다.

1. 스케일에 따른 주제별 텍스트

2차 설문 조사 결과, 모든 학년, 특히 저학년에서 세계스케일을 많이 선호했고, 고학년은 세계스케일뿐 아니라 고장스케일에 대해서도 많은 관심을 나타내고 있음을 확인했다. 또한 선호하는 스케일을 결정하는 데 있어 저학년일수록 흥미 요인이 많이 작용했고 고학년으로 갈수록 흥미 요인 외에 지식 요인이 많이 작용한 것으로 드러났다. 이를 스케일에 따른 학습 내용의 상세화 정도와 결부시켜 해석하면, 세계스케일로 갈수록 그리고 저학년일수록 흥미 요인 중심으로 단순하게 내용을 구성하는 것이 바람직하고, 고장스케일로 갈수록 그리고 고학년일수록 지식 요인을 중심으로 보다 상세하게 학습 내용을 구성해야 할 것이다. 이상을 토대로 스케일에 따른 텍스트를 구성하면 다음과 같다.

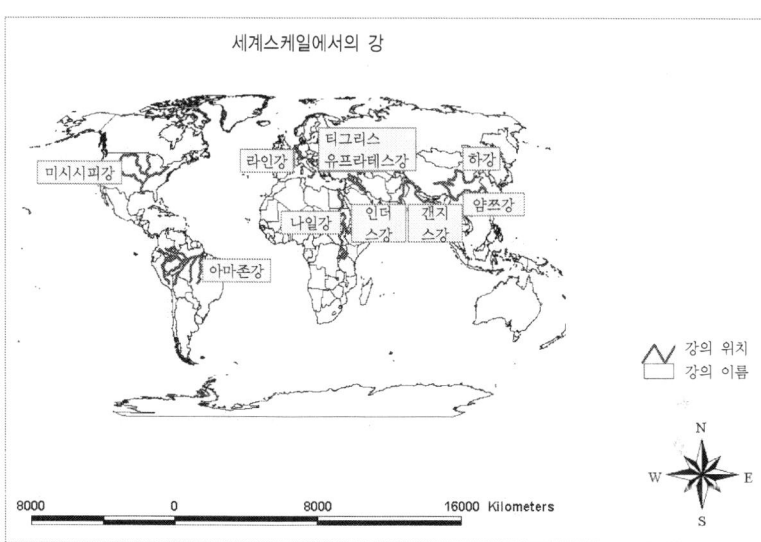

세계스케일에서의 강

티그리스
유프라테스강
라인강
미시시피강
하강
나일강
인더
스강
갠지
스강
양쯔강
아마존강

강의 위치
강의 이름

N
W E
S

8000   0   8000   16000 Kilometers

우리가 살고 있는 지구에는 많은 강들이 있어요. 옛날부터 우리는 그 강들 주변에서 모여 살았지요. 그중에 가장 오래전부터 발달한 곳이 4군데 있는데 한번 알아볼까요? 위의 지도에서 나일 강, 티그리스-유프라테스 강, 황허 강, 인더스 강을 찾아보세요. 이 강 주변에는 옛날부터 많은 사람들이 모여 살았기 때문에 일찍부터 도시가 발달했답니다.

세계에는 위의 강들 외에도 다른 많은 강들이 있어요. 아마존 강, 미시시피 강, 라인 강, 양쯔 강 등이 있답니다. 오래전에도 사람들이 강 주변에 모여 살았듯이, 지금도 큰 강들 주변에는 도시가 발달하여 많은 사람들이 모여 살고 있답니다. 중국, 인도, 미국, 멕시코, 브라질 등에 있는 주요 도시들이 그러합니다. 그럼 위의 강들에 대해 조금 더 알아볼까요? 세계에는 신기하면서도 재미있는 강들이 참 많거든요.

먼저 세계에서 가장 긴 강은 어디일까요? 바로 이집트에 있는 '나일 강'이에요. 2위가 브라질의 '아마존 강', 3위가 중국의 '양쯔 강', 그리고 4위가 미국에 있는 '미시시피 강'이랍니다. 위의 지도에서 이 강들이 어디에 있는지 찾아보세요. 그런데 '나일 강'은 얼마나 길까요? '나일 강'은 약 7시간 정도 비행기를 타야 처음부터 끝까지 갈 수 있다고 해요. 서울에서 부산까지 가는데도 비행기로 1시간 정도 걸린다고 하니 정말 대단하죠?

그럼 세계에서 가장 넓고 큰 강은 어디일까요? 바로 '아마존 강'이랍니다. 남아메리카 대륙의 거의 반이 '아마존 강'이래요. 우리나라만 한 땅이 70개 정도는 있어야 된다니 얼마나 큰 강인지 상상할 수 있겠죠? 또 '아마존 강'의 밀림은 매우 넓어서 지구의 공기를 맑게 해 주는 중요한 일을 하고 있어요. 하지만 사람들이 마구 개발해서 '아마존 강' 주위는 많이 파괴되었다고 합니다. 텔레비전에 나오는 신기한 동물들과 식물들이 점점 사라지고 있다고 해요. 맑은 공기를 마시며 살아야 하는 우리들도 피해를 입을 수 있겠죠? 그러므로 '아마존 강'이 파괴되지 않도록 모두가 함께 노력해야 할 것입니다.

첫 번째 텍스트는 세계스케일을 중심으로 내용을 구성한 것이다. 탈지평확대의 관점에서 세계스케일은 단순한 형태의 정보와 내용들을 흥미 중심으로 기술하여 텍스트를 완성하고자 하였다. 텍스트의 주요 내용들은 다음과 같다.

먼저 첫째 단락은 일찍이 인간의 생활 터전이자 인류가 문명을 발달시킨 4대 문명의 발상지에 대해 기술했다. 4대 문명의 발상지는 세계스케일에서 가장 적절하게 다룰 수 있는 내용일 뿐만 아니라, 문명의 발상지는 강 주변 지역으로서 이는 세계 지도상에서 강과 그 주변 지역을 직접적으로 나타낼 수 있기 때문에 전체적이면서도 단순한 형태의 세계스케일 내용으로 적합하다고 판단된다.

둘째 단락은 4대 문명과 관련된 강 외에 몇 개의 다른 강들이 추가되는 형태로 구성되어 있다. 학생들은 세계 여러 나라에 있는 다른 강들의 존재에 대해 많은 관심과 흥미를 나타냈기 때문에 이러한 측면들을 반영하고자 한 것이다. 또한 세계 여러 나라의 주요 강들을 도시의 발달과 관련지어 언급함으로써 첫째 단락과의 자연스런 연결을 유지하고자 했다. 그리고 주요 강들에 대한 정보는 선의 형태로 제공되었다. 물론 첫째 단락과 마찬가지로 세계 지도상에서 강의 위치나 강이 속해 있는 대륙 및 나라 등에 대한 정보를 직접적으로 나타내어 다룰 수 있기 때문에 세계스케일에 관한 내용으로 적절하다고 판단했다.

셋째 단락은 '경관으로서의 강'에 대한 내용을 다루고 있다. 특히 저학년에서 높은 관심을 나타냈던 '강의 길이'를 중심으로 내용을 구성했다. 가장 긴 강부터 순서대로 제시함으로써 학생들의 관심과 흥미를 유도하고자 했다. 학생들은 '강의 길이'라는 내용 자체에 대한 호기심 외에도 '가장 긴', '가장 짧은'과 같은 극단적인 측면에 대해 많은 관심과 흥미를 나타냈다. 다만 '강의 길이'는 수학적인 측면에서 저학년 학생들에게 어려운 부분이 될 수 있으므로 구체적인 수치를 제시하기보다는 우리나라 지역 간의 상대적인 비교를 통해 흥미 요소를 가미하고자 했다.

넷째 단락은 '경관으로서의 강'을 중심으로 '자연 재해와 환경 문제', '개발과 보전의 문제', '자연 환경 및 자연의 이용' 등의 내용을 가미했다. '경관으로서의 강'은 '강의 크기(넓이)'와 관련된 내용을 중심으로 구성했다. 구체적인 수치를 제시하기보다는 학생들의 흥미를 유발하고 이해를 돕기 위해 우리나라와의 상대적인 비교를 통해 설명하고자 했다. 그 외에 다른 내용들은 지명도가 높고 학생들이 많은 관심을 나타내고 있는 '아마존 강'을 사례로 기술하였다. '아마존 강'은 '개발과 보전의 문제', '환경 문제', '자연의 이용' 등이 복합적으로 관련되기 때문에 하나의 주제로 다양한 내용들을 다룰 수 있는 장점이 있다.

다만 넷째 단락의 경우는 관련 내용들을 세계 지도상에 구체적으로 나타내기 어렵다. 즉 강의 크기의 경우 세계 지도상에서 하나의 선으로 표현할 수밖에 없으므로 텍스트 형태의 기술을 통해 보완해야 할 것이다. 이와 같이 지도화 문제와는 별개로 이상의 내용들은 세계스케일에서 충분히 다룰 만한 요소들이다. 지도화가 어렵다고 해서 단순한 형태의 정보나 내용들을 다룰 수 없는 것은 아니기 때문이다. 또한 '아마존 강'과 관련된 내용들은 그 중요성과 더불어 학생들의 관심과 흥미를 많이 반영할 수 있는 방안이 될 수 있으므로 지도상에서의 표현은 어렵다 하더라도 텍스트 형태를 통해 얼마든지 다룰 수 있을 것이다.

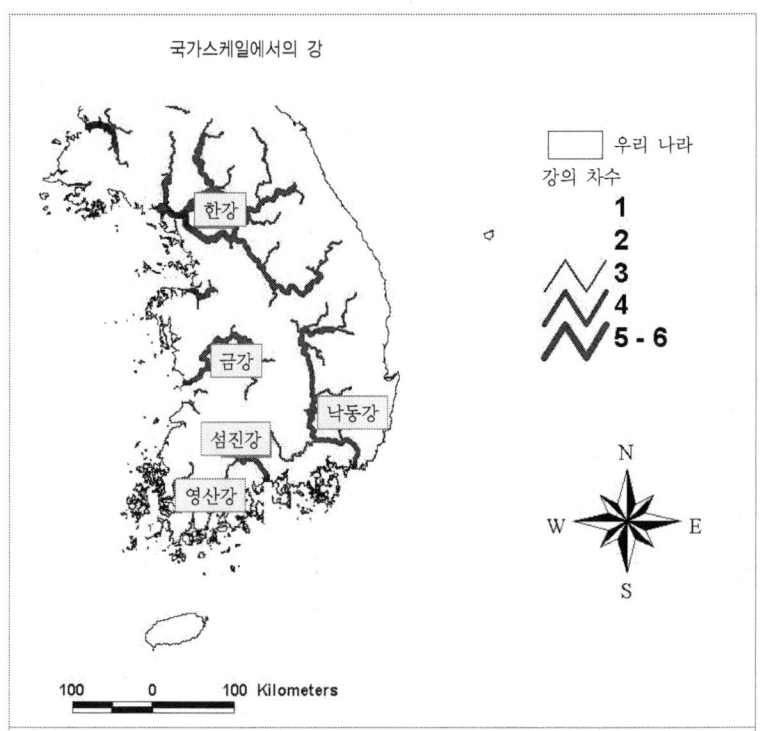

국가스케일에서의 강

우리나라에는 많은 강들이 있어요. 주요 강들로는 한강, 낙동강, 금강, 영산강 등이 있답니다. 우리 조상들은 옛날부터 이 강들 주변에서 살아왔지요 물을 구하기 쉬워서 농사짓기가 편리했거든요. 그래서 지금도 이 강들 주변에는 넓은 평야가 발달해 있고 많은 사람들이 모여 살며 큰 도시를 이루고 있답니다. 지도에도 있듯이, 한강 주변에는 서울, 금강 주변에는 대전, 낙동강 주변에는 대구와 부산, 영산강 주변에는 광주와 같은 대도시가 발달해 있어요. 그럼 우리나라의 주요 강들에 대해 좀 더 알아볼까요?

우리나라의 큰 강들은 주로 황해와 남해로 흘러듭니다. 우리나라는 동쪽이 높고 서쪽이 낮기 때문이지요. 한강과 금강은 황해로, 낙동강과 영산강은 남해로 흘러들어요. 지도에서도 여러 강들이 서쪽에 있고 또 서쪽으로 흘러가는 모습을 볼 수 있을 것입니다. 그럼 우리나라에서 가장 긴 강은 어디일까요? 그건 바로 '낙동강'이에요. 위의 지도를 보면 '낙동강'은 우리나라 길이의 반 이상이나 될 만큼 아주 긴 강이라는 사실을 알 수 있어요. 다음으로는 서울을 가로질러 흐르는 '한강'입니다. '한강'은 두 번째로 긴 강이지만 대신 가장 크고 넓은 강이랍니다. 그래서 '한강'이 흐르는 서울에는 현재 우리나라에서 가장 많은 사람들이 모여 살고 있어요.

그럼 강은 우리의 생활에 어떤 도움을 주기에 사람들은 강 주변에 모여 사는 것일까요? 강은 우리에게 마실 물, 깨끗이 씻을 물과 같은 생활용수를 공급해 주고, 농사를 짓는 데 필요한 물도 공급해 주며, 공장에서 사용할 물도 제공해 줍니다. 또 강에 댐을 만들면 생활에 필요한 전기도 주고, 홍수가 발생하는 것도 막아 줍니다. 위의 지도에서도 강 주변에 댐이 많이 건설되어 있는 것을 볼 수 있을 것입니다. 이런 도움에도 불구하고 우리나라는 지금 물 부족 국가로 선정되어 있다고 합니다. 최근에 가뭄이 심해 물이 부족해졌기 때문이래요. 여러분들은 물을 사서 먹는 게 이상하지 않겠지만 여러분들의 부모님께서는 물을 사 먹게 되리라고는 상상도 못 하셨을 것입니다. 그만큼 물 한 방울 한 방울이 점점 더 소중하게 되는 것이지요. 그러므로 우리 모두는 소중한 물을 항상 아껴 쓰고 깨끗이 보호해야 할 것입니다

두 번째 텍스트는 국가스케일을 중심으로 내용을 구성한 것이다. 국가스케일은 세계나 고장처럼 특정 학년에서 뚜렷한 특징을 나타내지는 않았다. 그리고 스케일 선호 요인에서도 흥미나 지식, 경험 및 생활 요인의 영향이 거의 나타나지 않았다. 그러나 국가스케일은 세계와 고장을 연결하는 중간 단계의 스케일로서 분명히 인식되어야 할 것이다. 탈지평확대의 관점에서 국가스케일 수준에서의 상세성에 따라 다룰 수 있는 내용들이 반드시 존재하기 때문이다. 예를 들어, 우리나라 주요 강들의 전체적인 흐름이나 강의 길이, 강이 흘러드는 바다 등과 같은 정보는 국가스케일 수준에서 더 정확하게 다룰 수 있기 때문이다. 따라서 국가스케일의 텍스트는 세계와 고장의 중간 정도에서 그 성격을 규정짓되, 국가 수준에서의 상세성을 통해 다룰 수 있는 내용들을 중심으로 구성하고자 하였다. 단락별로 주요 내용 및 그 의도에 대해 기술하면 다음과 같다.

첫째 단락은 '인간의 거주지 및 생활의 터전'과 관련된 내용을 중심으로 구성했다. 우리나라의 주요 강들을 많은 사람들이 모여서 생활하는 데도시와 관련지어 기술했고 자연의 이용과 관련되는 내용들도 가미했다. 지도상에 우리나라의 주요 강들은 선의 형태로

나타냈지만 차수에 따라 굵기의 차이를 두어 강의 규모를 표현하고자 했다.

둘째 단락은 가장 많은 관심을 나타냈던 '경관으로서의 강'에 대한 내용들을 중심으로 기술하였다. 그러나 흥미와 지식 요인 등을 고려하여 세계와는 다른 내용으로 구성하였다. '강의 길이'를 중심으로 기술하되 '강의 흐름 및 방향', '강의 위치'와 관련된 내용들도 비중 있게 다뤘다. 강의 길이나 크기에 관해서는 구체적인 수치를 제시하기보다는 학생들의 이해를 돕기 위해 상대적인 비교 방식을 채택했다. 그리고 국가로 범위가 좁혀지므로 '다른 강의 존재'에 대한 비중은 줄이는 대신 강의 흐름이나 위치를 자연 환경과 결부시켜 기술하는 데 좀 더 비중을 두었다. 이는 국가에 대한 학생들의 관심과 흥미를 반영한 결과다.

셋째 단락은 '자연 환경 및 자연의 이용'을 중심으로 내용을 구성하되 '개발과 보전의 문제', '자연 재해와 환경 문제'에 관한 내용들을 가미하는 형태로 구성하였다. 학생들은 국가스케일이나 고장스케일로 범위가 좁혀질수록 '내가 사는 곳', '내가 생활하는 곳'이라는 인식이 강했기 때문에 생활과 관련된 내용이나 부모님과 같은 친근한 표현을 사용하는 텍스트를 개발했다. 자연의 이용 측면은 각종 용수의 공급 문제와 관련시켰고, 물 부족 현상을 통해 개발과 보전의 문제를 부각시켰으며, 홍수와 가뭄 같은 우리나라에서 겪을 수 있는 현상들을 통해 자연 재해와 관련된 내용을 다루고자 했다. 그리고 환경 문제는 이상의 모든 내용들과 관련되므로 이를 아우르는 측면에서 접근했다. 한편 지도상에 나타나지는 않았지만 강에 있는 주요 댐들의 위치와 지명, 역할 등에 대해서도 다룰 수 있을 것이다. 이와 같이 셋째 단락에서는 국가스케일에 따른 상세성의 측면에서 고장과 세계의 중간 정도로 접근하고자 했다.

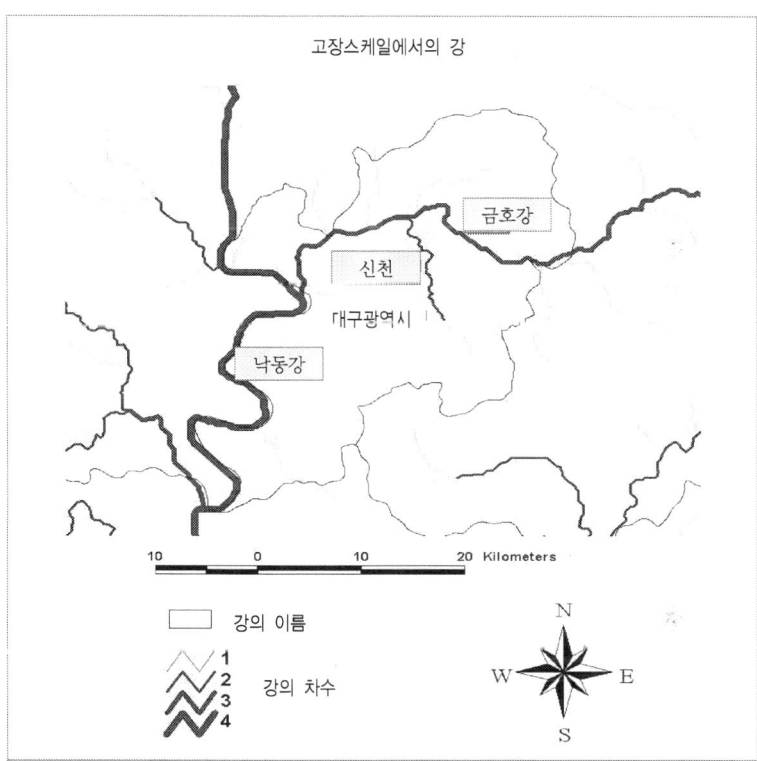

고장스케일에서의 강

금호강

신천

대구광역시

낙동강

10   0   10   20 Kilometers

☐ 강의 이름

1
2 강의 차수
3
4

N
W E
S

대구의 주요 강은 '낙동강', '금호강', '신천', '팔거천' 등이 있어요. 지도를 보면, '낙동강'이 내구의 북쪽에서 남쪽으로 흐르고 있고, '금호강'은 대구 시내를 가로질러 서쪽으로 흐르다가 달서구와 달성군의 경계지점에서 '낙동강'과 만나고 있어요. 다음으로 '낙동강'이나 '금호강'처럼 크지는 않지만 우리 생활과 더 가까운 '팔거천'과 '신천'이 있어요. '팔거천'은 북구를 동서로 가르며 흐르다가 팔달교 부근에서 '금호강'과 만나고, '신천'은 시내를 동서로 가르며 흐르다가 침산교 부근에서 '금호강'과 만나요. 그럼 이 강들에 대해 좀 더 알아볼까요?

먼저 '금호강'은 이름에 얽힌 사연이 있어요. 갈댓잎이 바람에 흔들릴 때 비파 같은 아름나운 소리를 낸다 하여 '금호'라 불린다고 해요. 그래서 아름다운 이름만큼이나 강 주변에는 멋진 모습들이 많이 있어요. 휴식을 취하고 산책을 할 수 있는 깨끗한 둔치, 맑은 공기를 마시며 운동을 할 수 있는 체육공원, 배를 타고 아름다운 경치를 볼 수 있는 유원지 등이 있답니다. 여러분들도 가족이나 친구들과 함께 가 보았을 것입니다.

다음으로 '신천'은 다리들이 참 많아요. 지도에 '－'로 표시된 12개의 다리들이 보이나요? 대구의 동쪽과 서쪽을 가르며 흐르는 '신천'을 지나기 위해 만들어진 것이에요. 여러분들도 '신천'에 있는 다리를 지나가 봤을 것입니다. 만약 이 다리들이 없었다면 대구의 동쪽으로 가는 데 매우 불편했을 것입니다. 그리고 이 '신천'을 따라 쭉 뻗어 있는 도로가 있죠? 바로 '신천대로'입니다. '신천대로'를 달리면 12개의 다리 아래를 모두 지날 수 있어요. 여러 가지로 '신천'은 시민들에게 참 소중한 강이라는 생각이 들죠?

이처럼 대구를 흐르는 강은 우리 생활과 밀접한 관계에 있어요. 그러므로 우리는 주변의 하천을 잘 보호해야 합니다. 지도에도 있듯이, '팔거천'은 남쪽으로 흘러 '금호강'과 만나고, '신천'은 북쪽으로 흘러 '금호강'과 만나요. 다시 '금호강'은 서쪽으로 흘러 '낙동강'과 합류합니다. 그러므로 '팔거천'과 '신천'이 오염되면 '금호강'이 더러워지겠지요? 그리고 '금호강'과 만나는 '낙동강' 또한 오염될 것입니다. 결국 주변의 하천이 오염되면 다른 많은 강들까지 오염되고, 더 많은 사람들이 피해를 입게 될 것입니다.

세 번째 텍스트는 고장을 중심으로 내용을 구성한 것이다. 고장으로 범위가 좁혀질수록 고학년들이 많은 관심을 나타냈고 흥미 요인뿐 아니라 지식 요인도 중요한 원인으로 작용했다. 이는 탈지평확대의 관점에서 스케일에 따른 상세성의 정도와 관련이 있다. 즉 고장으로 갈수록 학습 내용으로 다룰 수 있는 정보들이 상세성을 지닐 수밖에 없고, 이러한 측면은 지식 요인의 영향을 많이 받는 고학년 학생들의 사고 수준과 부합하기 때문이다. 따라서 고장에서는 이런 부분들을 중심으로 텍스트를 개발했다. 단락별로 주요 내용 및 그 의미에 대해 기술하면 다음과 같다.

첫째 단락은 '경관으로서의 강'을 중심으로 내용을 구성했다. '대구'를 흐르고 있는 주요 하천의 이름과 위치를 나타내고 이에 대해 기술했다. 강의 흐르는 방향, 강과 강이 만나는 지점 등을 구체적으로 나타냈고, 지도를 통해 확인할 수 있도록 선의 형태로 정보를 제공했다. 또한 국가에서와 동일하게 차수에 따라 굵기를 달리하여 강의 규모를 나타냈다.

둘째 단락은 '인간의 거주지 및 생활의 터전', '자연 환경 및 자연의 이용'과 관련된 내용들을 중심으로 구성하였다. 고장스케일로 갈수록 인간의 생활과 직접적으로 관련되는 내용을 배우고 싶어했고 경험 및 생활 요인이 많이 작용했기 때문이다. '강의 기원·생성·유래'와 같은 내용들에 관심이 많았고 '강의 이용 모습'에 대해 배우고 싶어 했다. 따라서 '금호강'을 예로 하여 '강 이름의 유래'에 대해 기술했고 '금호강'과 '신천' 주변의 모습들을 통해 강의 이용 형태를 기술했다.

셋째 단락은 '경관으로서의 강'에 대한 내용으로 '강에 있는 다리', '강 주변의 모습' 등을 중심으로 내용을 구성했다. 대구에서 직접 경험할 수 있는 '신천'의 주변 모습을 통해 관련 내용을 기술했다. 특히 '신천'에 있는 다리를 기호의 형태로 제시할 수 있다. 또한 '신천'을 따라 뻗어 있는 '신천대로'에 대한 기술을 통해 학생들로 하여금 직·간접적인 경험을 끄집어낼 수 있도록 했다. 이처럼 고장에서는 지도화 여부에 관계없이 학생들의 생활과 직접적으로 관계되는 내용들을 다룰 수 있을 것이다.

넷째 단락은 '자연 재해와 환경 문제'에 대한 내용을 중심으로 구성했다. 고장스케일로 좁혀지면서 강의 오염과 관련된 문제에 관심을 나타냈기 때문에 이를 토대로 '신천 – 금호강 – 낙동강'으로 이어지는 연결 및 흐름에 대해 기술함으로써 환경문제의 심각성과 우리 생활과의 관계 및 강의 보호를 위한 우리의 지속적인 노력을 강조하고자 했다. 그리고 강과 강의 연결 및 흐름은 지도에 표시된 선의 굵기를 통해 나타냄으로써 학생들이 정보를 쉽게 이해할 수 있도록 했다.

다음으로 인구를 사례로 하여 스케일에 따른 텍스트 구성에 대해 살펴보자.

2차 설문 조사 결과, 인구는 고학년일수록 세계와 고장에 대한 관심이 증가했고 국가에 대한 관심은 감소했다. 그러나 전체적으로는 세계를 가장 선호하는 것으로 나타났다. 이를 토대로 저학년에서는 세계를 중심으로 내용을 구성하되 국가에 대한 비중을 늘려서 내용을 구성해야 할 것이고, 학년이 상승할수록 국가의 비중은 줄이는 대신, 세계와 고장의 비중을 늘려야 할 것이다. 그리고 흥미 요인이 모든 학년에서 높게 나타났다. 그러나 지식 요인과 경험 및 생활 요인은 고학년일수록 높게 나타났다. 그러므로 인구의 경우 저학년에서는 국가에 대한 비중을 늘리되 세계의 내용을 흥미 중심으로 구성하고, 고학년일수록 세계와 고장에 대한 내용을 늘리며 흥미 요인 외에 지식, 경험 및 생활 요인들을 중심으로 구성해야 할 것이다. 마지막으로 이러한 경향성은 탈지평확대의 관점에서 학습 내용의 상세성 정도를 고려하여 최종적인 텍스트 형태로 구성되어야 할 것이다. 즉 세계에 대한 인구 관련 내용은 저학년에서 흥미 중심의 단순한 형태로 구성되어야 할 것이고, 고학년일수록 지식, 경험 및 생활 요인 중심의 보다 상세성을 띠는 학습 내용이 마련되어야 할 것이다. 이상을 토대로 스케일에 따른 인구 텍스트의 내용에 대해 기술하면 다음과 같다.

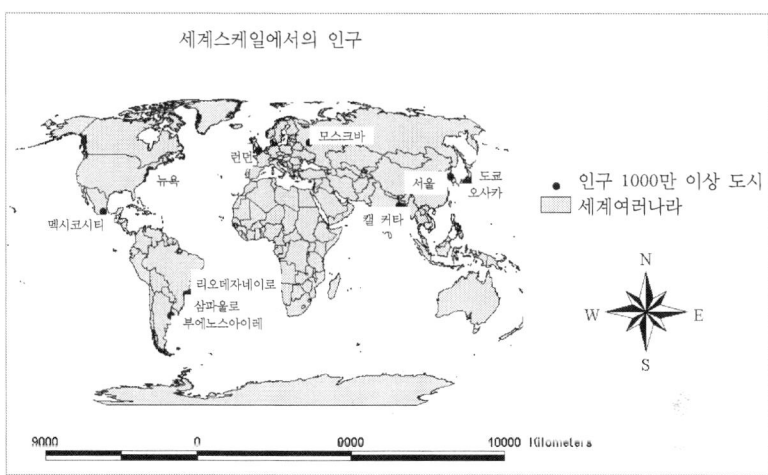

세계스케일에서의 인구

● 인구 1000만 이상 도시
▨ 세계여러나라

현재 세계의 인구는 60억 명 이상입니다. 2050년에는 약 2배로 늘어날 거라고 하네요. 그렇게 되면 지구에서 사람들이 모두 살 수 있을까요? 지도에서 검은 점들이 찍혀 있는 곳들을 보세요. 인구가 많은 도시들을 나타낸 것입니다. 유럽, 북아메리카, 아시아 등을 보면 많은 점들이 찍혀 있어요. 이 지역들은 땅이 지구 크기의 반이지만 세계인구의 대부분이 살고 있답니다. 사계절이 뚜렷해서 생활하기가 편리하기 때문이죠. 우리나라도 여기에 포함되어 있어요. 특히 중국은 세계에서 인구가 가장 많은 나라입니다. 무려 13억 명이나 된다고 해요. 반면 지도에서 남아메리카의 아마존 강, 아프리카의 사막 지대, 북극과 남극 지방, 시베리아 지방, 호주의 사막 지대 등을 보세요. 검은 점들이 거의 없죠? 이곳들은 생활하기 위한 환경이 좋지 않아 사람들이 거의 없어요.

인구가 유럽, 북아메리카, 아시아 등지에 많은 이유는 사계절이 뚜렷하여 생활하기 좋기 때문이기도 하지만 다른 이유도 있답니다. 도시가 발달한 곳으로 일자리를 찾아서, 공부를 하기 위해서 사람들이 이동을 하기 때문이지요. 그래서 유럽, 아시아, 북아메리카의 큰 도시가 있는 나라들로 이동을 하는 것입니다. 그러나 이런 인구이동 때문에 몇몇 나라들로 인구가 집중되어 여러 가지 문제가 생기기도 합니다. 인종, 언어, 문화 등이 다르기 때문에 다툼이 일어나거나 범죄가 발생하는 경우가 대표적입니다.

이번에는 인구 밀도에 대해 알아보기도 해요. 지도에서 호주와 방글라데시를 몰까요? 호주는 중국만큼이나 땅이 크지만 인구는 약 2000만 명에 불과하답니다. 서울과 경기도의 인구를 합친 것보다도 적은 셈이죠. 하지만 방글라데시는 우리나라보다 조금 더 큰 땅에 1억 명 이상의 사람들이 살고 있어요. 호주와 방글라데시의 인구 밀도를 숫자로 비교해 볼까요? 호주는 사방으로 1km의 땅 안에 겨우 2~3명의 사람만이 살고 있어요. 하지만 방글라데시는 1km의 땅 안에 무려 1000명 가까이 사람들이 살고 있답니다. 호주와 방글라데시 나라 안의 모습을 상상해 볼까요? 호주는 사람 구경하기가 쉽지 않겠죠? 하지만 방글라데시는 이리 봐도 사람, 저리 봐도 사람일 것입니다.

첫 번째 텍스트는 세계스케일을 중심으로 내용을 구성한 것이다. 세계스케일은 모든 학년에서 배우고 싶어 했고 그 이유는 흥미 요인이 주로 작용하는 것으로 나타났다. 또한 내용 측면에서는 모든 스케일과 모든 학년에서 대부분 인구의 성장과 둔화에 대해 궁금하거나 더 알고 싶어 했다. 따라서 탈지평확대의 관점에서 스케일에 따른 상세성의 정도를 고려하여 세계에서는 인구의 성장과 둔화에 대한 내용들을 흥미 중심으로 단순하게 구성하는 것이 바람직할 것이다. 단락별로 주요 내용 및 의도를 기술하면 다음과 같다.

첫째 단락은 인구수, 인구 증가와 인구 감소 등에 관한 내용들을 수록했다. 현재 세계의 인구수를 통해 미래의 세계 인구수에 관한 이야기를 하고, 인구가 많은 대륙, 나라, 주요 도시 등을 통해 인구가 많은 이유와 그런 지역의 환경에 관해 개괄적으로 다루었다. 중국을 사례로 인구가 가장 많은 나라에 대한 내용을 수록했고 우리나라의 경우와 관련지어 일부분을 언급했다. 미래의 세계 인구에 대한 예측, 60억이라는 세계 인구수, 우리나라와는 비교도 안 될 정도의 어마어마한 중국 인구수 등은 학생들의 관심과 흥미를 고려한 것이다. 비록 인구 주제의 특성상 지도상에는 인구가 1000만 명을 넘는 세계의 대도시들만을 표시했지만, 텍스트를 통해 세계스케일에서 다룰 수 있는 내용들을 단순한 형태로 기술하고자 했다.

둘째 단락은 인구 이동에 대한 내용을 중심으로 구성되었다. 세계에서 인구가 많은 지역들은 사람들이 생활하기에 편리하기 때문이기도 하지만 여러 가지 원인들로 인한 인구 이동의 영향이 크다는 점을 다루었다. 그리고 특정 대륙으로의 이동, 특정 나라로의 이동, 특정 도시로의 이동 등으로 인해 발생하는 여러 가지 인구

문제와 관련된 내용도 포함했다. 인구수를 기준으로 지도에 한정된 정보만을 나타냈기 때문에 인구 이동과 관련해서는 텍스트를 통해 기술하고자 했다. 세계에 관한 내용인 만큼 도시, 나라, 대륙 간의 인구 이동에서 일반적인 원인이라 할 수 있는 사람들의 생활환경을 통해 관련 내용을 다루고자 했다.

셋째 단락은 인구 밀도와 인구 분포에 대한 내용을 중심으로 구성했다. 호주와 방글라데시를 사례로 인구와 면적 사이의 관계를 우리나라의 경우와 비교하여 기술했다. 넓은 땅에 적은 인구수, 좁은 땅에 많은 인구수에 대한 내용들이 학생들의 관심과 흥미를 자극할 것으로 보인다. 그리고 이에 대한 이해를 돕기 위해 우리나라의 경우를 간략하게 언급했는데, 저학년에서 국가스케일에 대한 관심과 흥미가 상대적으로 높았던 점을 반영한 것이다. 또한 인구 밀도에 따른 각 나라의 모습을 상상하는 내용은 매우 흥미로운 요소로 여겨진다.

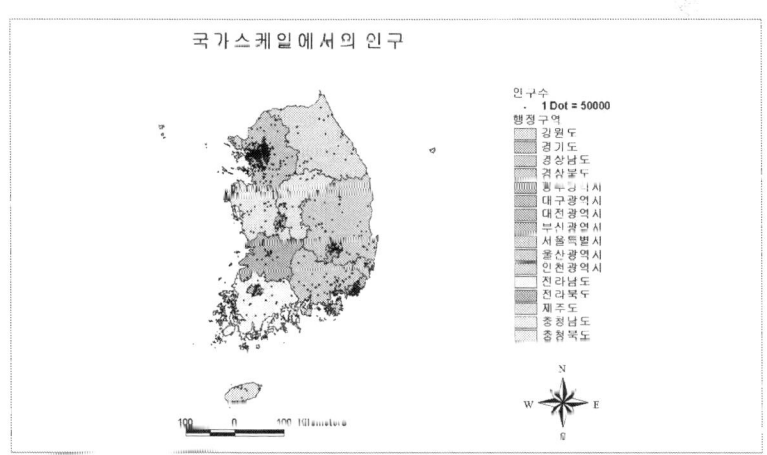

'인구'는 한 나라 또는 어떤 지역 안에 살고 있는 사람의 수를 말합니다. 우리나라도 '대한민국'이라는 땅덩어리 안에 많은 사람들이 살고 있어요. 그렇다면 이렇게 많은 사람들이 모두 몇 명인지 어떻게 알 수 있을까요? 그것은 바로 5년마다 한 번씩 실시하는 인구 조사 때문에 알 수 있어요. 우리나라의 인구를 알기 위해 일정한 기간을 정해 놓고 동시에 조사를 하는 것이지요. 그렇지 않으면 태어나고 죽는 사람들이 계속 생기기 때문에 몇 명인지 알기 어렵겠죠?

그런데 위에서처럼 인구 조사를 하게 되면 여러 가지 사실들을 알 수 있어요. 우리나라에 몇 명의 사람들이 살고 있는지, 할아버지와 할머니들은 몇 분인지, 여러분들과 똑같은 나이의 친구들은 몇 명인지, 여러분들이 살고 있는 동네에는 모두 몇 명이 있는지 등을 알 수 있답니다. 또 직업이 같은 사람들은 몇 명인지, 남자와 여자는 몇 명인지 등에 대해서도 알 수 있대요. 어때요? 인구 조사를 하면 우리가 알 수 있는 중요한 사실들이 참 많죠? 그럼 우리나라의 인구에 대해 좀 더 알아볼까요?

우선 우리나라는 작은 땅덩어리이지만, 많은 사람들이 살고 있어요. 캐나다나 오스트레일리아와 같은 나라들은 우리나라보다 수십 배나 크지만, 인구는 우리나라의 절반도 되지 않습니다. 또 우리나라는 도시에 많은 사람들이 모여 살고 있어요. 특히 서울을 포함하여 경기도 일대 수도권에는 남한 인구의 절반이 넘는 사람들이 모여 살아요. 위의 지도를 볼까요? 서울과 경기도에 검은 점들이 많이 찍혀 있는 것을 볼 수 있죠? 사람들이 아주 많이 살고 있다는 표시예요. 경기도로 인구가 몰려드는 이유는 서울의 집값과 물가가 비싼데다가 서울로 오가는 교통이 편리해졌기 때문이에요. 하지만 강원도를 볼까요? 서울보다 땅덩어리는 훨씬 크지만 검은 점들이 별로 없죠? 사람들이 많이 살고 있지 않다는 표시입니다. 우리나라는 전체적으로 땅이 작기 때문에 여러 곳에 골고루 흩어져 살아야 하는데 서울과 경기도, 부산과 대구 같은 큰 도시에만 모여 삽니다. 젊은이들이 너도나도 일자리를 찾아 도시로 떠나기 때문이죠. 이처럼 너무 많은 사람들이 도시에 모여 살면 여러 가지 불편한 점들이 생겨요. 그러므로 편리한 생활을 위해 여러 곳에 골고루 흩어져 살 수 있도록 해야 할 것입니다

두 번째 텍스트는 국가스케일을 중심으로 내용을 구성한 것이다. 국가스케일에 대해서는 모든 학년에서 뚜렷한 특징이 나타나지 않았다. 전체적으로 국가스케일은 세계스케일과 고장스케일의 중간적인 단계를 나타냄과 동시에, 두 스케일 사이를 연결하는 성격이 강하다. 다만 국가스케일 수준에서도 상세성의 정도를 고려할 때 학습내용으로 다룰 수 있는 부분들이 분명히 존재하므로 이를 반영하고자 했다. 단락별로 주요 내용 및 의도를 살펴보면 다음과 같다.

첫째 단락은 인구의 개념, 인구 조사에 대한 내용들을 중심으로

구성되었다. 이 내용들은 저학년에서 약간의 관심을 나타냈던 부분인데 실제 저학년에서 다루기에는 무리가 있다. 따라서 국가스케일 수준에서 우리나라의 인구에 대한 호기심을 자극하는 방향으로 기술했다. 매일 태어나고 죽는 사람들이 생기는데 어떻게 우리나라의 인구를 정확하게 알 수 있을까라는 질문 형식의 기술을 통해 관련 내용을 다루고자 했다.

둘째 단락은 첫째 단락에서 다루었던 인구 조사 내용과 연계하여 인구 구성에 관한 내용을 중심으로 구성했다. 인구 조사를 통해 알게 되는 연령별 인구, 성별 인구, 직업별 인구, 지역별 인구, 총인구 등에 관한 내용을 우리나라를 사례로 다루었다. 이는 학생들의 흥미 요인 중 궁금증과 호기심을 자극할 수 있는 요소들을 반영한 결과다. 특히 학생들이 속해 있는 연령대의 인구, 남자와 여자는 각각 몇 명인지 등에 대한 내용들이 호기심을 자극할 것으로 보인다.

셋째 단락은 인구 분포와 인구 밀도에 관한 내용을 우리나라와 다른 나라의 비교를 통해 나타냈고, 인구 이동에 관한 내용은 우리나라의 인구 이동 원인과 그 현상을 사례로 다루었다. 특히 캐나다와 호주의 믿기지 않는 인구 밀도 사례는 학생들의 관심과 흥미를 유발하는 한편, 강원도와 경기도를 사례로 하는 인구 이동의 문제점 등은 학생들의 지식적인 측면을 자극할 것으로 보이다. 또한 우리나라의 인구 밀도 및 인구 집중과 관련된 정보는 지도상에 점(dot)으로 나타나 있기 때문에 직접 확인할 수 있다. 이처럼 국가스케일에서는 전체적으로 흥미 요인 못지않게 지식 요인의 비중을 점차 늘려 텍스트를 구성하고자 했다.

세 번째 텍스트는 고장스케일을 중심으로 내용을 구성한 것이다. 고장스케일에서는 흥미 요인 외에 지식 요인의 영향이 더 커지고 고학년으로 갈수록 고장에 대해 더 많은 관심을 나타내는 경향을 반영하고자 했다. 전체적으로 학생들이 관심과 흥미를 나타내는 내용들은 세계, 국가스케일과 큰 차이가 없지만 스케일에 따른 상세성의 차원을 고려하여 고장스케일에서는 내용들을 가장 구체적으로 다루고자 했다. 단락별로 주요 내용 및 의도를 살펴보면 다음과 같다.

첫째 단락은 대구광역시의 인구수, 인구 분포 및 인구 밀도의 특징을 제시했고 이와 관련하여 인구 이동에 관한 내용도 간략히 언급했다. 우선 고장스케일로 좁혀졌기 때문에 대구광역시라는 구체적인 지역을 다룰 수 있다. 또한 대구의 인구수 순위, 대구의 지역 개발 현황 및 모습 등에 대한 정보 등을 지식 측면에서 제공하고자 했다. 또 '내가 살고 있는 곳'이라는 점을 강조하여 학생들이 쉽게 접할 수 있는 고장의 여러 모습들을 '달서구'와 '달성군'을 사례로 제시함으로써 경험 및 생활 요인의 측면을 반영하고자 했다.

둘째 단락은 대구광역시 '중구'를 사례로 인구 분포와 인구 밀도, 인구 이동에 관한 내용들을 수록했다. 인구수와 면적과의 관계, 상업 및 업무 지구와 주택 지구의 차이에 따른 인구 이동 현상 등을 구체적으로 기술했다. 또한 첫째 단락과 마찬가지로 학생들의 직·간접적 경험을 이끌어냄으로써 경험 및 생활 요인을 반영하고자 했다. 이와 같이 고장스케일로 범위가 좁혀짐에 따라 내용에 대한 정보의 상세성이 달라지는 한편, '나'와의 직접적인 관련성은 부각될 수밖에 없음을 알 수 있다. 그리고 이러한 측면은 고학년 학생들의 스케일 선호 요인을 반영한 것이기도 하다.

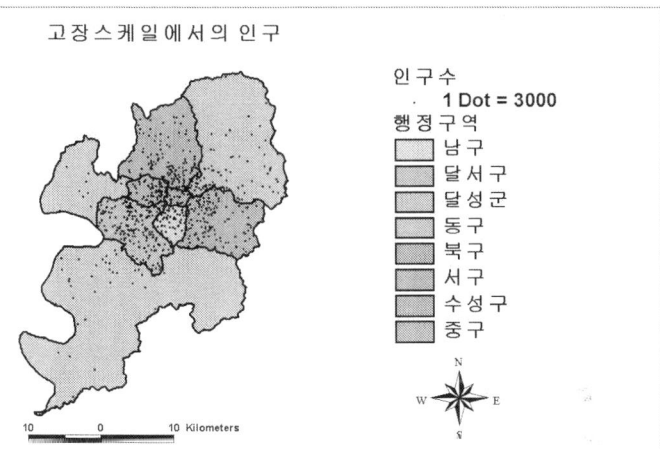

고장스케일에서의 인구

인구수
1 Dot = 3000
행정구역
남구
달서구
달성군
동구
북구
서구
수성구
중구

10   0   10 Kilometers

우리가 살고 있는 대구광역시의 인구는 2004년 말을 기준으로 253만 명입니다. 이것은 우리나라에서 서울, 부산, 인천에 이어 네 번째로 많은 인구수입니다. 대구에서 가장 많은 사람들이 살고 있는 곳이 '달서구'예요. 최근에 아파트 단지가 많이 생기면서 다른 곳에서 많은 사람들이 이사를 왔기 때문입니다. 검은 점들이 매우 많죠? 그만큼 달서구의 인구가 많다는 증거입니다. 많은 사람들로 늘 붐비고, 수많은 자동차가 길게 늘어선 이유도 그 때문입니다. '달성군'을 볼까요? 땅의 크기는 다른 지역들보다 크지만 검은 점들은 드문드문 보이는 것을 알 수 있습니다. 사람들은 많이 살고 있지 않다는 것이죠. 달성군 지역으로 가면 집들이 군데군데 있는 것을 보게 될 것입니다.

이번에는 대구 시내의 한 가운데에 위치하고 있는 '중구'를 살펴볼까요? 우선 중구는 땅의 크기도 작고 검은 점들도 많지 않아요. 사람들이 많이 살고 있지 않다는 증거겠죠? 여러분들도 시내 중심가에 가 보면 집들보다는 여러 가지 장사를 하는 가게나 상점들이 너 많은 것을 봤을 것입니다. 시내의 경우 낮에는 상가들이 모여 있기 때문에 중심가로 많은 사람들이 몰리지만, 잠잘 시간이 되면 사람들은 자기 집이 있는 바깥 지역으로 이동을 하게 됩니다. 실제 지도에서도 '중구'를 제외하면 다른 지역들은 검은 점들이 빽빽이 찍혀 있는 것을 볼 수 있을 것입니다.

이처럼 '중구'와 '달성군'을 제외한 대부분이 다른 지역들은 새롭게 건설되는 많은 아파트 단지들로 인해 사람들이 점점 더 몰리고 있어요. 이렇게 한 지역으로 사람들이 몰리게 되면 어떤 문제가 생길 수 있을까요? 아침 출근 시간과 저녁 퇴근 시간에 자동차들로 꽉 들어찬 도로를 본 적 있나요? 동네 한쪽에 엄청나게 많은 쓰레기가 쌓여 있는 모습을 본 적 있나요? 여러 가지 사고로 불이 나고, 범죄가 발생하는 경우를 본 적 있나요? 이 모든 것들이 도시로 인구가 몰리면서 생기는 나쁜 현상들입니다. 할아버지 할머니들께서 도시는 공기가 너무워서 숨을 제대로 쉴 수가 없다고 말씀하시는 이유도 사람들이 너무 많이 모여 살기 때문일 것입니다. 하지만, '달성군'과 같은 농촌 지역은 젊은 사람들이 자꾸 다른 지역으로 빠져나가기 때문에 농사일을 할 사람들이 부족하고, 동네에는 나이 많은 사람들만 남아서 쓸쓸히 생활하고 있어요. 여러분의 부모님 그리고 여러분도 나이가 들면 시골이나 농촌에서 생활할지 모르는데, 그곳이 사람들도 별로 없는 쓸쓸한 곳이라면 기분이 어떨까요?

셋째 단락은 앞의 두 단락과 관련지어 인구 문제를 중심으로 내용을 구성했다. 불균형적인 인구 분포와 인구 이동으로 인해 발생되는 여러 가지 도시 문제들을 다양하고 구체적인 사례와 주변의 모습들을 통해 나타냈다. 그리고 학생들이 일상생활에서 쉽게 접할 수 있는 내용들을 제시함으로써 경험 및 생활 요인의 측면을 가미하고자 했다. 또한 인구 문제로 인해 파생되는 심각한 사회 현상이나 모습들을 실제적이고 구체적인 사례들을 중심으로 기술함으로써 학생들에게 일상생활과 가까우면서도 매우 중요한 문제임을 강조하고자 했다. 특히 이상의 내용들은 흥미 중심이 아닌 여러 가지 인구 현상과 관련된 내용들을 지식 측면에서 구체적으로 기술함으로써 고장에서의 상세성을 반영하고자 했다.

이와 같이 고장스케일에서는 전체적으로 흥미 요인의 비중을 많이 줄이는 대신 지식 요인과 경험 및 생활 요인의 측면을 많이 반영하고자 했다. 탈지평확대의 관점에서 고장스케일로 갈수록 다루는 내용은 더 상세화되고 정보의 종류는 더 다양해지기 때문이다. 이는 고학년으로 갈수록 높아지는 학생들의 사고 수준과도 부합하는 것이다.

2. 텍스트 선호도

탈지평확대의 관점에서 스케일에 따른 강과 인구 텍스트를 바탕으로 본 절에서는 텍스트에 대한 선호도를 검증하고자 한다. 이는 가장 단순한 형태에서의 스케일 선호도(1차 설문), 스케일에 따른

내용 선호도(2차 설문)에 이은 가장 구체화된 텍스트 형태에서의
선호도 검증(3차 설문)을 의미한다. 따라서 강과 인구에 대한 선호
도 결과에 따라 초등 지리 영역의 학습 내용이 구성되어야 한다는
본 연구의 주장, 즉 탈지평확대로의 가능성을 확인할 수 있는 것이
다. 강과 인구에 대한 텍스트 선호도 결과를 나타내면 다음과 같다.

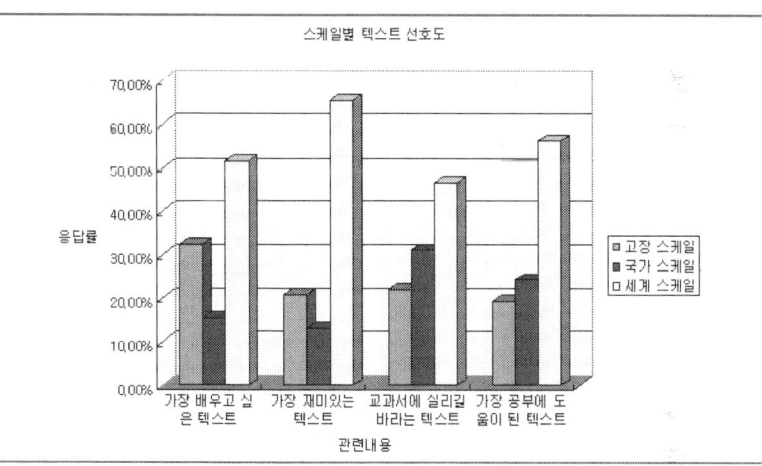

🏵 그림 43   스케일별 텍스트 선호도(A형)

〈그림 43〉은 설문지 A형[42]에서 강에 대한 스케일별 텍스트 선
호도를 나타낸 것이다. 네 가지 문항 모두에서 세계스케일을 가장
선호하는 것으로 나타났다. 모두 50% 내외의 높은 비율을 나타내
고 있다. 이런 결과는 학년별로 구분한 자료에서도 동일하게 나타
났다. 또 깅이라는 주세의 자연 지리적인 특성도 영향을 끼쳤을 것
으로 에상된다. 인구의 경우는 세계스케일이 테스트뿐만 아니라 깅

---

42) 설문지 A형은 세 가지 스케일의 텍스트를 한 명의 학생에게 모두 제공한 다음, 선호
도 관련 질문 내용에 답하도록 했다. 설문 내용은 부록을 참고하기 바란다.

문에 따라서 고장스케일의 텍스트를 더 선호하는 결과도 함께 나타냈기 때문이다. 이에 대한 상세한 내용은 인구에 대한 결과에서 함께 기술하겠다. 이처럼 텍스트 형태로 가장 구체화된 단계에서도 세계스케일에 대한 선호도가 가장 높게 나타났다. 이상의 결과를 통해 세계에 대한 내용을 초등 지리 영역에서 더 많이 다룰 수 있음을 다시 한 번 확인할 수 있다.

표 12   학년과 스케일 연관성 측도(감마)

	값	점근 표준오차(a)	근사 T 값(b)	근사 유의확률
가장 배우고 싶은 학습지	-.036	.058	-.629	.529
가장 재미있는 학습지	-.055	.061	-.906	.365
교과서에 실리길 바라는 학습지	-.007	.053	-.137	.891
가장 공부에 도움이 된 학습지	-.095	.056	-1.693	.090

a 영가설을 가정하지 않음.
b 영가설을 가정하는 점근 표준오차 사용.

〈표 12〉는 학년과 선호하는 텍스트 사이의 연관성을 감마(Gamma) 검증을 통해 나타낸 것이다. 우선 〈표 12〉를 통해 $p < 0.05$나 $p < 0.01$에서 유의미한 항목이 없음을 알 수 있다. 즉 학년 상승과 선호하는 스케일 사이에는 아무런 연관성이 없었다. 이는 학년이 상승하더라도 고장에서 세계로 스케일이 확대되지는 않음을 의미한다. 또한 네 가지 질문 항목에 대한 선호도 역시 고장에서 세계로 확대되지 않는 것을 나타낸다. 결국 학생들은 세계에 관한 텍스트를 가장 선호했고 학년이 상승하더라도 선호하는 스케일은 고장에서 세계로 확대되지 않았다. 따라서 지평확대법에 근거한 고장에서 세계로의 공간 확대는 이상의 결과와 부합하지 않음을 알 수 있다. 아울러 세계에 관한 내용을 학년에 관계없이 그리고 더 많이 다룰 수

있는 가능성을 확인한 것으로 판단된다.

표 13 학년과 스케일 연관성 측도(람다)

	값	점근 표준오차(a)	근사 T 값(b)	근사 유의확률
대칭적	.025	.010	2.372	.018
학년 종속	.041	.017	2.372	.018
가장 배우고 싶은 텍스트 종속	.000	.000	.c	.c
대칭적	.019	.017	1.118	.263
학년 종속	.028	.025	1.118	.263
가장 재미있는 텍스트 종속	.000	.000	.c	.c
대칭적	.021	.020	.996	.319
학년 종속	.036	.035	.996	.319
교과서에 실리길 바라는 텍스트 종속	.000	.000	.c	.c
대칭적	.032	.017	1.816	.069
학년종속	.051	.027	1.816	.069
가장 공부에 도움이 된 텍스트 종속	.000	.000	.c	.c

a 영가설을 가정하지 않음.
b 영가설을 가정하는 점근 표준오차 사용.
c 점근 표준오차가 0이므로 계산할 수 없습니다.
d 카이제곱 근사법을 기준으로

〈표 13〉은 학년과 텍스트 사이의 연관성 측도를 람다 검증을 통해 나타낸 것이다. 두 변수를 명목 척도로 간주하고 람다 검증을 실시했다. 감마 검증을 통해 학년 상승과 선호 스케일 사이의 연관성을 검증했다면, 람다 검증은 단순히 학년과 스케일 사이의 연관성을 측정하는 것을 의미한다. 결과는 텍스트 선호도와 관련하여 네 문항 모두 유의미하지 않았다. 즉 학년과 선호하는 스케일 사이에는 아무런 연관성이 없었다. 따라서 두 가지 검증 결과를 통해 학생들의 텍스트 선호도는 지평확대법에서의 공간 계열과는 관계가 없음을 확인할 수 있다.

결국 강에 대한 설문지 A형의 결과를 종합하면, 스케일별 텍스트 선호도를 통해 초등학생들은 세계스케일에 가장 많은 관심과 흥미를 나타냈고, 학년과 스케일 사이에는 아무런 관련이 없었기 때문에 세계에 관한 내용들을 중심으로 학습 내용을 구성하는 것은 타당성이 있는 것으로 보인다. 그러나 A형에서는 한 명의 학생에게 세 가지 스케일의 텍스트를 모두 제공한 다음 선호도를 조사했기 때문에 텍스트를 읽는 순서에 따라 선호하는 스케일을 선택하는 데 영향을 받을 수 있다는 단점이 있다. 따라서 이에 대한 단점을 보완하기 위해 B형에서는 한 명의 학생에게 한 가지 스케일의 텍스트만을 제공한 다음, 그것에 대한 선호도를 독립적으로 조사했다. 결과 및 분석 내용은 다음과 같다.

표 14 텍스트 전체 선호도(B형)

설문 항목	평균 점수		
	세계	국가	고장
전체선호 01 (전체적으로 재미있다.)	4.02	3.99	3.83
전체선호 02 (강에 대한 공부를 하고 싶다.)	3.84	4.02	3.49
전체선호 03 (강에 대해 이해하는 데 도움이 되었다.)	4.36	4.31	4.07
전체선호 04 (교과서에 실렸으면 좋겠다.)	3.97	4.14	3.66
합계 평균	4.07	4.11	3.80

〈표 14〉는 B형을 5단계 리커트 척도로 측정하여 각 문항에 대한 평균 점수를 통해 텍스트 만족도를 나타낸 것이다. 총 5점 만점을 기준으로 고장스케일은 3.80점이라는 보통 정도의 만족도를 나타낸 반면, 국가스케일과 세계스케일은 각각 4.11점과 4.07점을 나타냄으로써 전체적으로 텍스트에 대해 만족하는 것으로 파악되었다. 그러나 학습자 측면을 반영했음에도 불구하고 이와 같은 결과

가 나타났다는 점은 초등학생들이 국가나 세계스케일보다 고장스케일에 대해 상대적으로 관심이나 흥미가 적기 때문인 것으로 파악된다. 이상의 전체 선호도를 질문 항목별로 분석해 보면 다음과 같다. 텍스트가 재미있는지에 대한 정도를 조사한 첫 번째 항목에서는 세계에서만 유일하게 4점대(4.02)를 나타냈다. 세계에 대한 학생들의 흥미가 1차 조사에서부터 일관되게 나타나고 있다. 그러나 고장스케일은 3.83점으로 보통 정도의 만족도를 보였다. 첫 번째 항목은 선호도를 가장 직접적인 형태로 묻고 있다는 점에서 의미 있는 결과로 여겨진다. 두 번째는, 투입된 텍스트로 강에 대한 공부를 하고 싶은지에 대한 만족도를 조사했다. 이 문항에서는 국가스케일에서만 만족한다는 결과가 나온 반면, 세계스케일과 고장스케일은 모두 보통 정도의 선호도만을 나타냈다. 특히 고장스케일은 3.49로 가장 낮은 결과가 나왔다. 세 번째 항목은 텍스트가 강에 대해 이해하는 데 도움이 되었는지를 조사한 것이다. 이 항목에서는 3가지 스케일 모두에서 만족한다는 결과를 얻었다. 이는 학생들의 관심과 흥미를 바탕으로 텍스트 내용이 구성되었기 때문으로 풀이된다. 즉 스케일, 흥미·지식·경험 및 생활 요인 등 여러 기준들을 바탕으로 분석된 결과를 텍스트에 반영했기 때문이다. 네 번째 항목은 학습지가 교과서에 실렸으면 하는 정도에 대해 조사한 것이다. 전체적으로 두 번째 항목의 결과와 비슷한 경향을 보이는데, 이는 '공부를 하고 싶다'는 의미와 '교과서에 실렸으면 한다'는 의미가 유사한 측면이 있기 때문으로 풀이된다. 고장스케일은 두 항목에서 가장 낮은 점수를 나타냄으로써 학생들의 관심과 흥미가 상대적으로 떨어짐을 알 수 있었다. 이러한 결과는 다음의 스케일별 텍스트 내용 선호도에서도 유사하게 나타났다.

표 15 텍스트 내용 선호도(B형)

설문 항목	평균 점수		
	세계	국가	고장
내용 선호 01	4.22	4.29	3.95
내용 선호 02	4.10	4.31	4.33
내용 선호 03	4.30	4.02	3.86
내용 선호 04	4.40	4.26	3.78
내용 선호 05	4.02	3.79	4.14
합계 평균	4.21	4.13	4.01

〈표 15〉는 리커트 척도의 평균 점수를 통해 스케일별로 텍스트의 내용 선호도를 나타낸 것이다. 전체적으로 모든 스케일에서 만족도가 높음을 알 수 있다. 이는 학년에 따라 스케일과 흥미, 지식, 그리고 경험 및 생활 요인들을 고려하여 텍스트를 구성했기 때문으로 풀이된다. 특히 세계스케일의 경우 모든 항목에서 4점 이상의 높은 점수를 나타냄으로써 세계에 대한 학생들의 많은 관심과 흥미를 재차 확인할 수 있었다. 이를 토대로 각 스케일별 특징들을 살펴보면 다음과 같다. 먼저 국가스케일에서는 우리나라의 물 부족 문제에 관한 내용 선호도(내용선호 05)만 4점에 미치지 못하는 만족도를 나타냈다. 이는 궁금하거나 더 알고 싶은 내용을 조사했을 때 거의 응답을 하지 않았던 부분이었다. 따라서 스케일에 따른 내용 선호도 결과와 텍스트를 구성한 후 실시한 내용 선호 결과가 일치하는 것으로 볼 수 있다. 고장스케일에서는 강 이름과 관련된 이야기, 강의 환경 문제에 대한 내용에 높은 선호도를 보였다. 이 또한 2차 설문 결과와 일치한다. 특히 강의 환경 문제는 '내가 살고 있는

곳', '내가 생활하는 동네', '나와 가깝고 나에게 중요한 곳'이라는 인식이 많이 작용한 것으로 보인다. 이러한 인식은 2차 설문 결과에서 고장스케일로 갈수록 경험 및 생활 요인의 영향이 크게 나타난 점과 같은 맥락이다. 이상을 통해 학생들의 관심과 흥미를 학습 내용에 반영하는 일이 얼마나 중요한 의미를 지니는지 알 수 있다.

표 16　학년과 스케일별 텍스트 연관성 측도(람다)

		값	점근 표준오차(a)	근사 T 값(b)	근사 유의확률
고장스케일	전체 선호01 종속	.000	.000	.c	.c
	전체 선호02 종속	.088	.087	.967	.333
	전체 선호03 종속	.060	.101	.578	.563
	전체 선호04 종속	.018	.081	.218	.827
	내용 선호01 종속	.204	.120	1.531	.126
	내용 선호02 종속	.000	.000	.c	.c
	내용 선호03 종속	.107	.119	.852	.394
	내용 선호04 종속	.086	.086	.967	.333
	내용 선호05 종속	.104	.117	.849	.396
국가스케일	전체 선호01 종속	.137	.101	1.269	.204
	전체 선호02 종속	.021	.068	.302	.763
	전체 선호03 종속	.000	.000	.c	.c
	전체 선호04 종속	.089	.085	1.006	.314
	내용 선호01 종속	.111	.127	.825	.409
	내용 선호02 종속	.045	.133	.334	.739
	내용 선호03 종속	.098	.072	1.304	.192
	내용 선호04 종속	.000	.000	.c	.c
	내용 선호05 종속	.075	.093	.787	.431
세계스케일	전체 선호01 종속	.000	.000	.c	.c
	전체 선호02 종속	.020	.070	.277	.781
	전체 선호03 종속	.000	.000	.c	.c
	전체 선호04 종속	.000	.000	.c	.c
	내용 선호01 종속	.044	.087	.501	.617
	내용 선호02 종속	.042	.112	.365	.715
	내용 선호03 종속	.000	.000	.c	.c

		값	점근 표준오차(a)	근사 T 값(b)	근사 유의확률
세계스케일	내용 선호04 종속	.000	.000	.c	.c
	내용 선호05 종속	.000	.000	.c	.c

a 영가설을 가정하지 않음.
b 영가설을 가정하는 점근 표준오차 사용.
c 점근 표준오차가 0이므로 계산할 수 없습니다.
d 카이제곱 근사법을 기준으로

〈표 16〉은 학년과 스케일별 텍스트 사이의 연관성 측도를 람다 검증을 통해 나타낸 것이다. 표를 통해 알 수 있듯이 모든 스케일에서 유의미한 결과를 나타내는 항목이 하나도 없었다. 이것은 학년에 대한 정보가 더 주어진다고 하더라도 전체 선호도와 내용 선호도의 경향을 예측할 수 있는 확률이 극히 낮다는 것을 의미한다. 이는 학년과 스케일 사이에는 연관성이 없다는 것으로, 즉 학년이 상승하더라도 특정 스케일에 대한 선호도가 뚜렷하게 나타나지는 않는 것으로 볼 수 있다. 따라서 B형의 결과를 통해서도 스케일에 대한 학생들의 관심과 흥미는 지평확대법에서의 공간 계열과 일치하지 않음을 알 수 있다.

〈그림 44〉는 인구에 대한 스케일별 텍스트 선호도를 나타낸 것이다. 표를 보면 '가장 배우고 싶은 학습지'와 '가장 공부에 도움이 된 학습지'에 대한 선호도는 고장스케일에서 가장 높게 나타났다. 반면, '가장 재미있는 학습지'와 '교과서에 실리길 바라는 학습지'의 경우는 세계스케일에서 가장 높은 선호도를 나타냈다. 이는 모든 항목에서 세계를 가장 선호했던 강의 경우와는 다소간 차이가 있다. 이는 주제의 특성에 따라 스케일에 대한 선호도가 달라질 수 있음을 보여 준다. 즉 강은 자연 지리적인 특성으로 인해 공간상에 그 실체가 시각적으로 나타나고 학생들이 어떤 방식으로든 경험을 한

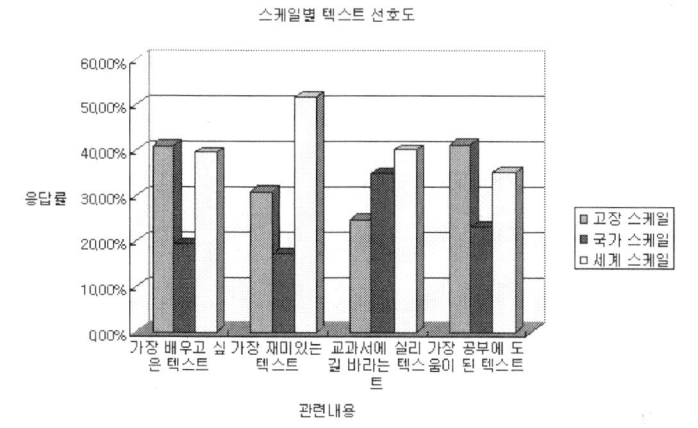

스케일별 텍스트 선호도

응답률

고장 스케일
국가 스케일
세계 스케일

가장 배우고 싶 가장 재미있는   교과서에 실리 가장 공부에 도
은 텍스트   텍스트   길 바라는 텍스 움이 된 텍스트
                             트

관련내용

🌏 그림 44   스케일별 텍스트 선호도(A형)

반면, 인구는 인문 지리적인 특성과 추상적인 개념이 강해서 학생들
이 직접 눈으로 실체를 확인하거나 인구에 대해 무엇인가를 경험했
다는 인식을 나타내기가 어렵기 때문으로 보인다. 이로 인해 강에
대해서는 내가 경험하지 못했고 쉽게 볼 수 없는 세계 여러 나라의
강에 대해 많은 관심과 흥미를 나타냈지만, 인구는 '사람에 관한 문
제', '내 주변, 우리나라의 사람들'과 같은 인식이 작용하면서 고장
과 국가에 관해서도 일정부분 관심과 흥미를 나타낸 것으로 보인다.
특히 인구에 대해서는 흥미 요인뿐만 아니라 '내가 잘 모르기 때문
에', '내가 사는 곳의 인구는 어떠한가', '인구문제는 어느 정도인가'
와 같은 지식 요인과도 관련이 있음을 예상할 수 있다.

표 17 · 학년과 스케일 연관성 측도(감마)

	값	점근 표준오차(a)	근사 T 값(b)	근사 유의확률
가장 배우고 싶은 학습지	-.067	.053	-1.268	.205
가장 재미있는 학습지	.062	.054	1.133	.257
교과서에 실리길 바라는 학습지	.037	.054	.676	.499
가장 공부에 도움이 된 학습지	.026	.053	.488	.626

a 영가설을 가정하지 않음.
b 영가설을 가정하는 점근 표준오차 사용.

〈표 17〉은 학년 상승과 선호하는 스케일 사이의 연관성 측도를 감마(Gamma) 검증을 통해 나타낸 것이다. 표를 보면 학년 상승과 선호 스케일 사이에는 아무런 연관성이 없음을 알 수 있다. 네 가지 질문 항목 모두에서 유의미한 결과를 나타내지 않았기 때문이다. 이는 학년이 상승함에 따라 고장스케일에서 세계스케일로 공간 범위가 확대되지는 않음을 의미한다. 결국 학년이 상승함에 따라 스케일

표 18 · 학년과 텍스트 연관성 측도(람다)

	값	점근 표준오차(a)	근사 T 값(b)	근사 유의확률
대칭적	.045	.024	1.883	.060
학년 종속	.042	.025	1.632	.103
가장 배우고 싶은 텍스트 종속	.050	.031	1.543	.123
대칭적	.036	.021	1.702	.089
학년 종속	.059	.034	1.702	.089
가장 재미있는 텍스트 종속	.000	.000	.c	.c
대칭적	.048	.030	1.558	.119
학년 종속	.059	.041	1.393	.164
교과서에 실리길 바라는 텍스트 종속	.034	.030	1.107	.268
대칭적	.011	.018	.600	.549
학년종속	.020	.033	.600	.549
가장 공부에 도움이 된 텍스트 종속	.000	.000	.c	.c

a 영가설을 가정하지 않음.
b 영가설을 가정하는 점근 표준오차 사용.
c 점근 표준오차가 0이므로 계산할 수 없습니다.
d 카이제곱 근사법을 기준으로

은 확대될 것이라는 지평확대법의 공간 계열성은 나타나지 않았다.

〈표 18〉은 학년과 선호하는 텍스트 사이에 연관성을 람다 검증을 통해 나타낸 것이다. 표를 통해 알 수 있듯이 네 가지 질문 항목 모두에서 학년과 스케일 사이에는 아무런 연관성이 없었다. 즉 단순히 학년과 스케일을 명목 변수로 두고 그 사이에 존재하는 관계에 대한 검증에서도 유의미한 결과는 나타나지 않았다. 따라서 지평확대법에서의 공간 계열과는 일치하지 않았다.

이상 A형의 결과를 종합하면, 인구는 세계뿐만 아니라 고장과 국가도 많이 선호하는 것을 알 수 있었고 학년과 스케일 사이에는 역시 아무런 연관성이 없었다. 따라서 인구는 세계에 관한 내용들을 흥미 중심으로 구성하되, 고장과 국가에서는 지식, 경험 및 생활 요인 등의 비중을 높여 내용을 구성해야 할 것으로 보인다. 그러나 한 학생에게 세 가지 스케일의 텍스트를 모두 제공한 다음 선호하는 스케일을 선택하게 했기 때문에 강의 경우와 마찬가지로 읽는 순서에 따라 스케일을 선호하는 데 영향을 받았을 가능성이 있다. 따라서 B형을 통해 이를 보완하는 한편, 더 구체적으로 텍스트 선호도를 파악하고자 했다. 구체적인 내용은 다음과 같다.

표 19 텍스트 전체 선호도(B형)

설문 내용	평균 점수		
	세계	국가	고장
전체 선호 01 (전체적으로 재미있다.)	3.77	3.70	3.58
전체 선호 02 (인구에 대한 공부를 하고 싶다.)	3.74	3.55	3.40
전체 선호 03 (인구에 대해 이해하는데 도움이 되었다.)	4.06	4.05	3.98
전체 선호 04 (교과서에 실렸으면 좋겠다.)	3.75	3.81	3.62
합계 평균	3.86	3.77	3.65

〈표 19〉는 설문지 B형을 통해 텍스트 전체의 만족도를 나타낸 것이다. 표를 보면 세계스케일에 대한 텍스트 만족도가 가장 높은 것을 알 수 있다. 그러나 평균 점수를 보면 모든 스케일에서 강에 비해 0.2~0.3점 정도 점수가 낮아졌음을 확인할 수 있다. 가장 높은 만족도를 나타낸 세계스케일에서도 대체로 만족하는 것으로 여길 수 있는 4점대에 미치지 못했다. 또한 2차 설문 결과를 토대로 학생들의 관심과 흥미를 반영한 텍스트임에도 불구하고 이와 같은 결과가 나왔다는 것은 '강'과 '인구'라는 주제 자체에 대한 기본적인 선호도의 차이 또는 인식의 차이가 존재하기 때문으로 여겨진다.[43] 따라서 학생들의 관심과 흥미를 반영하여 내용을 구성함에 있어 다양한 주제를 대상으로 이에 대한 후속 연구가 이어져야 할 것으로 보인다. 이상의 전체 선호도를 질문 항목별로 분석하면 다음과 같다. 먼저 네 번째 항목을 제외하면 세계스케일에서 고장스케일로 갈수록 점수가 점점 낮아지고 있음을 알 수 있다. 즉 세계스케일로 갈수록 텍스트가 전체적으로 더 재미있고, 텍스트로 인구에 대한 공부를 하고 싶으며, 텍스트가 인구를 이해하는 데 도움이 된 것으로 나타났다. 특히 세 번째 항목은 강과 마찬가지로 가장 높은 점수를 나타냈다. 이는 학생들의 관심과 흥미를 바탕으로 텍스트가 구성되었기 때문으로 풀이된다. 즉 스케일, 흥미, 지식, 경험 및 생활 요인 등 여러 기준들을 바탕으로 분석된 결과를 텍스트에 반영했기 때문이다. 그러나 나머지 항목들은 강에 비해 전체적인 만족도가 많이 떨어질 뿐만 아니라, 특히 텍스트로 고장 인구에 대한 공

---

43) 자연 지리적인 주제인 강과 인문 지리적인 주제인 인구의 주제별 특성에 대해서는 설문지 A형에서 이미 기술한 바 있으므로 그 내용을 참고하기 바란다.

부를 하고 싶은지에 대해서는 3.40으로 가장 낮은 만족도를 나타냈다. 이처럼 인구에 대한 전체적인 만족도 저하는 텍스트별 내용 선호도에서도 유사하게 나타나는데 이에 대한 내용은 다음과 같다.

표 20 텍스트 내용 선호도(B형)

설문 항목	평균 점수		
	세계	국가	고장
내용 선호 01	4.14	4.23	3.85
내용 선호 02	4.07	3.98	4.21
내용 선호 03	4.28	4.10	4.00
내용 선호 04	4.18	4.15	3.90
내용 선호 05	3.77	3.96	3.99
합계 평균	4.09	4.08	3.99

〈표 20〉은 리커트 척도의 평균 점수를 통해 스케일별 텍스트의 내용 선호도를 나타낸 것이다. 표를 보면 인구에 대한 내용 선호도는 모든 스케일에서 만족도가 비교적 높음을 알 수 있다. 이는 강의 경우와 마찬가지로 설문 결과를 토대로 학습지 내용을 구성했기 때문으로 풀이된다. 강의 경우처럼 스케일 간 선호도의 차이가 뚜렷하게 드러나지는 않지만, 세계스케일을 가장 선호하고 고장스케일로 갈수록 선호도가 떨어지는 결과는 일관된 흐름을 보이고 있다. 그러나 각 스케일의 점수는 강에 비해 전체적으로 낮아졌다. 이는 전술했던 강과 인구의 주제 차이에서 발생하는 기본적인 문제라 여겨진다. 또한 인구의 경우는 세계스케일과 국가스케일에 대한 만족도가 비슷한 결과를 나타내는데, 이는 2차 설문 조사 결과에서 국가스케일에 대한 신뢰도가 상대적으로 높게 나타난 영향이 계속 반영된 것으로 보인다.

한편 인구는 '인구의 성장과 둔화', '인구 분포와 인구 밀도', '인구 이동'과 같은 일부 내용에 대해서만 관심과 흥미를 나타냈다. 그러나 그 외의 내용들도 교육적 측면에서 중요하고 의미가 있는 것으로 판단되어 텍스트에 수록했다. 그 결과, 전체적으로 관련 내용에 대해 만족하는 것으로 드러났다. 예를 들어, 국가스케일에서 첫 번째와 두 번째 항목은 '인구 개념과 인구 조사'에 관련된 내용인데, 2차 설문 결과에서는 학생들의 관심이 없는 것으로 나타났지만 학년, 스케일, 흥미, 지식, 경험 및 생활 요인 등의 요소들을 고려하여 텍스트에 반영한 결과, 내용에 대해 전체적으로 만족하는 결과를 얻을 수 있었다. 이러한 현상은 고장스케일에서 '인구 문제'와 관련된 내용에 대해서도 유사하게 나타났다.

〈표 21〉은 학년과 스케일 사이의 연관성을 람다 검증을 통해 나타낸 것이다. 학년과 스케일 두 변수를 명목 척도로 규정하고 그 사이의 관계를 검증했다. 표를 통해 알 수 있듯이 모든 스케일에서 유의미한 결과를 나타내는 항목이 하나도 없었다. 즉 학년에 대한 정보가 더 주어진다고 하더라도 전체 선호도와 내용 선호도의 경향을 예측할 수 있는 확률이 극히 낮다는 것을 의미한다. 이는 학년과 스케일 사이에는 아무런 연관성이 없음을 나타낸다. 따라서 B형에서도 지평확대법에서의 공간 계열과 일치하는 결과는 도출되지 않았다.

이상 강과 인구의 결과를 통해서 볼 때 모든 주제를 지평확대법에 맞추어 구성할 수는 없고, 탈지평확대의 관점에서 내용을 구성한다고 하더라도 주제에 따라 다양한 형태가 나타날 수 있을 것이다. 따라서 주제별로 이에 대한 정교한 후속 연구가 이어져야 할 것으로 보인다.

⬤ 표 21　학년과 스케일별 텍스트 연관성 측도(람다)

		값	점근 표준오차(a)	근사 T 값(b)	근사 유의확률
고장스케일	전체 선호01 종속	.111	.118	.889	.374
	전체 선호02 종속	.109	.091	1.143	.253
	전체 선호03 종속	.041	.080	.501	.617
	전체 선호04 종속	.069	.085	.787	.431
	내용 선호01 종속	.000	.000	.c	.c
	내용 선호02 종속	.067	.083	.777	.437
	내용 선호03 종속	.102	.108	.902	.367
	내용 선호04 종속	.091	.093	.933	.351
	내용 선호05 종속	.058	.104	.540	.589
국가스케일	전체 선호01 종속	.176	.105	1.543	.123
	전체 선호02 종속	.068	.098	.668	.504
	전체 선호03 종속	.135	.074	1.728	.084
	전체 선호04 종속	.115	.089	1.236	.217
	내용 선호01 종속	.089	.131	.651	.515
	내용 선호02 종속	.128	.112	1.068	.286
	내용 선호03 종속	.042	.112	.365	.715
	내용 선호04 종속	.000	.000	.c	.c
	내용 선호05 종속	.060	.097	.601	.548
세계스케일	전체 선호01 종속	.057	.099	.558	.577
	전체 선호02 종속	.107	.083	1.236	.217
	전체 선호03 종속	.078	.103	.733	.464
	전체 선호04 종속	.074	.091	.787	.431
	내용 선호01 종속	.080	.109	.709	.478
	내용 선호02 종속	.078	.075	1.006	.314
	내용 선호03 종속	.000	.000	.c	.c
	내용 선호04 종속	.043	.009	.258	.796
	내용 선호05 종속	.038	.071	.535	.592

a 영가설을 가정하지 않음.
b 영가설을 가정하는 점근 표준오차 사용.
c 점근 표준오차가 0이므로 계산할 수 없습니다.
d 카이제곱 근사법을 기준으로

지평확대법의 비판과
탈지평확대적 내용 구성

지평확대법의 비판과
탈지평확대적 내용 구성

　　전 장들에서 초등학생들의 스케일 선호도, 스케일에 따른 내용 선호도, 스케일 선호도에 근거한 텍스트 선호도 등에 대해 살펴보았다. 본 장에서는 이상의 결과들을 토대로 지평확대법 비판[44]의 근거와 탈지평확대적인 관점에서 내용 구성의 방향에 대해 종합적으로 고찰하고자 한다. 먼저 지평확대법 비판의 근거는 학년, 스케일, 지리 내용 선정 기준 상호 간의 관계를 통해 기술하고자 했다. 그리고 이를 바탕으로 강과 인구를 사례로 하여 탈지평확대적 관점에서 내용 구성의 방향을 제시하고자 했다.

---

44) 본 연구에서는 강(river)과 인구(population)를 사례로 연구를 수행하였다. 따라서 본 연구에서 제시하는 논리적 근거는 초등 지리 내용 구성의 일반적인 논리를 의미하는 것이 아니라 강과 인구에 한정하여 기술한 것임을 미리 밝힌다. 그리고 그 결과, 본 연구의 목적에 비추어 뚜렷한 차이가 발생했다기보다는 전체적인 방향에서 유사한 경향을 나타냈으므로 이에 대한 공통의 결과들을 중심으로 기술하고자 한다.

스케일 선호도에 따른 지평확대법 비판의 첫 번째 근거로 학년과 스케일의 관계[45]를 들 수 있다. 고장스케일에서 세계스케일로 이어지는 일련의 공간 범위들을 학년에 따라 어떻게 다룰 것인가에 관한 문제다. 현재 초등 지리 영역은 학년이 상승함에 따라 고장에서부터 세계로 공간 범위가 점차 확대되는 이른바 지평확대법에 근거하여 내용이 구성되어 있다. 즉 학생들의 인지 발달 단계를 근거로 학년에 따라 특정 스케일에 관한 내용들을 다루고 있다. 이때 기준은 연령에 따른 인지 발달 정도이다. 그러나 본 연구는 연령과 학년 단계가 아닌 학생들의 관심과 흥미가 어떠한가에 따라 다루는 스케일도 달라질 수 있다는 가정하에서 출발하였다. 따라서 학생들의 관심과 흥미가 어떤 스케일에 있는가를 알아보는 것이 선행될 필요가 있었다. 강과 인구에 대한 연구 결과를 바탕으로 학년과 스케일의 관계에 대해 구체적으로 기술하면 다음과 같다.

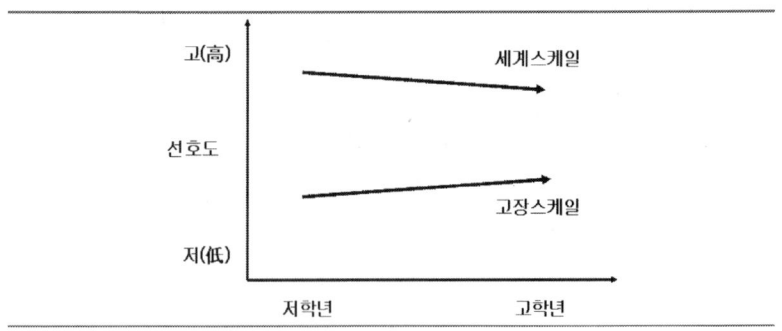

🌀 그림 45 학년과 스케일의 관계 도식

45) 논리적 근거로서 '스케일(scale)'은 독립적인 스케일 자체만을 의미하는 것이 아니라, 학년과 지리 내용 선정 기준(흥미, 지식, 경험 및 생활 요인)이 함께 고려되어 도출된 결과를 의미한다. 따라서 학년과 스케일의 관계, 지리 내용 선정 기준과 스케일의 관계 등이 모두 포함된다.

〈그림 45〉는 학년과 스케일 사이의 관계를 도식으로 나타낸 것이다. 모든 학년에서 세계스케일에 대한 관심과 흥미가 가장 높게 나타났다. 반면, 고장스케일의 경우는 고학년으로 갈수록 관심과 흥미가 조금씩 나타나기 시작하는 정도였다. 이러한 현상은 기본적으로 현재 지평확대에서의 공간 계열과는 반대되는 결과라는 점에서 중요한 의미를 지닌다. 지평확대법을 계속 적용한다면 세계에 관한 내용들은 지금처럼 당연히 고학년에서부터 다루어져야 한다. 세계에 관한 내용은 어려워서 저학년들이 이해하기에 어렵다는 전제를 바탕으로 하기 때문이다. 그러나 학생들의 관심과 흥미를 우선적으로 고려한다면 모든 학년에서 세계에 관한 내용들이 중점적으로 다루어질 수 있을 것이다. 즉 전체적인 공간 범위는 세계스케일을 중심으로 하되, 고학년으로 가면서 국가스케일과 고장스케일에 관한 내용들을 늘리는 형태를 취할 수 있을 것이다. 다만 학년별로 스케일에 관한 세부적인 비중은 후속 연구를 통해 정교화되어야 할 것으로 보인다.

두 번째 근거로 학년과 스케일 그리고 지리 내용 선정 기준 상호 간의 관계를 들 수 있다. 이것은 학년과 스케일의 관계를 지리 내용 선정 기준과 관련지어 생각하자는 것이다. 즉 학년에 따라 다르게 나타나는 스케일 선호도의 이유 요인들을 밝혀내어 지리 내용을 구성하는 데 있어 기본적인 내용의 성격을 알아보고자 함이다. 이에 본 연구에서는 지리 내용의 선정 기준으로 흥미, 지식, 경험 및 생활 요인을 선정한 바 있다. 연구 결과를 바탕으로 학년과 스케일 그리고 지리 내용 선정 기준과의 관계를 구체적으로 기술하면 다음과 같다.

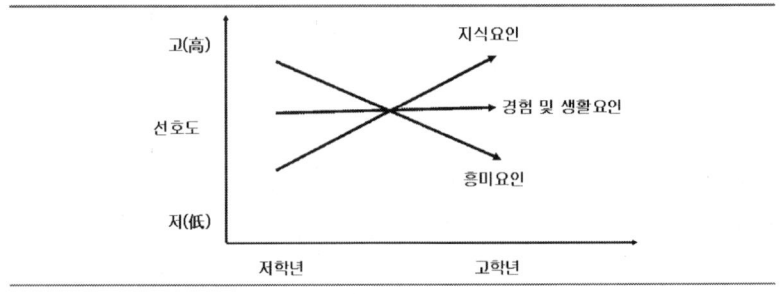

그림 46 학년과 지리 내용 선정 기준의 관계 도식

〈그림 46〉은 학년과 지리 내용 선정 기준의 관계를 도식으로 나타낸 것이다. 먼저 스케일을 결정하는 데 있어 학년이 상승할수록 흥미 요인의 영향은 줄어드는 반면, 지식 요인의 영향은 증가하는 경향을 나타냈다. 그리고 경험 및 생활 요인의 영향은 별다른 특징이 없었다. 비록 강과 인구의 경우만을 사례로 했기 때문에 일반화하기는 어려운 측면이 있지만 이와 같은 결과는 다음과 같은 측면에서 해석할 수 있을 것이다.

먼저 고학년으로 갈수록 흥미 요인에 대한 선호도가 점점 낮게 나타나는 것은, 재미와 흥미 위주만으로는 고학년 학생들의 관심을 끌기가 어렵기 때문으로 추측된다. 이는 구체적인 설문 응답의 내용을 통해서 이미 확인한 바 있다. 아울러 이러한 현상은 고학년으로 갈수록 지식 요인에 대한 선호도가 점점 높게 나타나는 결과와도 관련이 있다. 즉 고학년 학생들은 단순하고 즉흥적인 재미 위주의 내용보다는 내용의 깊이가 일정 부분 있거나 모르는 내용들에 대한 호기심의 발로 등을 통해 지식을 쌓고 싶어 하는 성향이 큰 것으로 보인다. 또한 고학년일수록 입시와 진학의 영향을 차차 받기 시작하는 주변의 환경적인 측면도 작용했으리라 여겨진다.

이러한 경향성은 학년과 스케일의 관계를 동시에 고려함으로써 다음과 같은 내용 구성의 방향 측면도 함께 모색해 볼 수 있을 것이다. 전체적으로, 특히 저학년에서는 세계스케일에 관한 내용들을 흥미 요소를 중심으로 구성하되, 고학년으로 가면서 국가스케일과 고장스케일에 관한 내용들을 흥미 요소 외에 지식 요소들을 가미하는 방안이 강구될 수 있을 것이다.

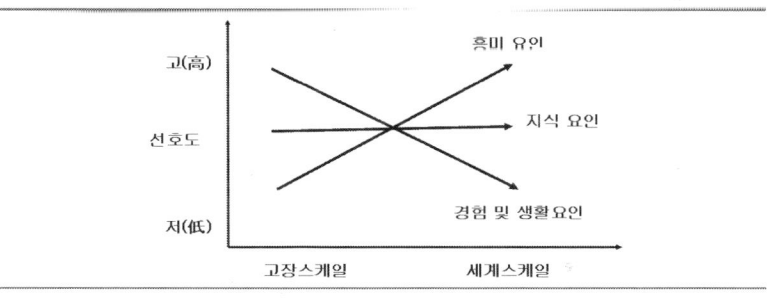

❀ 그림 47 스케일과 지리 내용 선정 기준의 관계 도식

〈그림 47〉은 스케일과 지리 내용 선정 기준 간의 관계를 도식으로 나타낸 것이다. 그림에 대해 기술하면 다음과 같다.

첫째, 고장스케일에서 세계스케일로 갈수록 흥미요인의 선호도가 점점 높게 나타났다. 이는 실문의 응답 내용을 통해서 확인할 수 있었듯이 세계에 대한 막연한 관심과 호기심 및 새로움 등이 많이 적용했기 때문으로 추측된다. 반면 고장스케일에 대해서는 경험의 빈도가 높고 내 주변에 있는 것이라는 생각이 강하게 작용했기 때문에 새로움이나 호기심과 같은 요소들이 크게 영향을 미치지 못한 것으로 보인다.

둘째, 경험 및 생활 요인의 경우는 세계스케일로 갈수록 선호도가 점차 감소하는 경향을 나타냈다. 이는 초등학생들이 세계를 인식함에 있어 주변에서 쉽게 접하고 자신의 생활과 직접적으로 관련이 있는 공간 범위로 여긴다기보다는 자주 경험하지 못하고 자신의 생활과는 멀리 떨어져 있는 그런 공간으로 인식하기 때문일 것이다. 즉 세계스케일에 대해 배울 때는 직접적인 경험을 하거나 내 생활과 어떤 관련을 지으려는 목표가 아니라 호기심과 궁금증 그리고 새로움에 대한 갈증을 해소하기 위한 목표가 더 강하게 나타난 것으로 보인다.

셋째, 지식 요인의 경우는 스케일에 따른 변화가 거의 나타나지 않았다. 이를 설문 응답에 근거하여 해석하면 초등학생들은 고장스케일에서부터 세계스케일에 이르기까지 다양한 공간 범위에 대해서 골고루 알아야 한다는 생각을 하고 있는 것으로 추측된다. 즉 고장은 내가 살고 내가 생활하는 곳이기 때문에 알아야 할 필요가 있고 국가는 우리나라이기 때문이며 세계는 모르는 것이 많기 때문에 알아야 한다는 것이다. 특히 세계의 경우는 지식을 쌓아야 할 것 같기 때문이라는 의견도 나타났다. 따라서 초등학생들은 각 공간 범위마다 나름의 이유로 인해 지식을 쌓고 싶어 하고 아울러 지식 측면의 영향을 받는 것으로 보인다.

지평확대법은 학생들의 연령이 높아짐에 따라 인지 발달 단계도 상승하므로 자신과 가까운 공간에서 시작해서 점점 먼 세계로 나아가는 동심원 형태를 띠고 있다. 이러한 생각은 학생들 주변, 즉 가까운 고장에 관한 내용은 학생들이 쉽게 접하고 이해하기 쉬운 반면, 먼 세계에 관한 내용은 직접적인 경험이 어렵고 학생들이 학습하기에 어렵다는 전제를 바탕으로 한다. 그러나 본 논문에서의 연구 결과, 초등학생들은 지평확대법에서의 계열처럼 가까운 고장에서 세계로 나아가는 형태가 아닌 모든 학년에서 세계에 대한 높은 관심과 흥미를 나타냈다. 이는 세계에 대한 높은 관심과 흥미를 세계에 대한 학습으로 연결시킬 수 있음을 의미할 것이다. 다만 단순히 세계에 대한 관심과 흥미에 그치는 것이 아니라 내용 구성을 함에 있어 구체적인 방향을 모색해야 할 것이다. 이에 연구 결과를 바탕으로 탈지평확대의 관점에서 초등 지리 영역의 학습 내용을 어떤 방향으로 구성하면 좋을 것인가를 살펴보고자 한다.[46]

먼저 강의 경우를 토대로 다른 자연 지리적인 주제들로 영역을 확대했을 때 탈지평확대적인 내용 구성의 방향에 대해 언급하면 다음과 같다.

자연 지리 영역에서 다른 주제들을 대상으로 학습 내용을 구성하더라도 모든 학년에서 세계스케일에 대해 가장 많은 관심과 흥미를 나타낸다는 사실은 기본적으로 반영되어야 할 것이다. 다음으로 자연 지리 주제들은 강에서 이미 보았듯이 그 대상이 시각적으로 확연히 드러난다는 점을 고려해야 할 것이다. 초등지리 학습 내용의 주제들로 많은 부분을 차지하고 있는 산, 평야, 바다 등은 학생들이 가까운 주변에서 쉽게 볼 수 있거나 여러 가지 경로를 통해 직·간접적으로 접해 볼 수 있는 대상들이기 때문에 오히려 멀리 떨어져 있어서 접하기 어려운 대상에 대해 관심이 증가할 수밖에

---

46) 여기에서는 강과 인구의 사례를 통해 구체적으로 내용 구성의 방향을 제시하기보다는 강을 통한 자연 지리 영역과 인구를 통한 인문 지리 영역으로 구분하여 전체적인 내용 구성의 방향을 모색해 보고자 한다.

없다. 즉 동일한 대상인 산, 평야, 바다라 하더라도 내 주변, 우리 고장의 것보다는 멀리 떨어져 있는 다른 나라의 산, 평야, 바다에 대해 더 많은 관심과 흥미를 나타낼 것이다. 따라서 자연 지리 주제들은 동일한 대상을 세계스케일에서 도입함으로써 학생들의 관심과 흥미를 자극하는 것이 바람직할 것이다.

한편 자연 지리 주제는 쉽게 접할 수 있는 만큼 가까운 주변에 대해서는 인간 생활과의 관계를 통해 구체적으로 접근해야 할 것이다. 즉 자연이 인간 생활에 끼치는 영향, 자연의 보전과 개발의 문제 등 자연과 인간의 상호 작용을 통해 학생들의 관심을 끌어내야 할 것이다. 학생들은 자신과 관계있다고 느낄 때 비로소 학습 내용으로서 관심을 가질 뿐만 아니라 이는 고장스케일과 같이 좁혀진 공간 범위에서 반드시 다루어야 할 내용이며 그리고 가장 적절하게 관련지을 수 있기 때문이다. 아울러 강의 연구 결과를 통해서 볼 때 주제들에 대한 지식이나 경험 및 생활의 측면들도 함께 고려해야 하기 때문이다.

다음으로 인구의 경우를 토대로 다른 인문 지리적인 주제들로 영역을 확대했을 때 탈지평확대적인 관점에서 내용 구성의 방향에 대해 언급하고자 한다.

먼저 인문 지리 영역 역시 자연 지리 영역의 주제들과 마찬가지로 다른 주제들을 대상으로 학습 내용이 구성되더라도 모든 학년에서 세계스케일에 대해 가장 많은 관심과 흥미를 나타낸다는 사실은 기본적으로 반영되어야 할 것이다. 다음으로는 자연 지리와 인문 지리 주제들의 기본적인 성격 차이에 대해 고려해야 할 것으로 보인다. 즉 인문 지리 주제들은 자연 지리와는 달리 시각적으로 분명히 드러나는 성질의 것들이 아니다. 도시와 촌락, 경제 등 인문 지리 주제들은 인간 생활과 밀접하게 관련된 어떤 현상에 가까우므로 이에 대한 접근 방향은 달라져야 할 것으로 보인다. 즉 학습 대상들이 눈에 보이는지의 여부에 따라 학생들의 관심과 흥미가 달라지는 문제가 아니라, 어떤 현상들이 인간 생활과 관련을 맺고 있기 때문에 상호 작용하는 정도에 따른 학생들의 관심을 기준으로 다가가야 할 것이다.

이런 특성을 스케일과 관련지어 생각하면 세계스케일을 선호하는 경향성을 기본적으로 고려하되, 인문 지리 주제의 성격상 인간 생활과 보다 직접적으로 관련지을 수 있는 국가나 고장과의 연계 방안을 모색하는 것이 바람직할 것이다. 따라서 세계에 대한 내용을 바탕으로 흥미를 자극하면서 우리나라와 고장의 내용을 함께 다루고, 더 나아가서는 주변의 현상이나 문제에 대해 지식적인 측면에서 더 깊이 접근해야 할 것이다.

제7장

결론 및 제언

제7장

결론 및 제언

지난 100여 년 동안 초등 지리 영역 내용 구성의 중요한 원리로 자리매김해 온 지평확대법은 학습자의 발달 단계에 따라 공간 범위를 점차 확대하고 있다. 그러나 학습 공간 범위를 제한함으로써 학생들의 관심과 흥미를 차단하고 사고의 폭을 한정시키는 부작용을 낳았다. 그래서 최근의 시대적 변화와 흐름을 수용하지 못하고 100여 년 전 성립 당시의 논리로 현재까지 이어져 오고 있다. 따라서 이에 대한 비판적 성찰과 비판의 근거가 될 수 있는 구체적인 연구가 필수적이다. 그동안 지평확대법에 대한 몇몇 비판과 대안들이 제시되긴 했으나 실증적 자료를 통한 논의는 미흡했던 것이 사실이다.

이에 본 연구는 지평확대법에 대한 이론적 논의를 통해 수정 및 대안의 필요성과 그 근거를 밝히고, 그와 관련된 경험적 연구를 통해 탈지평확대로의 가능성을 모색하고자 했다. 주요 연구 결과를 요약하면 다음과 같다.

첫째, 모든 학년에서 세계에 대한 관심과 흥미가 가장 높았다. 반면, 고장의 경우는 고학년으로 갈수록 관심과 흥미가 조금씩 나타나는 정도였다. 이는 지평확대법에서의 공간 계열과는 다른 결과이다. 지평확대의 역전은 아니더라도 전체적으로 세계에 관한 내용을 중심으로 다룰 수 있는 가능성이 드러난 것으로 볼 수 있다. 따라서 전체적인 공간 범위는 세계를 중심으로 하되 고학년으로 가면서 국가와 고장에 관한 내용들을 늘리는 방식으로 나아가야 할 것이다.

둘째, 선호하는 스케일을 결정하는 데 있어 저학년일수록 흥미 요인, 고학년일수록 흥미 요인 외에 지식과 경험 및 생활 요인의 영향이 증가하는 경향을 나타냈다. 이는 세계에 대해서는 호기심과 흥미의 영향이 크지만 고장으로 갈수록 '나', '우리'와 관련지어 생각하려는 경향이 더 크게 드러났기 때문으로 여겨진다. 따라서 저학년에서는 세계에 관한 내용을 흥미 요소들을 중심으로 구성하고 고학년으로 가면서 국가와 고장에 관한 내용들을 흥미 요소 외에 지식, 경험 및 생활 요소들을 가미하는 방향으로 나가야 할 것이다.

셋째, 연구 결과를 바탕으로 학습 내용을 어떻게 구성할 것인가를 정리하면 다음과 같다. 먼저 강의 경우 모든 학년, 모든 스케일에서 '경관으로서의 강'에 대해 가장 많은 관심과 흥미를 나타냈다. 따라서 이를 토대로 '경관으로서의 강'과 관련된 내용을 모든 학년, 모든 스케일에 고르게 수록해야 할 것이다. 다음으로 '자연 환경 및 자연의 이용', '인간의 거주지 및 생활의 터전'과 관련된 내용은 고학년으로 갈수록 점점 더 많은 관심과 흥미를 나타냈다. 따라서 이상의 내용들은 고학년으로 갈수록 고장스케일에서 우리 생활과의 관련성을 중심으로 구성하는 것이 바람직할 것이다.

다음으로 인구의 경우 모든 학년, 모든 스케일에서 '인구의 성장과 둔화'에 대해 가장 많은 관심과 흥미를 나타냈다. 또한 전체적으로는 흥미 요인이 많이 작용하지만, 고학년 그리고 고장스케일로 갈수록 지식 요인과 경험 및 생활 요인의 영향이 증가하는 경향을 나타냈다. 따라서 '인구의 성장과 둔화'에 관련된 내용은 모든 학년, 모든 스케일에서 흥미 중심으로 내용을 구성하되 고장스케일로 그리고 고학년으로 갈수록 지식 요인과 경험 및 생활 요인을 가미하는 것이 바람직할 것이다.

이상의 결과들을 통해 학생들의 관심과 흥미를 토대로 내용을 구성한다면 지평확대법의 공간 계열은 유효하지 않다는 사실을 알 수 있었다. 고장에서 세계로 공간 범위가 확대되는 것이 아닌 세계를 중심으로 다루면서 국가와 고장에 대한 내용을 가미하는 방식으로 나아가는 것이 실제 적용 가능성을 높여 줄 수 있는 방안으로 여겨진다.

초등학생들은 세계에 대해 가장 많은 관심과 흥미를 보였다. 본 연구 결과를 통해서 볼 때 세계에 대한 직접적인 경험이 부족하다는 점, 세계에 관한 내용들은 이해하기 어려울 것이라는 지금까지의 관점은 학생의 관심과 흥미를 중심에 두지 않고 생각했기 때문이다. 교육적 측면에서 학습자의 요구, 학습자의 관심과 흥미가 중요하게 고려되어야 한다면 탈지평확대로의 모색은 초등 지리 영역 내용 구성에 있어 분명히 의미 있는 논의가 될 것으로 확신한다.

끝으로, 본 연구를 마무리하면서 몇 가지 제언을 하고자 한다.

그동안 지리학계에서는 초등 지리 영역 내용 구성의 주요 원리로 자리매김해 온 지평확대법에 대해 그것 자체를 부정하거나 그에 대한 실제적인 데이터를 바탕으로 구체적인 대안을 제시하는 등의 연구를 수행하지 못했다. 이런 점에서 본 연구는 지평확대법에 대한 비판적 논의를 통해 탈지평확대로의 전환을 모색하고자 경험적 연구를 수행하였다. 그 비판적 논의의 근거로 스케일, 스케일에 근거한 흥미, 지식, 경험 및 생활과 같은 지리 내용 선정 기준 등을 설정하였고, 실질적인 데이터를 수집하고 분석하기 위해 강과 인구를 사례로 연구를 수행하였다.

그 결과, 현재의 지평확대법은 학생들의 관심과 흥미, 최근의 시대적·사회적 흐름 등에 비추어 수정될 필요성이 있으며 그 대안의 하나로 탈지평확대로의 관점으로 인식 전환이 이루어져야 할 것으로 보인다. 자연 지리 영역의 강, 인문 지리 영역의 인구 사례 모두에서 현재의 지평확대법과는 다른 결과들이 도출되었다. 즉 강과 인구에 대한 학생들의 관심과 흥미는 지평확대법에 근거한 공간 계열과는 아무런 관련이 없거나 세계스케일을 가장 선호하는 전혀 다른 형태로 나타났다. 이는 단순한 스케일 선호도 조사에서부터 텍스트 형태에서의 선호도 조사까지 경험적 연구에서 일관된 결과를 나타냈기 때문에 탈지평확대로의 인식 전환은 가능성이 상당 부분 있는 것으로 판단된다.

다만 본 연구를 진행함에 있어 몇 가지 논의 사항들이 제기되는데 이에 대한 내용들을 후속 연구의 방향과 관련지어 제언하면 다음과 같다.

첫째, 세 차례에 걸친 설문 조사가 중요한 연구 과정으로 설정되어 있는데 이 과정에서 설문지나 텍스트의 치밀함이 다소 떨어진 것으로 보인다. 강과 인구에 따라 지도를 재구성하는 과정에서 과연 스케일에 따른 내용의 차이를 지도상에 잘 표현했는가 하는 부분이다. 특히 인구의 경우 스케일의 차이를 시각적으로 분명하게 나타내지 못한 측면이 있다. 따라서 다른 주제를 통한 후속 연구에서는 지도화의 문제를 신중히 고려해야 할 것이다. 또한 인구와 같이 인문 영역 주제들의 경우 스케일에 따른 지도화가 큰 의미가 없다면, 스케일에 따른 학습내용의 차이나 질문 내용의 차이 등을 통해 보다 정교하게 실문지를 구성해야 할 것이다.

둘째, 스케일에 대한 선호도 조사를 통해 세계를 중심으로 초등 지리 영역의 내용이 구성될 수 있음을 확인했다. 그러나 향후 수업 및 학습 효과에 대한 검증을 통해 좀 더 구체적으로 실현 가능성을 살펴보아야 할 것이다. 본 연구의 목적이 지평확대법에 대한 비판을 통해 탈지평확대로의 가능성을 모색하는 것이었다 하더라도 실현 가능성의 측면에서 학습 효과에 대한 검증도 고려되었어야 할 것으로 여겨진다. 다만 수업 및 학습 효과에 대한 검증은 많은 변수가 존재하므로 본 연구의 목적과는 어떤 측면에서 다른 연구 주제임과 동시에, 치밀하고 정교한 계획이 선행되어야 할 부분이다.

셋째, 지평확대법에 대한 비판을 통해 탈지평확대로의 가능성을 모색하는 일은 초등학교만의 문제로 한정되어서는 안 될 것이다. 즉 전체적인 학교급간의 문제와 관련하여 중학교와의 연계성을 고려한 후속 연구가 이어져야 할 것이다. 탈지평확대의 관점에서 초등학교에서는 세계에 대한 내용을 중심으로 또는 보다 확대해야 한다는 것이 본 연구에서 주장하는 바이다. 따라서 국가와 고장에 대한 내용들은 어떻게 다룰 것인가, 그리고 세계에 대한 세부적인 내용들은 어떻게 다시 다룰 것인가 하는 등의 문제가 발생한다. 그러므로 중학교와의 연계 연구를 통해 탈지평확대의 관점이 전체적으로 일관성 있게 추진될 수 있는지를 살펴보아야 할 것이다.

넷째, 강과 인구의 결과만을 두고 자연 지리 영역과 인문 지리 영역을 대표하는 연구 결과라 하기에는 다소 무리가 있다. 기후와 같은 자연 지리 영역의 다른 주제, 도시와 같은 인문 지리 영역의 다른 주제 등을 통해 탈지평확대로의 가능성을 보다 일반화할 수 있도록 후속 연구가 이어져야 할 것이다. 그리고 탈지평확대에 근거한 내용 구성이 초등 지리 교육에 실질적으로 적용되기 위해서는 강과 인구에 대한 선호도 이외에 내용 영역 선정과 조직에 관련된 세부적인 후속 연구가 뒷받침되어야 할 것이다. 본 연구에서 이에 대한 조사 결과를 일정 부분 언급했지만 내용 구성에 관한 일반적인 논의로 보기 어렵고, 뚜렷하고 특징적인 학생들의 응답 결과를 바탕으로 기술되지도 못했다. 따라서 탈지평확대의 관점에 근거한 스케일, 스케일에 근거한 지식, 흥미, 경험 및 생활 등과 관련지어 내용 구성에 대한 치밀한 연구가 이어져야 할 것이다.

참고문헌

단행본

강경원 외, 2001, 『초등지리교육론』, 학문사.

강선주 외, 2006, 『사회과교육 I 강의노트』, 도서출판 엘리트.

강순원, 유네스코 아시아 태평양 국제이해교육원 옮김, 2003, 『세계화 시대의 국제이해교육』, 한울아카데미.

교육인적자원부, 2002, 초등학교 3 - 1 교과서.

교육인적자원부, 2002, 초등학교 4 - 1 교과서.

교육인적자원부, 2002, 초등학교 5 - 1 교과서.

교육인적자원부, 2002, 초등학교 6 - 2 교과서.

교육인적자원부, 2002, 초등학교 3 - 1 교사용 지도서.

교육인적자원부, 2002, 초등학교 4 - 1 교사용 지도서.

교육인적자원부, 2002, 초등학교 5 - 1 교사용 지도서.

교육인적자원부, 2002, 초등학교 6 - 2 교사용 지도서.

권정화, 2005, 『지리사상사 강의노트』, 한울아카데미.

김위자, 2000, 『Montessori 어린이 지리 · 역사교육』, 양서원.

김재복 외 편저, 1999, 『제7차 초등학교 교육과정해설』, 교육과학사.

김재인, 2006, 『세상에 단 하나뿐인 지도』, 디딤돌.

김태훈 · 전경식, 2004, 『지리지식 101가지』, 좋은벗

남상준, 1999, 『지리교육의 탐구』, 서울: 교육과학사.

류재명, 1999, 『지리교육철학강의』, 한울아카데미.

류재명, 2006, 『종이 한 장의 마법 지도』, 길벗어린이.

마거릿 보든, 1999, 『피아제』, 시공사.

마르틴느 발르로·자클린 드 부르고잉·장폴 뒤프레 지음, 이정민 옮김, 2006, 『대단한 세계지리』, 주니어 화니북스.

박삼옥 외, 2004, 『지식정보사회의 지리학 탐색』, 한울아카데미.

박상준, 2005, 『사회과교육의 이론과 실제』, 교육과학사.

박선미, 2005, 『한국의 지리교육과정론』, 민음사.

백순근, 2005, 『학위논문 작성을 위한 교육연구 및 통계분석』, 교육과학사.

서태열, 2005, 『지리교육학의 이해』, 한울아카데미.

세계박학클럽 지음, 윤명현 옮김, 2005, 『선생님도 모르는 지리이야기』, 글담.

송언근, 2003, 『존재론적 구성주의와 지리 교육』, 교육과학사.

이경한, 2004, 『사회과 지리 수업과 평가』, 교육과학사.

이종일, 2001, 『과정중심 사회과교육』, 교육과학사.

이환기, 2004, 『헤르바르트의 교수이론』, 성경재.

이홍우, 2006, 『지식의 구조와 교과』, 교육과학사.

이홍우, 2006, 『교육과정이론』, 교육과학사.

장상호, 1986, 『학습의 인간화』, 교육과학사.

장상호, 1991, 『발생적 인식론과 교육』, 교육과학사.

장상호, 1994, 『인격적 지식의 확장』, 교육과학사.

존스톤·그레고리·스미스 엮음, 한국지리연구회 옮김, 1992, 『현대인문지리학사전』, 한울아카데미.

차경수, 2000, 『21세기 사회과 교육과정과 지도법』, 학문사.

편집부 엮음, 2004, 『초등학생이 처음 만나는 한국지리 세계지리』, 두산동아.

安藤輝次, 1992, 『同心円的擴大論の成立と批判的展開—アメリカ小學校社會科カリキュラム構成原理の研究』, 風間書房.

Allen, R. F. & Massialas, B., 1996, *Critical Issues in Teaching Social Studies K-12, Belmont,* Calif.: Wadsworth.

Bronfenbrenner, U., 1979, 이영 역, 1992, 『인간발달 생태학』, 교육과학사.

Bruner, J. S., 이홍우 역, 『브루너 교육의 과정』, 배영사.

Chapin, J. & Messick, R.G., 1996, *Elementary Social Studies A Practical Guide*, Longman.

Dewey, J., 1902, *The Child and the Curriculum and The School and Society*, Phoenix Books, The University of Chicago Press.

Douglass, 1967, *Social Studies From theory to practice in elementary Education*, Lippincott, pp. 68 – 101.

Gerber, R., 2003, *International Handbook on Geographical Education*, Kluwer Academic Publishers.

Gersmehl, P., 2005, *Teaching Geography*, THE GUILFORD PRESS.

Hanna, P., & Hoyt, G. A., 1948, *Hello, David*, Scott, Foresman and Company.

Hanna, P., & Hoyt, G. A., 1948, *Peter's Family*, Scott, Foresman and Company.

Hanna, P., & Hoyt, G. A., 1948, *Someday Soon*, Scott, Foresman and Company.

Hanna, P., & Hoyt, G. A., 1948, *New Centerville*, Scott, Foresman and Company.

Hanna, P. & Clyde, F. K., 1950, *Cross – Country*, Scott, Foresman and Company.

Hanna, P., & Hoyt, G. A., 1951, *Tom and Susan*, Scott, Foresman and Company.

Hanna, P., & Hoyt, G. A., 1956, *Between Two Worlds*, Scott, Foresman and Company.

Hanna, P., & Hoyt, G. A., 1957, *At School*, Scott, Foresman and Company.

Hanna, P., & Hoyt, G. A., 1958, *In the Neighborhood*, Scott, Foresman and Company.

Hanna, P., & Hoyt, G. A. & Clyde, F. K., 1959, *In City, Town, and Country*, Scott, Foresman and Company.

Hanna, P. & Jacks, J., 1964, *Beyond the Americas*, Scott, Foresman and

Company.

Lewisville ISD Curriculum, 1998, *First Grade Elementary Social Studies*.

L. S. Vygotsky, M. Cole 외 엮음, 조희숙 외 3인 옮김, 2000, 『비고츠키의 사회 속의 정신』, 양서원.

Maxim, G. W., 최용규 외 공역, 2004, 『살아있는 사회과교육』, 학지사.

McMurry, C., 1920, *Excursions and lessons in home Geography(Rev.ed.)*, New York: Macmillan.

McMurry, C., 1922, *Special Method in Geography*, The Macmillan Company.

R. J. Johnston, Derek Gregory, Geraldine Pratt and Michael Watts, 2000, *The Dictionary of Human Geography Fourth Edition*, Blackwell Publishers Inc.

Shaffer, D. R., 2002, 송길연 외 3인 역, 2005, 『발달심리학』, 시그마프레스.

Sheppard, E., & McMaster, R. B., 2004, *Scale Geographic Inquiry*, Blackwell Publishing, pp.25 – 26.

Stanley P. W., 윤덕중·최병모 옮김, 1998, 『사회과교육과 사회과학』, 교육과학사.

Van Cleaf, D. W., 남경희 외 공역, 2001, 『사회과 교수·학습론』, 교육과학사.

Welton, D. A. & Mallan, J. T., (1996). *Children and their world*. Chicago: Rand McNally.

논문

강경원, 2001, 「지리 교과의 통합교육적 접근방안: 초등 사회과 학습 내용 조직을 중심으로」, 한국지역지리학회지, 7권 1호, pp.51 – 66.

강창숙·김일기, 2001, 「지리개념의 발달과 학습에 대한 인지심리학적인 고찰」, 대한지리학회지, 36권 2호, pp.161 – 176.

고진호, 1998, 「한국교육에 있어서 탈 교과서주의적 경향성 분석」, 교육과정연구, Vol.16, No.1, pp.245 – 276.

권오정, 2002, 「국제화: 왜 사회과가 달라져야 하는가?」, 사회과교육.

권정화, 1997, 「지역인식논리와 지역지리 교육의 내용 구성에 관한 연구」, 서울대학교 대학원 박사학위논문.

권정화, 1997, 「지구화 시대의 국제이해 교육: 초등 사회과 교육에서의 지리적 상상력의 의의」, 지리교육논집, 37, pp.1 – 12.

김애경, 1997, 「Vygotsky의 인지발달이론에 관한 고찰과 그 교육적 함의」, 학생지도연구, 18호, pp.1 – 11.

김억환, 1996, 「신 비고츠키 인지발달 이론모형」, 교육논총, Vol.27., pp.31 – 44.

김영국 외 5인, 「학교수학의 각 영역에 대한 선호도 연구」, 한국수학교육학회지, 제39권 2호, pp.127 – 144.

김영석, 1994, 「주변학습을 통한 세계학습의 가능성 탐색」, 사회과교육, 제27호.

김영석, 1997, 「환경확대법 존속의 교수론적 근거」, 사회과학교육연구, 제2호, 한국교원대학교 사회과학교육연구소, pp.55 – 79.

김영석, 1998, 「미국 초등 사회과 시퀀스 복합구조의 변천과정」, 한국교원대학교 박사학위논문.

김재일, 1997, 「초등학교 학생들의 세계 image에 대한 연구」, 대구교육대학교 졸업논문.

김재일, 2001, 「초등학교 아동들의 공간인지에 관한 질적 연구」, 대구교육대학교 석사학위논문.

김재일, 2005, 「초등학생들의 사회과 학습내용 선호도에 관한 연구」, 사회과교육, 44(3), pp.173 – 194.

남상준, 2002, 「초·중등 지리교육과정 개발과정의 평가」, 한국지리환경교육학회지, 제10권 제1호, pp.1 – 11.

남상준, 2004, 「지리교육 내용의 구성 원리」, 지리과교육, 제6호, 한국교원대학교 지리교육과.

남상준, 2006, 「새 초등 사회과 교육과정의 개정」, 한국사회과교육연구학회 2006년도 연차학술대회 자료집, pp.3 – 19.

남호엽, 2002, 「초등학교 지리교육과정의 쟁점과 대안의 모색」, 한국지리환경교육학회지, 제10권 제1호, pp.53 – 64.

류재명, 1998, 「학습대상지역의 스케일을 고려한 지리교육내용의 과정별

분화방안」, 한국지리환경교육학회 추계학술발표회논문집, pp.1 - 15.

류재명, 1998, 「지리교육내용의 계열적 조직방안에 대한 연구」, 지리 · 환경교육, 6(2), 1 - 18.

류재명, 2002, 「한국 지리교육과정의 개선 방향 설정에 관한 연구」, 한국지리환경교육학회지, 제10권 제1호, pp.27 - 40.

류재명, 2003, 「지리포럼: 지리교육이 나갈 방향과 앞으로의 과제」, 대한지리학회보, 대한지리학회, 제78호, pp.1 - 3.

민윤, 1999, 「사회과 역사와 지리 내용의 간학문적인 통합 방안」, 사회과교육연구, 6호.

박선미, 2001, 「한 · 미 지리교육의 내용과 조직 비교」, 대한지리학회지, 36(2), pp.191 - 210.

박승규, 2002, 「초등학교 사회 교과서 지리 영역 내용분석」, 사회과교육연구, 9호.

박승규, 2004, 「어린이 지리학의 초등 지리교육적 의미」, 한국지리환경교육학회지, 제12권 제1호, pp.1 - 14.

서태열, 1993, 「지리교육과정의 내용 구성에 대한 연구」, 서울대학교 대학원 박사학위논문.

서태열, 2003, 「지리포럼: 지평확대 역전 모형에 대한 옹호」, 대한지리학회보, 대한지리학회, 제79호, pp.1 - 3.

송언근, 2001, 「지역 중심의 주제를 통한 통합 지리교육의 구성원리」, 대한지리학회지, 제36권 제2호, 141 - 160.

송언근, 2002, 「자실적 지리 교육을 위한 교육 과정 구성의 논리적 토대」, 한국지리환경교육학회지, 제10권 제1호, pp.41 - 51.

송언근, 김재일, 2002, 「초등학생들의 세계에 대한 인지 특성과 세계지리 교육과정 구성의 전제」, 한국지역지리학회지, 8(3), pp.364 - 379.

송종헌, 1997, 「초등사회과 지리영역과 기본 개념」, 인천교육대학교 교육논집, 제14권 1호, pp.311 - 334.

심승희, 2004, 「초등 사회과에서의 지역화학습을 둘러싼 기존 논의들의 재검토」, 초등사회과교육, 16(1), pp.83 - 102.

심우엽, 2003, 「Vygotsky의 이론과 교육」, 춘천교육대학교 초등교육연구, Vol.16 No.1, pp.1 - 15.

예경희, 2003, 「동심원 구조 중심의 모형을 이용한 지리교육과정 계획」, 청대학술논집, Vol.1, No.1, pp.365 - 401.

예경희, 2004, 「미국의 신사회과 교육과정의 등장과 지리교육의 변화」, 청대학술논집, Vol.2, No.1, pp.451 - 480.

우종현·박순호, 2002, 「사회과 지리 영역 교육과정 구성의 문제점과 그 대안적 접근」, 대구교육대학교 초등교육연구논총, 제18권 2호, pp.41 - 63.

이양우, 1985, 「초등학교 사회과 교과서 지리 내용의 비교 분석 - 63년도, 73년도, 82년도, 3학년~6학년의 교과서를 중심으로 - 」, 지리학연구, 10, pp.913 - 950.

이기봉, 2005, 「지역과 공간 그리고 장소」, 문화역사지리, 제17권 제1호, pp.137.

이영희·남상준, 2005, 「탄력적 환경확대법에 따른 사회과 교육과정 재구성」, 초등사회과교육, 제17집 제1호, pp.143 - 168.

이우평, 1998, 「지리교과의 환경교육내용에 대한 학생의 학습수요에 관한 연구 - 고등학교 『한국지리·세계지리』 '환경단원'을 중심으로 - 」, 지리·환경교육, 제6권 제2호, pp.37 - 50.

이종일, 1997, 「초등학교 사회과 교재의 간학문적 단원구성에 대한 검토 - 제6차 교육과정을 중심으로 - 」, 대구교육대학교 초등교육연구논총 제10집, pp.67 - 101.

이혁규, 1998, 「미국 초등 사회과 교과서의 구성체계와 내용분석」, 시민교육연구, 제27집, pp.99 - 124.

이희용, 2002, 「지리교육 현장 Forum: 학생 중심의 교수 과정 인성을 위한 제안」, 한국지리환경교육학회지, 제10권 제1호, pp.77 - 85.

임지애, 2004, 「초등 사회과에서 세계지리 교육의 개선방안」, 한국교원대학교 석사학위논문.

장세영, 2006, 「Paul Hanna의 사회과 교육과정이론과 교과서 분석」, 서울교육대학교 석사학위논문.

장은미, 2004, 「지리교육 소프트웨어개발에 대한 요구사항분석과 논의」, 지리학연구, 제38권 2호, pp.79 - 97.

최재헌, 1996, 「세계화와 지방화: 그 지리적 의미」, 지리교육논집, 36, pp.126 - 133.

홍순옥, 강성빈, 1999, 「부산과 광주의 초등학교 4학년 지역생활 교과서 '사회과 탐구'의 내용, 성취도, 흥미도, 요구도 분석 및 비교」, 교육과정평가연구, 창간호, pp.63 - 94.

황홍섭 · 우종현, 2001, 「초등 사회과 지리영역 내용 선정 및 조직 방안」, 초등교육연구, Vol.16, pp.93 - 120.

Akenson, J., 1987, Historical Factors in the Development of Elementary Social Studies: Focus on the Expanding Environments, *Theory and Research in Social Education,* Vol.15, No.3, pp.155 - 171.

Akenson, J., 1989, The Expanding Environments and Elementary Education: A Critical Perspective, *Theory and Research in Social Education,* Vol.17, No.1, pp.33 - 52.

Akenson, J. & LeRiche, L., 1997, The Type Study and Charles A. Mcmurry: Structure in Early Elementary Social Studies, *Theory and Research in Social Education,* Vol.25, No.1, pp.34 - 53.

Allen, R. F., 1994, What should we teach in social studies and why?, in B. G. Massialas, *Critical issues in Teaching Social Studies,* Wadsworth.

Anderson, K. C., 2003, Explaining Scale in Geography: an investigation of disciplinary and pedagogical expertise, University of Pittsburgh Dissertation.

Bruce F. & Samuel A., 2003, Expanding Environments, Constructivism, and Content Knowledge in Social Studies, Where Did Social Studies Go Wrong?, *Foundation, Washington, D. C.,* pp.111 - 123.

Catling, S., 2005, Children's Personal Geographies and the English Primary School Geography Curriculum, *Children's Geographies,* Vol.3, No.3, pp.325 - 344.

Ediger, M., 1990, Scope and Sequence in the Curriculum, *Education,* 117(1), pp.58 - 60.

Ediger, M., 2005, Themes to Emphasize in the Geography Curriculum, *Journal of Instructional Psychology,* Vol.32 Issue 2, pp.160 - 163.

Egan, K., 1980, John Dewey and the Social Studies Curriculum, *Theory and Research in Social Education,* Vol.8, No.2, pp.37 – 55.

Hanna, P., 1963, Revising the Social Studies: What Is Needed?, *Social Education*, Vol.27, April, pp.190 – 196.

Hume, S. & Boehm, R., 2001, A Rationale and Model for a Scope and Sequence in Geographic Education, Grades K – 12, *Social Studies*, Vol.92 Issue 1, pp.16 – 21.

Jane B. P., 1986, Paul R. Hanna's Scope and Sequence, *Social Education*, 50(7), p.542.

Kaltsounis, T., 1964, A Modification of the 'Expanding Environment' Approach, *Social Education*, March.

Kniep, W., 1986, Social Studies Within A Global Education, *Social Education*, 50(7), pp.536 – 542.

Larkins, A. G., Hawkins, M. L., and Gilmore, A., 1987, Trivial and noninformative content of elementary social studies: A Review of Primary Texts in Four States, *Theory and Research in Social Education*, Vol.15, No.4, pp.299 – 311.

LeRiche, L., 1974, The Widening Horizons Concept In Elementary Social Studies Education, 1903 – 1965, Washington University Dissertation.

LeRiche, L., 1987, The Expanding Environments Sequence in Elementary Social Studies: The Origins, *Theory and Research in Social Education*, Vol.15, No.3, pp.137 – 154.

LeRiche, L., 1988, The expanding horizons sequence in primary social studies: A brief history in Australia, *Forum of Education* 4/(1), pp.36 – 54.

LeRiche, L., 1992, The Political Socialization of Children in the Expanding Environments Sequence, *Theory and Research in Social Education*, Vol.20, No.2, pp.126 – 140.

McAulay, D., 1961, Interests of Elementary School Children, *Social Education*, Vol.25, December, pp.407 – 409

McAulay, D., 1962, Social Studies Interests of the Primary – Grade Child,

Social Education, Vol.26, April, pp.199 — 201.

McAulay, D., 1962, Social Studies Interests of the Intermediate — Grade Child, *Social Education*, Vol.26, May, pp.247 — 248.

McAulay, D., 1964, Children's reactions to November 22, 1963, *Pennsylvania School Journal*, 113(3), pp.108 — 121.

McAulay, D., 1967, Elementary social studies curriculum fails child and neglects subject, *Pennsylvania School Journal*, 115(6), pp.292 — 293.

Murry N., 1986, The Voice of Harold Rugg, *Social Education*, 50(7), p.489.

Parker, W., 1984, Globalizing the Social Studies Curriculum, *Educational Leadership*, Vol.42 Issue 2, p.92.

Ponder, G., 1983, Getting Real: Suggestions for Revising the Social Studies Curriculum, *Educational Leadership*, Vol.40, Issue 4, pp.56 — 61.

Preston, R., 1965, Familiarity and Contrast as Curriculum Principles, *Social Education*, Vol.29, p.491.

Ravitch, D., 1987, Tot sociology or what happened to history in the grade schools, *American Scholar*, Vol.56, Issue 3, pp.343 — 354.

Rosemary B. & Lawrence S. & Sheryll P., 1999, The Organic Social Studies Curriculum and the 1994 NCSS Standards: A Model for Linking the Community and the World, *The Social Studies*, Vol.90, Issue 2, pp.63 — 67.

Schwartz, S., 2002, Finding the Expanding Environments Curriculum in America's First Primary Schools, *The Social Studies*. Vol.93, No.2.

Smith R. & Cardinell, C., 1964, Challenging the expanding environment theory, *Social Education*, 28, pp.141 — 143.

Stallones, J., 2004, Paul Hanna and 'Expanding Communities', *International Journal of Social Education*, Vol.18, No.2, pp.33 — 46.

Stoltman, J., 2002, A Scope and Sequence for Geographical Education Based on the National Content Standards in the United States, *International Research in Geographical Environmental Education*, 11(3), pp.292 — 294.

Sumrall, W. & Schillinger, D., 2004, A Student — Directed Model for

Designing a Science/Social Studies Curriculum, *The Social Studies*, Vol.95, Issue 1, pp.5 − 10.

Wade, R., 2002, Beyond Expanding Horizons: New Curriculum Directions for Elementary Social Studies, *The Elementary School Journal*, Vol.103, No.2.

Wridt, P., 2004, Childhoods in Place and Placeness Childhoods: An Historical Geography of Young People in Yorkville and East Harlem, 1940 − 2000, The City University of New York Dissertation.

부록 1. 1차 설문지 Ⅰ

여러분! 안녕하세요? 저는 현재 서울대 사범대학 지리교육과에서 논문을 준비하고 있는 학생입니다. 본 설문은 다음의 질문에 대해 여러분들이 어떻게 느끼고, 생각하는지를 알아보기 위한 것입니다. 어떤 문항에 대해서도 정답이나 바람직한 대답이 있는 것이 아닙니다. 그러므로 솔직하게 자신의 생각이 해당되는 곳에 동그라미 표시(O)를 해 주세요. 이 설문지는 연구 이외의 목적으로는 사용되지 않을 것입니다.

(　)초등학교 (　)학년 (　)반 이름(　) 성별(남, 여)

1. 흐르는 강의 길이, 강의 오염상태, 강의 위치 등에 대해 알고 싶습니다. 다음 중 어느 곳의 강에 대해 가장 알고 싶나요? (　)
   ① 집 주위나 우리 고장의 강 ② 우리나라 여러 곳의 강
   ③ 세계 여러 곳의 강

2. 인구가 많은 곳과 적은 곳이 궁금합니다. 어느 곳의 인구에 대해 가장 알고 싶나요? (　)
   ① 우리 고장의 인구　　　② 우리나라의 인구
   ③ 세계 여러 나라의 인구

3. 사람들이 많이 붐비는 중심지가 어디인지 가장 알고 싶은 곳은 어디입니까? (　)
   ① 우리 고장의 중심지　　② 우리나라의 중심지
   ③ 세계 여러 나라의 중심지

4. 어떤 장소의 주위에 무엇이 있는지 가장 궁금한 곳은 어디입니까?

( )

① 우리 고장의 주위   ② 우리나라의 주위

③ 세계 여러 나라의 주위

5. 가장 구경하고 싶은 고속도로나 시내도로는 어디에 있는 도로입니까?

( )

① 우리 고장의 도로   ② 우리나라의 도로

③ 세계 여러 나라의 도로

6. 가장 구경하고 싶은 국립공원은 어디입니까? ( )

① 우리 고장의 국립공원   ② 우리나라의 국립공원

③ 세계 여러 나라의 국립공원

7. 얼마나 춥고 더운지, 얼마나 비와 눈이 많이 오는지 알고 싶습니다. 다음 중 가장 알고 싶은 곳은 어디입니까? ( )

① 우리고장이 기온과 강수량

② 우리나라의 기온과 강수량

③ 다른 나라의 기온과 강수량

8. 사람이 얼마나 오래 사는지, 나이가 얼마인지 가장 궁금한 곳은 어디입니까? ( )

① 우리 고장 사람들의 나이

② 우리나라 사람들의 나이

③ 다른 나라 사람들의 나이

9. 얼마나 많은 사람들이 태어나고 죽는지 가장 궁금한 곳은 어디입
   니까? (   )

   ① 우리고장의 출생률과 사망률

   ② 우리나라의 출생률과 사망률

   ③ 다른 나라의 출생률과 사망률

10. 사람이 얼마나 많이 들어오고 나가는지 알고 싶은 곳은 어디입니까?

   (   )

   ① 우리 고장의 인구이동

   ② 우리나라의 인구이동

   ③ 세계 여러 나라의 인구이동

부록 2. 1차 설문지 Ⅱ

여러분! 안녕하세요? 저는 현재 서울대 사범대학 지리교육과에서 논문을 준비하고 있는 학생입니다. 본 설문은 다음의 질문에 대해 여러분들이 어떻게 느끼고, 생각하는지를 알아보기 위한 것입니다. 어떤 문항에 대해서도 정답이나 바람직한 대답이 있는 것이 아닙니다. 그러므로 솔직하게 자신의 생각이 해당되는 곳에 동그라미 표시(O)를 해 주세요. 이 설문지는 연구 이외의 목적으로는 사용되지 않을 것입니다.

(   )초등학교 ( )학년 ( )반 이름(   ) 성별(남, 여)

1. 인구가 왜 늘어나고 줄어드는지 가장 알고 싶은 곳은 어디입니까?

(   )

   ① 우리 고장의 인구 증가와 감소 이유

   ② 우리나라의 인구 증가와 감소 이유

   ③ 다른 나라의 인구 증가와 감소 이유

2. 도시와 촌락이 어디인지 지도에서 찾아보려고 합니다. 가장 찾고 싶은 곳은 어디입니까? (   )

   ① 우리 고장의 도시와 촌락 ② 우리나라의 도시와 촌락

   ③ 다른 나라의 도시와 촌락

3. 여러 곳에서 도시문제가 발생합니다. 어느 곳의 도시문제에 대해 가장 알고 싶나요? (   )

   ① 우리 고장의 도시문제 ② 우리나라의 도시문제

   ③ 다른 나라의 도시문제

4. 어떤 장소에 얼마나 많은 사람이 사는지 궁금합니다. 가장 궁금한 곳은 어디입니까? (　　)

① 우리 고장의 인구밀도　　② 우리나라의 인구밀도

③ 다른 나라의 인구밀도

5. 지도에서 어떤 곳의 위치를 찾아보고 싶습니다. 가장 찾아보고 싶은 곳은 어디입니까? (　　)

① 우리 고장의 위치　　　② 우리나라의 위치

③ 다른 나라의 위치

6. 어떤 곳의 땅의 크기가 궁금합니다. 가장 궁금한 곳은 어디입니까?

(　　)

① 우리 고장의 땅의 크기　　② 우리나라의 땅의 크기

③ 다른 나라의 땅의 크기

7. 어떤 곳에서 생산되는 특산물을 보고 싶습니다. 어떤 곳의 특산물을 가장 보고 싶나요? (　　)

① 우리 고장에서 생산되는 특산물

② 우리나라에서 생산되는 특산물

③ 다른 나라에서 생산되는 특산물

8. 사람이 많이 모여 사는 곳과 적게 모여 사는 곳이 궁금합니다. 가장 궁금한 곳은? (　　)

① 우리 고장에서 인구밀도가 높은 곳과 낮은 곳

② 우리나라에서 인구밀도가 높은 곳과 낮은 곳

③ 다른 나라에서 인구밀도가 높은 곳과 낮은 곳

9. 수출 상품과 수입 상품에 대해 궁금합니다. 어떤 곳의 상품이 가장
   궁금한가요? (   )

   ① 우리 고장의 수출 수입 상품

   ② 우리나라의 수출 수입 상품

   ③ 다른 나라의 수출 수입 상품

10. 지하자원이 많이 생산되는 곳이 궁금합니다. 어떤 곳이 가장 궁
    금한가요? (   )

    ① 우리고장에서 생산되는 지하자원

    ② 우리나라에서 생산되는 지하자원

    ③ 다른 나라에서 생산되는 지하자원

부록 3. 2차 설문지 (강, A형)

지도를 보며 공부할 내용

* 세계에서 가장 긴 강은?
* 세계에서 동서 방향으로 흐르는 강은?
* 세계에서 남북 방향으로 흐르는 강은?
* 세계의 강 주변에 발달한 도시는?
* 세계의 큰 강이 위치하고 있는 나라는?
* 여러 나라를 지나면서 흐르는 강은?
* 대륙별로 흐르는 강의 이름은?
* 세계에서 자연재해가 많이 발생하는 강은?
* 태평양으로 흘러나가는 강은?
* 대서양으로 흘러나가는 강은?
* 인도양으로 흘러나가는 강은?
* 위에 표시된 강 이외에 다른 강은 무엇이 있는가?

우리나라의 강

대구광역시의 강

지도를 보며 공부할 내용

* 우리나라에서 가장 긴 강은?
* 우리나라에서 동서 방향으로 흐르는 강은?
* 우리나라에서 남북 방향으로 흐르는 강은?
* 우리나라에서 동해로 흘러나가는 강은?
* 우리나라에서 서해로 흘러나가는 강은?
* 우리나라에서 남해로 흘러나가는 강은?
* 우리나라의 강은 왜 주로 서해와 남해로 흐르는가?
* 여러 시·도 지역을 지나면서 흐르는 강은?
* 우리나라에서 댐이 가장 많은 강은?
* 우리나라의 강 주변에 발달한 도시는?
* 우리나라의 강 주변에 발달한 평야는?
* 우리나라의 강 주변에 유명한 관광지는?
* 위에 표시된 강 이외에 다른 강은 무엇이 있는가?

지도를 보며 공부할 내용

* 우리 고장을 흐르는 강에 있는 다리의 개수는?
* 우리 고장을 흐르는 강에 있는 다리의 위치는?
* 우리 고장에서 강물이 흐르지 않는 곳은?
* 우리 고장을 흐르는 강물의 오염 정도는?
* 우리 고장 사람들은 강물을 어떻게 이용하는가?
* 우리 고장을 흐르는 강의 시작과 끝은 어디일까?
* 자연재해로 인해 피해를 입는 곳은 어디일까?
* 우리 고장의 강은 어느 고장과 경계를 이루는가?
* 우리 고장의 강은 어느 방향으로 흐르는가?
* 우리 고장을 흐르는 강 주위의 모습은 어떠한가?
* 강의 개발로 인해 사람들 간의 다툼은 무엇인가?
* 우리 고장은 강 주위를 어떻게 개발하고 있는가?
* 위에 표시된 강 이외에 다른 강은 무엇이 있는가?

( )초등학교 ( )학년 이름 ( ) 성별(남, 여)

앞에서 본 지도는 세계 여러 나라, 우리나라, 그리고 우리 고장을 흐르는 강을 나타낸 것입니다. 또 각 지도를 보며 함께 공부할 내용을 정리했습니다. 이상의 지도와 공부할 내용을 보고, 다음의 질문에 답해 주시기 바랍니다.

1. 강에 대한 3가지 지도와 공부할 내용을 보고, 가장 배우고 싶은 순서대로 번호를 써 보세요.
( ) - ( ) - ( )

2. 강에 대해 위와 같은 순서로 배우고 싶은 이유를 써 보세요.
( )

3. 앞의 지도와 내용을 보고 나서 강에 대해 궁금하거나 더 알고 싶은 것이 있으면 써 보세요.
( )

4. 왜 궁금하거나 더 알고 싶은지 이유를 써 보세요.
( )

부록 4. 2차 설문지 (강, B형)

세계 여러 나라의 강

우리나라의 강

대구광역시의 강

(　　　)초등학교　(　)학년　(　)반　이름(　　　)　성별(남, 여)

* 앞의 지도는 세계, 우리나라, 대구의 강에 대해 나타낸 것입니다. 강
  에 대한 위의 지도를 보고 다음의 질문에 답해 주기 바랍니다.

1. 강에 대한 위의 지도를 보고, 가장 배우고 싶은 순서대로 번호를
   써 보세요.

   (   ) - (   ) - (   )

2. 강에 대해 위와 같은 순서로 배우고 싶은 이유를 써 보세요.

   ----

3. 위의 지도를 보고 나서 강에 대해 궁금하거나 더 알고 싶은 것이
   있으면 써 보세요.

   ----

4. 왜 궁금하거나 더 알고 싶은지 이유를 써 보세요.

부록 5. 2차 설문지 (강, C형)

(   )초등학교   (   )학년   (   )반   이름(   )   성별(남, 여)

1. 우리 고장의 강	2. 우리나라의 강	3. 세계 여러 나라의 강
* 우리 고장에서 가장 긴 강은?	* 우리나라의 강은 왜 주로 서해와 남해로 흐를까요?	* 세계 여러 강의 오염 정도는?
* 우리 고장에서 동서 방향으로 흐르는 강은 어디일까요?	* 여러 시·도 지역을 지나면서 흐르는 강은 어디일까요?	* 세계 여러 나라는 강물을 어떻게 이용할까요?
* 우리 고장에서 남북 방향으로 흐르는 강은 어디일까요?	* 우리나라에서 댐이 가장 많은 강은?	* 자연재해로 인해 피해를 입는 곳은 어디일까요?
* 우리 고장의 강 주변에 발달한 동네는 어디일까요?	* 우리나라에서 강 주변에 발달한 도시는 어디가 있을까요?	* 세계의 여러 강은 어느 나라와 경계를 이룰까요?
* 우리 고장에서 큰 강이 위치하고 있는 동네는 어디일까요?	* 우리나라에서 강 주변에 발달한 평야에는 무엇이 있을까요?	* 강의 개발로 인해 사람들 간의 다툼은 무엇일까요?
* 우리 고장에서 자연재해가 많이 발생하는 강은 어디일까요?	* 우리나라 강 주변에 있는 유명한 관광지는?	* 세계 여러 나라는 강 주위를 어떻게 개발하고 있을까요?

* 위의 표에서 공부할 내용을 보고, 다음의 질문에 대답하기 바랍니다.

1. 강에 대해 위의 공부할 내용들을 보고, 가장 배우고 싶은 순서대로 번호를 써 보세요.

① 우리 고장의 강   ② 우리나라의 강

③ 세계 여러 나라의 강

(   ) - (   ) - (   )

2. 강에 대해 위와 같은 순서로 배우고 싶은 이유를 써 보세요.

_____

3. 위의 공부할 내용들을 보고, 강에 대해 궁금하거나 더 알고 싶은 것이 있으면 써 보세요.

_____

4. 왜 궁금하거나 더 알고 싶은지 이유를 써 보세요.

_____

부록 6. 2차 설문지(인구, A형)

① 세계의 인구

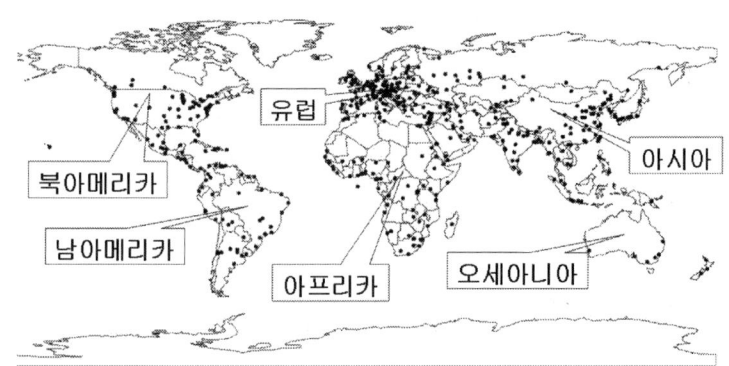

지도를 보며 공부할 내용

* 세계에서 사람들이 많이 사는 곳은 어디일까?
* 사람들이 많이 사는 이유는 무엇일까?

* 세계에서 사람들이 많이 살지 않는 곳은 어디일까?
* 사람들이 많이 살지 않는 이유는 무엇일까?

* 세계 전체의 인구는 몇 명일까?
* 세계는 하루에 몇 명이 태어나고 몇 명이 죽을까?

* 땅은 크지만 사람이 살지 않는 곳은 어디일까?
* 땅은 작지만 사람이 많이 사는 곳은 어디일까?

* 우리나라 사람들이 많이 사는 곳은 어디일까?
* 우리나라보다 사람들이 많이 사는 나라와 적게 사는 나라는 어디일까?

* 세계에서 사람들은 추운 곳에서 많이 살고 있을까? 더운 곳에서 많이 살고 있을까?

* 세계에서 사람들이 가장 많이 사는 나라는?
* 세계에서 사람들이 가장 적게 사는 나라는?

② 우리 나라의 인구

경기도
서울특별시
인천광역시
충청남도
대전광역시
전라북도
광주광역시
강원도
충청북도
경상북도
대구광역시
울산광역시
부산광역시
경상남도
전라남도
제주도

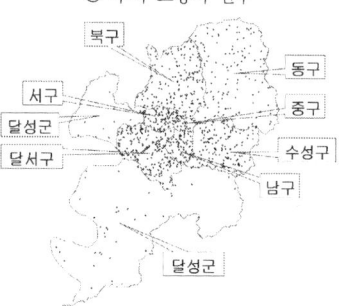

③ 우리 고장의 인구

북구
서구
달성군
달서구
동구
중구
수성구
남구
달성군

지도를 보며 공부할 내용

* 우리나라에서 사람들이 많이 사는 곳은?
* 사람들이 많이 사는 이유는 무엇일까?
* 우리나라에서 사람들이 많이 살지 않는 곳은?
* 사람들이 많이 살지 않는 이유는 무엇일까?
* 우리나라의 전체 인구는 몇 명일까?
* 우리나라는 하루에 몇 명 태어나고 몇 명이 죽을까?
* 땅은 크지만 사람이 별로 살지 않는 곳은?
* 땅은 작지만 사람이 많이 사는 곳은 어디일까?
* 사람들이 많이 사는 곳의 특징은 무엇일까?
* 우리나라는 사람들이 어디에서 어디로 많이 이동할까? 그리고 많이 이동하는 이유는?
* 사람이 많이 사는 곳은 어떤 문제가 있을까?
* 사람이 적게 사는 곳은 어떤 문제가 있을까?
* 사람들이 살고 있는 곳을 보면 우리나라의 중심은 어디일까?

지도를 보며 공부할 내용

* 우리 고장에서 사람들이 많이 사는 곳은?
* 사람들이 많이 사는 이유는?
* 우리 고장에서 사람들이 많이 살지 않는 곳은?
* 사람들이 많이 살지 않는 이유는?
* 우리 고장의 전체 인구는 몇 명일까?
* 우리 고장은 하루에 몇 명 태어나고 몇 명이 죽을까?
* 우리 고장은 사람들이 많이 들어올까? 아니면 다른 고장으로 많이 나갈까?
* 사람들이 우리 고장으로 들어오고 나가는 이유는 무엇일까?
* 사람들이 많이 사는 곳의 특징은?
* 사람들이 많이 사는 곳은 어떤 문제가 있을까?
* 그 문제를 해결하기 위해서는 어떻게 해야 할까?
* 낮에 사람들이 많은 곳은 어디고 왜 그럴까?
* 밤에 사람들이 많은 곳은 어디고 왜 그럴까?

( )초등학교 ( )학년 이름( ) 성별(남, 여)

옆의 지도는 세계 여러 나라, 우리나라, 우리 고장의 인구를 나타낸 것인데 점이 많이 찍힌 곳이 사람들이 많이 사는 곳입니다. 그리고 지도를 보며 공부할 내용도 함께 정리했습니다. 지도와 공부할 내용을 보고, 다음의 질문에 답해 주기 바랍니다.

1. 인구에 대한 3가지 시노의 공부할 내용을 보고, 가장 배우고 싶은 순서대로 번호를 써 보세요.
( ) ( ) - ( )

2. 인구에 대해 위와 같은 순서로 배우고 싶은 이유를 써 보세요.
( )

3. 앞의 시노와 내용을 보고 나서 인구에 대해 궁금하거나 더 알고 싶은 것이 있으면 써 보세요.
( )

4. 왜 궁금하거나 더 알고 싶은지 이유를 써 보세요.
( )

부록 7. 2차 설문지 (인구, B형)

① 세계의 인구

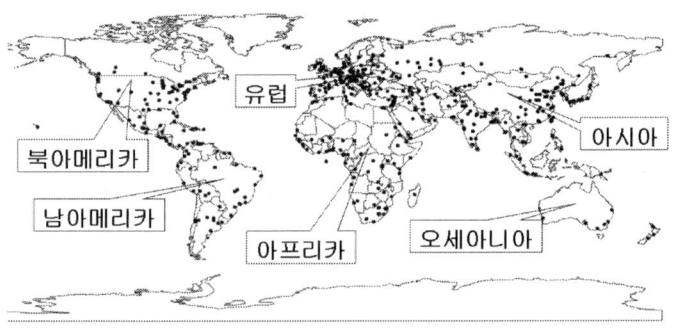

② 우리 나라의 인구

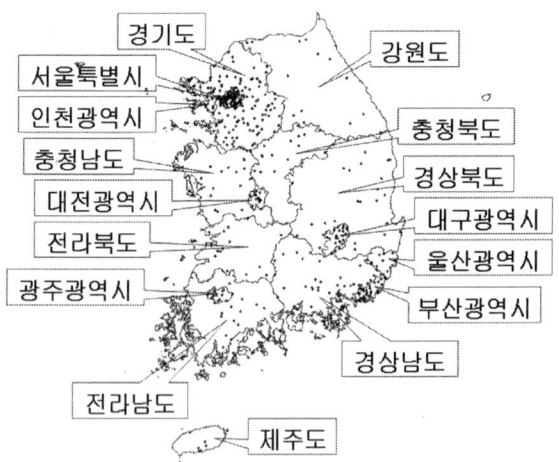

③ 우리 고장의 인구

(   )초등학교 (   )학년 (   )반 이름(   ) 성별(남, 여)

1. 인구에 대한 위의 지도를 보고, 가장 배우고 싶은 순서대로 번호를
   써 보세요.

   (   ) - (   ) - (   )

2. 인구에 대해 위와 같은 순서로 배우고 싶은 이유를 써 보세요.

   _____

3. 위의 지도를 보고 나서 인구에 대해 궁금하거나 더 알고 싶은 것
   이 있으면 써 보세요.

   _____

4. 왜 궁금하거나 더 알고 싶은지 이유를 써 보세요.

   _____

부록 8. 2차 설문지 (인구, C형)

여러분! 안녕하세요? 저는 현재 서울대 사범대학 지리교육과에서 논문을 준비하고 있는 학생입니다. 본 설문은 다음의 질문에 대해 여러분들이 어떻게 느끼고, 생각하는지를 알아보기 위한 것입니다. 어떤 문항에 대해서도 정답이나 바람직한 대답이 있는 것이 아닙니다. 그러므로 솔직하게 자신의 생각이 해당되는 곳에 동그라미 표시(O)를 해 주세요. 이 설문지는 연구 이외의 목적으로는 사용되지 않을 것입니다.

(   )초등학교 (   )학년 (   )반 이름(   ) 성별(남, 여)

1. 우리 고장의 인구	2. 우리나라의 인구	3. 세계 여러 나라의 인구
* 우리 고장에서 사람들이 많이 사는 곳은 어디일까요? * 사람들이 많이 사는 이유는 무엇일까요? * 우리 고장에서 사람들이 많이 살지 않는 곳은 어디일까요? * 사람들이 많이 살지 않는 이유는 무엇일까요? * 고장 전체의 인구는 몇 명일까요? * 고장에서는 하루에 몇 명이 태어나고 몇 명이 죽을까요? * 땅은 크지만 사람이 많이 살지 않는 곳은 어디일까요? * 땅은 작지만 사람이 많이 사는 곳은 어디일까요?	* 우리나라에서 사람들이 많이 사는 곳은 어디고, 이유는 무엇일까요? * 우리나라에서 사람들이 적게 사는 곳은 어디고, 이유는 무엇일까요? * 전체 인구는 몇 명일까요? * 우리나라는 하루에 몇 명이 태어나고 몇 명이 죽을까요? * 땅은 크지만 사람이 별로 살지 않는 곳은 어디일까요? * 땅은 작지만 사람이 많이 사는 곳은 어디일까요? * 어디에서 어디로 사람들이 많이 이동하고, 그 이유는 무엇일까요? * 사람이 많이 사는 곳과 적게 사는 곳은 어떤 문제가 있을까요?	* 세계에서 사람들이 많이 사는 곳은 어디일까요? * 사람들이 많이 사는 이유는 무엇일까요? * 세계에서 사람들이 많이 살지 않는 곳은 어디일까요? * 사람들이 많이 살지 않는 이유는 무엇일까요? * 사람들이 세계 여러 곳으로 들어 오고 나가는 이유는 무엇일까요? * 사람들이 많이 사는 곳의 특징은? * 사람들이 많이 사는 곳은 어떤 문제가 있을까요? * 그 문제를 해결하기 위해서는 어떻게 해야 할까요?

* 위의 표에서 공부할 내용을 보고, 다음의 질문에 대답하기 바랍니다.

1. 인구에 대해 위의 공부할 내용들을 보고, 가장 배우고 싶은 순서대로 번호를 써 보세요.

   ① 우리 고장의 인구   ② 우리나라의 인구

   ③ 세계 여러 나라의 인구

   (　　　) - (　　　) - (　　　)

2. 인구에 대해 위와 같은 순서로 배우고 싶은 이유를 써 보세요.

   ----

3. 위의 공부할 내용들을 보고 나서 인구에 대해 궁금하거나 더 알고 싶은 것이 있으면 써 보세요.

   ----

4. 왜 궁금하거나 더 알고 싶은지 이유를 써 보세요.

부록 9. 3차 설문 텍스트 (강, 세계스케일)

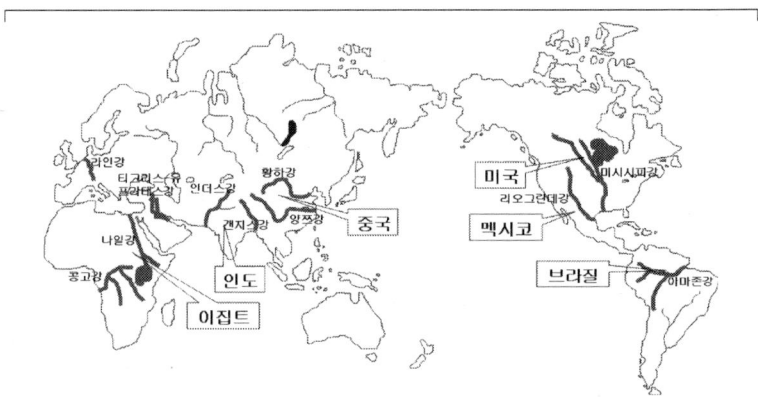

우리가 살고 있는 지구에는 많은 강들이 있어요. 옛날부터 우리는 그 강들 주변에서 모여 살았지요. 그중에 가장 오래전부터 발달한 곳이 4군데 있는데 한번 알아볼까요? 위의 지도에서 나일 강, 티그리스-유프라테스 강, 황하 강, 인더스 강을 찾아보세요. 이 강들 주변에는 옛날부터 많은 사람들이 모여 살았기 때문에 일찍부터 도시가 발달했답니다.

세계에는 위의 강들 외에도 다른 많은 강들이 있어요. 주요 강으로는 아마존 강, 미시시피 강, 라인 강, 양쯔 강 등이 있답니다. 오래전에도 사람들이 강 주변에 모여 살았듯이, 지금도 큰 강들 주변에는 도시들이 발달하여 많은 사람들이 모여 살고 있답니다. 위의 지도에서 볼 수 있는 중국, 인도, 미국, 멕시코, 브라질 등에 있는 주요 도시들이 그렇습니다. 그럼 위의 강들에 대해 조금 더 알아볼까요? 세계에는 신기하면서도 재미있는 강들이 참 많거든요.

먼저 세계에서 가장 긴 강은 어디일까요? 세계에서 가장 긴 강은 이집트에 있는 '나일 강'이에요. 2위가 브라질의 '아마존 강', 3위가 중국의 '양쯔 강', 그리고 4위가 미국에 있는 '미시시피 강'이랍니다. 위의 지도에서 이 강들이 어디에 있는지 찾아보세요. 그런데 여러분! '나일 강'은 도대체 얼마나 길까요? '나일 강'은 약 7시간 정도 비행기를 타야 처음부터 끝까지 갈 수 있다고 해요. 서울에서 부산까지 가는 데도 비행기로 1시간 정도 걸린다고 하니 정말 대단하죠?

그럼 세계에서 가장 넓고 큰 강은 어디일까요? 그건 바로 '아마존 강'이랍니다. 남아메리카 대륙의 거의 반이 '아마존 강'이래요. 우리나라 크기만 한 땅이 70개 정도는 있어야 된다고 하니 얼마나 넓고 큰 강인지 상상할 수 있겠죠? 또 '아마존 강'의 밀림은 매우 넓어서 지구의 공기를 맑게 해 주는 중요한 일을 하고 있어요. 하지만, 사람들이 마구 개발해서 '아마존 강' 주위는 많이 파괴되었다고 합니다. 그래서 텔레비전에 나오는 신기한 동물들과 식물들이 점점 사라지고 있다고 해요. 맑은 공기를 마시며 살아야 하는 우리들도 피해를 입을 수 있겠죠? 그러므로 '아마존 강'이 파괴되지 않도록 우리 모두가 함께 노력해야 할 것입니다.

부록 10. 3차 설문 텍스트 (강, 국가스케일)

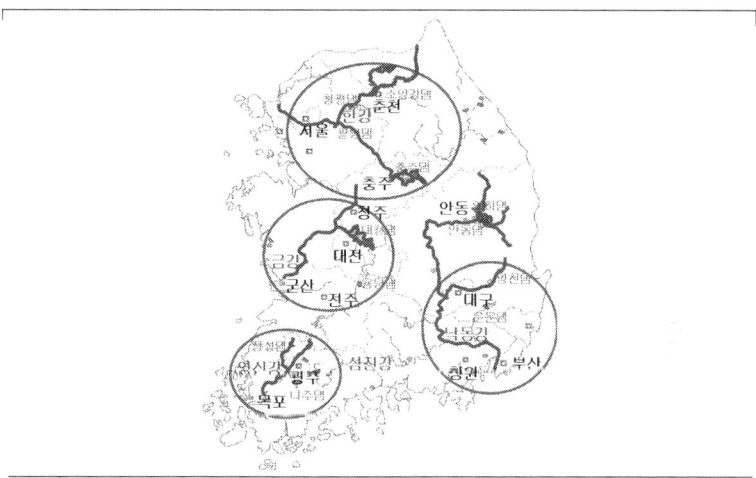

우리나라에는 많은 강들이 있어요. 주요 강들로는 한강, 낙동강, 금강, 영산강 등이 있답니다. 우리 조상들은 옛날부터 이 강들 주변에서 살아왔지요. 물을 구하기 쉬워서 농사짓기가 편리했거든요. 그래서 지금도 이 강들 주변에는 넓은 평야가 발달해 있고 많은 사람들이 모여 살며 큰 도시를 이루고 있답니다. 지도에도 있듯이, 한강 주변에는 서울, 금강 주변에는 대전, 낙동강 주변에는 대구와 부산, 영산강 주변에는 광주와 같은 대도시가 발달해 있어요. 그럼 우리나라의 주요 강들에 대해 좀 더 알아볼까요?

우리나라의 큰 강들은 주로 황해와 남해로 흘러듭니다. 우리나라는 동쪽이 높고 서쪽이 낮기 때문이지요. 한강과 금강은 황해로, 낙동강과 영산강은 남해로 흘러들어요. 지도에서도 여러 강들이 서쪽에 있고 또 서쪽으로 흘러가는 모습을 볼 수 있을 거예요. 그럼 우리나라에서 가장 긴 강은 어디일까요? 그건 바로 '낙동강'이에요. 위의 지도를 보면 '낙동강'은 우리나라 길이의 반 이상이나 될 만큼 아주 긴 강이라는 사실을 알 수 있어요. 다음으로는 서울을 가로질러 흐르는 '한강'입니다. '한강'은 두 번째로 긴 강이지만 대신 가장 크고 넓은 강이랍니다. 그래서 '한강'이 흐르는 서울에는 현재 우리나라에서 가장 많은 사람들이 모여 살고 있어요.

그럼 강은 우리의 생활에 어떤 도움을 주기에 사람들은 강 주변에 모여 사는 것일까요? 강은 우리에게 마실 물, 깨끗이 씻을 물과 같은 생활용수를 공급해 주고, 농사를 짓는 데 필요한 물도 공급해 주며, 공장에서 사용할 물도 제공해 줍니다. 또 강에 댐을 만들면 생활에 필요한 전기도 주고, 홍수가 발생하는 것도 막아 줍니다. 위의 지도에서도 강 주변에 댐이 많이 건설되어 있는 것을 볼 수 있을 거예요. 이런 도움에도 불구하고 우리나라는 지금 물 부족 국가로 선정되어 있다고 합니다. 최근에 가뭄이 심해 물이 부족해졌기 때문이래요. 여러분들은 물을 써서 먹는 게 이상하지 않겠지만 여러분들의 부모님께서는 물을 사 먹게 되리라고는 상상노 못 하셨을 것입니다. 그만큼 물 한 방울 한 방울이 점점 더 소중하게 되는 것이지요. 그러므로 우리 모두는 소중한 물을 항상 아껴 쓰고 깨끗이 보호해야 할 것입니다.

부록 11. 3차 설문 텍스트 (강, 고장스케일)

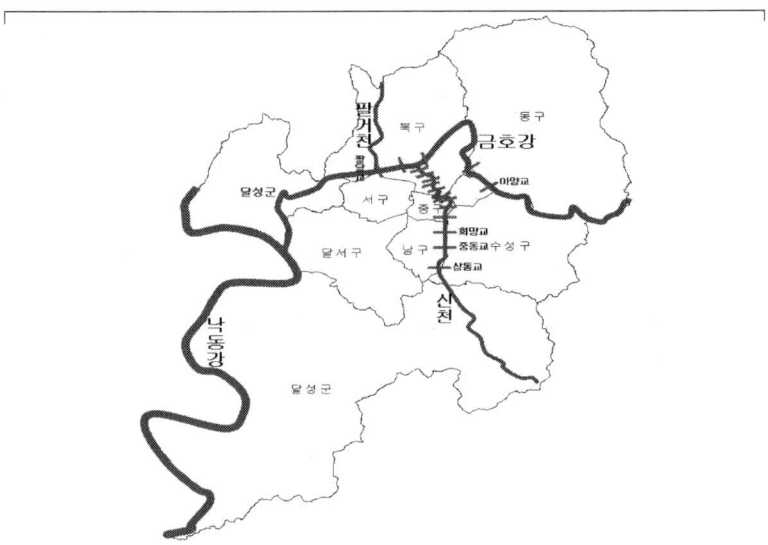

대구의 주요 강은 '낙동강', '금호강', '신천', '팔거천' 등이 있어요. 지도를 보면, '낙동강'이 대구의 북쪽에서 남쪽으로 흐르고 있고, '금호강'은 대구 시내를 가로질러 서쪽으로 흐르다가 달서구와 달성군의 경계지점에서 '낙동강'과 만나고 있어요. 다음으로 '낙동강'이나 '금호강'처럼 크지는 않지만 우리 생활과 더 가까운 '팔거천'과 '신천'이 있어요. '팔거천'은 북구를 동서로 가르며 흐르다가 팔달교 부근에서 '금호강'과 만나고, '신천'은 시내를 동서로 가르며 흐르다가 침산교 부근에서 '금호강'과 만나요. 그럼 이 강들에 대해 좀 더 알아볼까요?

먼저 '금호강'은 이름에 얽힌 사연이 있어요. 갈댓잎이 바람에 흔들릴 때 비파 같은 아름다운 소리를 낸다 하여 '금호'라 불린다고 해요. 그래서 아름다운 이름만큼이나 강 주변에는 멋진 모습들이 많이 있어요. 휴식을 취하고 산책을 할 수 있는 깨끗한 둔치, 맑은 공기를 마시며 운동을 할 수 있는 체육공원, 배를 타고 아름다운 경치를 볼 수 있는 유원지 등이 있답니다. 여러분들도 가족들, 친구들과 함께 가 본 적이 있을 거예요.

다음으로 '신천'은 다리들이 참 많아요. 지도에 '－'로 표시된 12개의 다리들이 보이나요? 대구의 동쪽과 서쪽을 가르며 흐르는 '신천'을 지나기 위해 만들어진 것이에요. 여러분들도 '신천'에 있는 다리를 지나가 봤을 거예요. 만약 이 다리들이 없었다면 대구의 동쪽으로 가는 데 매우 불편했을 것입니다. 그리고 이 '신천'을 따라 쭉 뻗어 있는 도로가 있죠? 바로 '신천대로'입니다. '신천대로'를 달리면 12개의 다리 아래를 모두 지날 수 있어요. 여러 가지로 '신천'은 대구 시민들에게 참 소중한 강이라는 생각이 들죠?

이처럼 대구를 흐르는 강은 우리 생활과 매우 밀접한 관계에 있어요. 그러므로 우리는 주변의 하천을 잘 보호해야 합니다. 지도에 있듯이, '팔거천'은 남쪽으로 흘러 '금호강'과 만나고, '신천'은 북쪽으로 흘러 '금호강'과 만나요. 다시 '금호강'은 서쪽으로 흘러 '낙동강'과 합류합니다. 그러므로 '팔거천'과 '신천'이 오염되면 '금호강'이 더러워지겠지요? 그리고 '금호강'과 만나는 '낙동강' 또한 오염될 것입니다. 결국 주변의 하천이 오염되면 다른 많은 강들까지 오염되고, 더 많은 사람들이 피해를 입게 될 것입니다.

부록 12. 3차 설문 텍스트 (인구, 세계스케일)

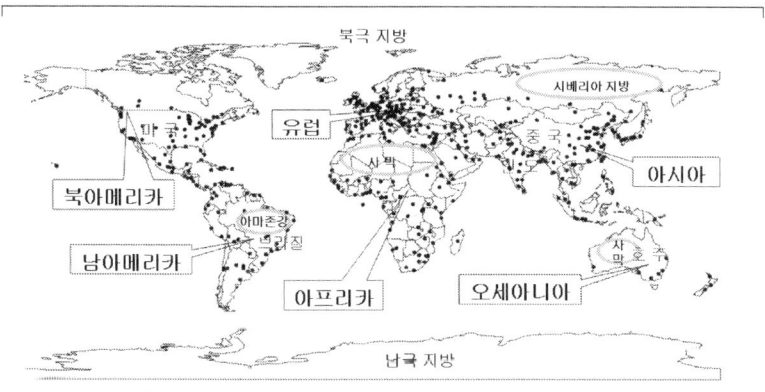

현재 세계의 인구는 60억 명 이상입니다. 2050년에는 약 2배로 늘어날 거라고 하네요. 그렇게 되면 지구에서 사람들이 모두 살 수 있을까요? 우선 지도에서 검은 점들이 찍혀 있는 곳들을 보세요. 인구가 많은 도시들을 나타낸 것입니다. 유럽, 북아메리카, 아시아 등을 보면 많은 점들이 찍혀 있어요. 이 지역들은 땅이 지구 크기의 반이지만 세계인구의 대부분이 살고 있답니다. 사계절이 뚜렷해서 생활하기가 편리하기 때문이죠. 우리나라 또한 여기에 포함되어 있어요. 특히 중국은 세계에서 인구가 가장 많은 나라입니다. 무려 13억 명이나 된다고 해요. 반면 지도에서 남아메리카의 아마존 강, 아프리카의 사막 지대, 북극과 남극 지방, 시베리아 지방, 호주의 사막 지대 등을 보세요. 검은 점들이 거의 없죠? 이곳들은 생활하기 위한 환경이 좋지 않아 사람들이 거의 없어요.

이처럼 인구가 유럽, 북아메리카, 아시아 등지에 많은 이유는 사계절이 뚜렷하여 생활하기 좋기 때문이기도 하지만 다른 이유도 있답니다. 도시가 발달한 곳으로 일자리를 찾아서, 공부를 하기 위해서 사람들이 이동을 하기 때문이지요. 그래서 유럽, 아시아, 북아메리카의 큰 도시가 있는 나라들로 이동을 하는 것입니다. 그러나 이런 인구이동 때문에 몇몇 나라들로 인구가 집중되어 여러 가지 문제가 생기기도 합니다. 인종, 언어, 문화 등이 다르기 때문에 다툼이 일어나거나 범죄가 발생하는 경우가 대표적입니다.

이번에는 인구밀도에 대해 알아보기로 해요. 먼저 지도에서 호수와 방글라데시를 볼까요? 호주는 인구가 가장 많은 중국만큼이나 땅이 크지만 인구는 약 2000만 명에 불과하답니다. 서울과 경기도의 인구를 합친 것보다도 적은 셈이죠. 하지만 방글라데시는 우리나라보다 조금 더 큰 땅에 무려 1억 명 이상의 사람들이 살고 있어요. 그럼 호주와 방글라데시의 인구밀도를 숫자로 비교해 볼까요? 먼저 호주는 사방으로 1km의 땅 안에 겨우 2~3명의 사람만이 살고 있어요. 하지만 방글라데시는 1km의 땅 안에 무려 1000명 가까이의 사람들이 살고 있답니다. 여기서 호주와 방글라데시 나라 안의 모습을 상상해 볼까요? 호주는 아마도 사람 구경하기가 쉽지 않겠죠? 하지만 방글라데시는 이리 봐도 사람, 저리 봐도 사람일 것입니다.

부록 13. 3차 설문 텍스트 (인구, 국가스케일)

'인구'는 한 나라 또는 어떤 지역 안에 살고 있는 사람의 수를 말합니다. 우리나라도 '대한민국'이라는 땅덩어리에 안에 많은 사람들이 살고 있어요. 그렇다면 이렇게 많은 사람들이 모두 몇 명인지 어떻게 알 수 있을까요? 그것은 바로 5년마다 한 번씩 실시하는 인구조사 때문에 알 수 있어요. 우리나라의 인구를 알기 위해 일정한 기간을 정해 놓고 동시에 조사를 하는 것이지요. 그렇지 않으면 태어나고 죽는 사람들이 계속 생기기 때문에 몇 명인지 알기 어렵겠죠?

그런데 위에서처럼 인구조사를 하게 되면 여러 가지 사실들을 알 수 있어요. 우리나라에 몇 명의 사람들이 살고 있는지, 할아버지와 할머니들은 몇 분인지, 여러분들과 똑같은 나이의 친구들은 몇 명인지, 여러분들이 살고 있는 동네에는 모두 몇 명이 있는지 등을 알 수 있답니다. 또 직업이 같은 사람들은 몇 명인지, 남자와 여자는 몇 명인지 등에 대해서도 알 수 있대요. 어때요? 인구조사를 하면 우리가 알 수 있는 중요한 사실들이 참 많죠? 그럼 우리나라의 인구에 대해 좀 더 알아볼까요?

우선 우리나라는 작은 땅덩어리이지만, 많은 사람들이 살고 있어요. 캐나다나 오스트레일리아와 같은 나라들은 우리나라보다 수십 배나 크지만, 인구는 우리나라의 절반도 되지 않습니다. 또 우리나라는 도시에 많은 사람들이 모여 살고 있어요. 특히 서울을 포함하여 경기도 일대 수도권에는 남한 인구의 절반이 넘는 사람들이 모여 살아요. 위의 지도를 볼까요? 서울과 경기도에 검은 점들이 많이 찍혀 있는 것을 볼 수 있죠? 사람들이 아주 많이 살고 있다는 표시예요. 경기도로 인구가 몰려드는 이유는 서울의 집값과 물가가 비싼데다가 서울로 오가는 교통이 편리해졌기 때문이에요. 하지만 강원도를 볼까요? 서울보다 땅덩어리는 훨씬 크지만 검은 점들이 별로 없죠? 사람들이 많이 살고 있지 않다는 표시입니다. 우리나라는 전체적으로 땅이 작기 때문에 여러 곳에 골고루 흩어져 살아야 하는데 서울과 경기도, 부산과 대구 같은 큰 도시에만 모여 삽니다. 젊은이들이 너도나도 일자리를 찾아 도시로 떠나기 때문이죠. 이처럼 너무 많은 사람들이 도시에 모여 살면 여러 가지 불편한 점들이 생겨요. 그러므로 편리한 생활을 위해 여러 곳에 골고루 흩어져 살 수 있도록 해야 할 것입니다.

부록 14. 3차 설문 텍스트 (인구, 고장스케일)

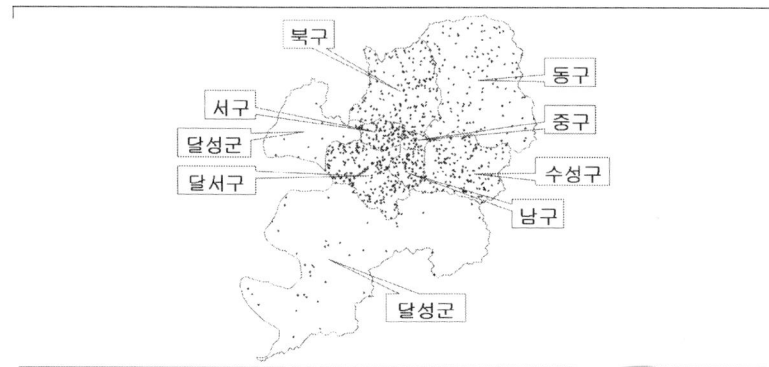

우리가 살고 있는 내구광역시의 인구는 2004년 말을 기준으로 253만 명입니다. 이것은 우리나라에서 서울, 부산, 인천에 이어 네 번째로 많은 인구수입니다. 지도를 보며 좀 더 구체적으로 살펴보면, 대구에서 가장 많은 사람들이 살고 있는 곳은 '달서구'예요. 최근에 아파트 단지가 많이 생기면서 다른 곳에서 많은 사람들이 이사를 왔기 때문입니다. 검은 점들이 매우 많죠? 그만큼 달서구의 인구가 많다는 증거입니다. 많은 사람들로 늘 붐비고, 수많은 자동차가 길게 늘어선 이유도 바로 그 때문입니다. 반면 '달성군'을 볼까요? 땅의 크기는 다른 지역들보다 크지만 검은 점들은 드문드문 보이는 것을 알 수 있습니다. 넓은 만큼 사람들은 많이 살고 있지 않다는 것이죠. 그래서 달성군 지역으로 가면 집들이 군데군데 있는 것을 보게 될 것입니다.

그럼 이번에는 대구 시내의 한 가운데에 위치하고 있는 '중구'를 살펴볼까요? 우선 중구는 땅의 크기도 작고 검은 점들도 많지 않아요. 그러므로 사람들이 많이 살고 있지 않다는 증거겠죠? 여러분들도 시내 중심가에 가 보면 집들보다는 여러 가지 장사를 하는 가게나 상점들이 더 많은 것을 봤을 거예요. 시내의 경우 낮에는 상가들이 모여 있기 때문에 중심가로 많은 사람들이 몰리지만, 잠잘 시간이 되면 사람들은 모두들 자기 집이 있는 바깥 지역으로 이동을 하게 됩니다. 지도에도 나타나 있듯이, '중구'를 제외하면 다른 지역들은 검은 점들이 빽빽이 찍혀 있는 것을 볼 수 있을 것입니다.

이처럼 '중구'와 '달성군'을 제외한 대부분의 다른 지역들은 새롭게 건설되는 많은 아파트 단지들로 인해 사람들이 점점 더 몰리고 있어요. 이렇게 한 지역으로 사람들이 몰리게 되면 어떤 문제가 생길 수 있을까요? 아침 출근 시간과 저녁 퇴근시간에 자동차들로 꽉 들어찬 도로를 본 적 있나요? 동네 한쪽에 엄청나게 많은 쓰레기가 쌓여 있는 모습을 본 적 있나요? 여러 가지 사고로 불이 나고, 범죄가 발생하는 경우를 본 적 있나요? 이 모든 것들이 도시로 인구가 몰리면서 생기는 나쁜 현상들입니다. 할아버지 할머니들께서 도시는 공기가 더러워서 숨을 제대로 쉴 수가 없다고 말씀하시는 이유도 사람들이 너무 많이 모여 살기 때문일 것입니다. 하지만, 반대로 '달성군'과 같은 농촌 지역은 젊은 사람들이 자꾸 다른 지역으로 빠져나가기 때문에 농사일을 할 사람들이 부족하고, 동네에는 나이 많은 사람들만 남아서 쓸쓸히 생활하고 있어요. 여러분의 부모님 그리고 여러분도 나이가 들면 시골이나 농촌에서 생활할지 모르는데 그곳이 사람들도 별로 없는 쓸쓸한 곳이라면 기분이 어떨까요?

부록 15. 3차 설문지 (강, A형)

여러분! 안녕하세요? 저는 현재 서울대 사범대학 지리교육과에서 논문을 준비하고 있는 학생입니다. 본 설문은 다음의 질문에 대해 여러분들이 어떻게 느끼고, 생각하는지를 알아보기 위한 것입니다. 어떤 문항에 대해서도 정답이나 바람직한 대답이 있는 것이 아닙니다. 그러므로 솔직하게 자신의 생각이 해당되는 곳에 동그라미 표시(O)를 해 주세요. 이 설문지는 연구 이외의 목적으로는 사용되지 않을 것입니다.

(   )초등학교 (   )학년 (   )반 이름(   ) 성별(남, 여)

1. 세 가지의 학습지 중 가장 배우고 싶은 학습지 순서대로 번호를 쓰시오.

   (   ) ⇒ (   ) ⇒ (   )

2. 위와 같이 대답한 이유는 무엇입니까?

   _____

3. 세 가지의 학습지 중 어느 학습지가 가장 재미있었나요? (   )
   ① 세계의 강에 대한 학습지 ② 우리나라의 강에 대한 학습지
   ③ 대구의 강에 대한 학습지

4. 위와 같이 답한 이유는 무엇입니까?

   _____

5. 세 가지의 학습지 중 어느 학습지가 교과서에 많이 실렸으면 좋겠습니까? (　　)

　① 세계의 강에 대한 학습지

　② 우리나라의 강에 대한 학습지

　③ 대구의 강에 대한 학습지

6. 위와 같이 답한 이유는 무엇입니까?

　────────────────────────────────────

7. 세 가지의 학습지 중 어느 학습지가 강에 대해 공부하는 데 가장 도움이 되었나요? (　　)

　① 세계의 강에 대한 학습지

　② 우리나라의 강에 대한 학습지

　③ 대구의 강에 대한 학습지

8. 위와 같이 답한 이유는 무엇입니까?

　────────────────────────────────────

* 본 설문에 정성껏 답해 주셔서 대단히 고맙습니다.

부록 16. 3차 설문지 (강, B형, 세계스케일)

여러분! 안녕하세요? 저는 현재 서울대 사범대학 지리교육과에서 논문을 준비하고 있는 학생입니다. 본 설문은 다음의 질문에 대해 여러분들이 어떻게 느끼고, 생각하는지를 알아보기 위한 것입니다. 어떤 문항에 대해서도 정답이나 바람직한 대답이 있는 것이 아닙니다. 그러므로 솔직하게 자신의 생각이 해당되는 곳에 동그라미 표시(O)를 해 주세요. 이 설문지는 연구 이외의 목적으로는 사용되지 않을 것입니다.

( )초등학교 ( )학년 ( )반 이름( ) 성별(남, 여)

가. 텍스트 전체에 대한 선호도

내 용	매우 그렇다	조금 그렇다	보통 이다	조금 그렇지 않다	매우 그렇지 않다
1. 이 학습지는 전체적으로 재미있다.					
2. 이 학습지로 강에 대한 공부를 하고 싶다.					
3. 이 학습지가 강에 대해 이해하는 데 도움이 되었다.					
4. 이 학습지가 교과서에 실렸으면 좋겠다.					

나. 텍스트 내용에 대한 선호도

내 용	매우 그렇다	조금 그렇다	보통 이다	조금 그렇지 않다	매우 그렇지 않다
1. 오래전부터 발달했던 강들에 대한 내용이 좋았다.					
2. 다른 주요 강과 강 주변에 발달한 나라와 도시에 대한 내용이 좋았다.					
3. 세계에서 가장 긴 강에 대한 내용이 좋았다.					
4. 세계에서 가장 넓고 큰 강에 대한 내용이 좋았다.					
5. 강의 개발로 인한 환경 파괴, 강의 보호와 관련된 내용이 좋았다.					

* 본 설문에 정성껏 답해 주셔서 대단히 고맙습니다.

부록 17. 3차 설문지 (강, B형, 국가스케일)

여러분! 안녕하세요? 저는 현재 서울대 사범대학 지리교육과에서 논문을 준비하고 있는 학생입니다. 본 설문은 다음의 질문에 대해 여러분들이 어떻게 느끼고, 생각하는지를 알아보기 위한 것입니다. 어떤 문항에 대해서도 정답이나 바람직한 대답이 있는 것이 아닙니다. 그러므로 솔직하게 자신의 생각이 해당되는 곳에 동그라미 표시(O)를 해 주세요. 이 설문지는 연구 이외의 목적으로는 사용되지 않을 것입니다.

(　　　)초등학교　(　)학년　(　)반　이름(　　　)　성별(남, 여)

가. 텍스트 전체에 대한 선호도

내 용	매우 그렇다	조금 그렇다	보통 이다	조금 그렇지 않다	매우 그렇지 않다
1. 학습지가 전체적으로 재미있다.					
2. 학습지로 강에 대한 공부를 하고 싶다.					
3. 학습지가 강에 대해 이해하는 데 도움이 되었다.					
4. 학습지가 교과서에 실렸으면 좋겠다.					

나. 텍스트 내용에 대한 선호도

내 용	매우 그렇다	조금 그렇다	보통 이다	조금 그렇지 않다	매우 그렇지 않다
1. 우리나라의 주요 강과 강 주변의 도시에 대한 내용이 좋았다.					
2. 우리나라에서 가장 긴 강에 대한 내용이 좋았다.					
3. 우리나라의 주요 강이 어디로 흘러가는지에 대한 내용이 좋았다.					
4. 강이 우리에게 주는 여러 가지 도움에 대한 내용이 좋았다.					
5. 우리나라의 물 부족 문제에 대한 내용이 좋았다.					

* 본 설문에 정성껏 답해 주셔서 대단히 고맙습니다.

부록 18. 3차 설문지 (강, B형, 고장스케일)

여러분! 안녕하세요? 저는 현재 서울대 사범대학 지리교육과에서 논문을 준비하고 있는 학생입니다. 본 설문은 다음의 질문에 대해 여러분들이 어떻게 느끼고, 생각하는지를 알아보기 위한 것입니다. 어떤 문항에 대해서도 정답이나 바람직한 대답이 있는 것이 아닙니다. 그러므로 솔직하게 자신의 생각이 해당되는 곳에 동그라미 표시(O)를 해 주세요. 이 설문지는 연구 이외의 목적으로는 사용되지 않을 것입니다.

(   )초등학교   (   )학년   (   )반   이름(   )   성별(남, 여)

가. 텍스트 전체에 대한 선호도

내 용	매우 그렇다	조금 그렇다	보통 이다	조금 그렇지 않다	매우 그렇지 않다
1. 학습지가 전체적으로 재미있다.					
2. 학습지로 강에 대한 공부를 하고 싶다.					
3. 학습지가 강에 대해 이해하는 데 도움이 되었다.					
4. 학습지가 교과서에 실렸으면 좋겠다.					

나. 텍스트 내용에 대한 선호도

내 용	매우 그렇다	조금 그렇다	보통 이다	조금 그렇지 않다	매우 그렇지 않다
1. 강의 흐르는 방향, 강이 만나는 위치에 대한 내용이 좋았다.					
2. 강 이름과 관계있는 이야기에 대한 내용이 좋았다.					
3. 사람들이 대구의 강을 어떻게 이용하고 있는지에 대한 내용이 좋았다.					
4. 대구의 강에 있는 다리와 강 주변에 있는 도로에 대한 내용이 좋았다.					
5. 대구의 주요 강의 환경문제에 대한 내용이 좋았다.					

* 본 설문에 정성껏 답해 주셔서 대단히 고맙습니다.

부록 19. 3차 설문지(인구, A형)

여러분! 안녕하세요? 저는 현재 서울대 사범대학 지리교육과에서 논문을 준비하고 있는 학생입니다. 본 설문은 다음의 질문에 대해 여러분들이 어떻게 느끼고, 생각하는지를 알아보기 위한 것입니다. 어떤 문항에 대해서도 정답이나 바람직한 대답이 있는 것이 아닙니다. 그러므로 솔직하게 자신의 생각이 해당되는 곳에 동그라미 표시(O)를 해 주세요. 이 설문지는 연구 이외의 목적으로는 사용되지 않을 것입니다.

(   )초등학교 (   )학년 (   )반 이름(   ) 성별(남, 여)

1. 세 가지의 학습지 중 가장 배우고 싶은 학습지 순서대로 번호를 쓰시오.

    (   ) ⇒ (   )⇒ (   )

2. 위와 같이 대답한 이유는 무엇입니까?

    _____

3. 세 가지의 학습지 중 어느 학습지가 가장 재미있었나요? (   )
    ① 세계의 인구에 대한 학습지
    ② 우리나라의 인구에 대한 학습지
    ③ 대구의 인구에 대한 학습지

4. 위와 같이 답한 이유는 무엇입니까?

    _____

5. 세 가지의 학습지 중 어느 학습지가 교과서에 많이 실렸으면 좋겠습니까? (   )

① 세계의 인구에 대한 학습지

② 우리나라의 인구에 대한 학습지

③ 대구의 인구에 대한 학습지

6. 위와 같이 답한 이유는 무엇입니까?

7. 세 가지의 학습지 중 어느 학습지가 인구에 대해 이해하는 데 가장 도움이 되었나요? (   )

① 세계의 인구에 대한 학습지

② 우리나라의 인구에 대한 학습지

③ 대구의 인구에 대한 학습지

8. 위와 같이 답한 이유는 무엇입니까?

* 본 설문에 정성껏 답해 주셔서 대단히 고맙습니다.

부록 20. 3차 설문지 (인구, B형, 세계스케일)

여러분! 안녕하세요? 저는 현재 서울대 사범대학 지리교육과에서 논문을 준비하고 있는 학생입니다. 본 설문은 다음의 질문에 대해 여러분들이 어떻게 느끼고, 생각하는지를 알아보기 위한 것입니다. 어떤 문항에 대해서도 정답이나 바람직한 대답이 있는 것이 아닙니다. 그러므로 솔직하게 자신의 생각이 해당되는 곳에 동그라미 표시(O)를 해 주세요. 이 설문지는 연구 이외의 목적으로는 사용되지 않을 것입니다.

(　　　)초등학교 (　)학년 (　)반 이름(　　　) 성별(남, 여)

가. 텍스트 전체에 대한 선호도

내 용	매우 그렇다	조금 그렇다	보통 이다	조금 그렇지 않다	매우 그렇지 않다
1. 학습지가 전체적으로 재미있다.					
2. 학습지로 강에 대한 공부를 하고 싶다.					
3. 학습지가 강에 대해 이해하는 데 도움이 되었다.					
4. 학습지가 교과서에 실렸으면 좋겠다.					

나. 텍스트 내용에 대한 선호도

내 용	매우 그렇다	조금 그렇다	보통 이다	조금 그렇지 않다	매우 그렇지 않다
1. 세계의 현재 인구와 미래의 인구에 대한 내용이 좋았다.					
2. 인구밀도(땅의 크기와 인구수와의 관계)에 대한 내용이 좋았다.					
3. 인구분포(어디에 사람들이 많이 사는지와 적게 사는지)에 대한 내용이 좋았다					
4. 사람들이 많이 사는 곳과 적게 사는 곳의 특징에 대한 내용이 좋았나.					
5. 인구이동과 인구문제에 대한 내용이 좋았다.					

*** 본 설문에 정성껏 답해 주셔서 대단히 고맙습니다.**

부록 21. 3차 설문지 (인구, B형, 국가스케일)

여러분! 안녕하세요? 저는 현재 서울대 사범대학 지리교육과에서 논문을 준비하고 있는 학생입니다. 본 설문은 다음의 질문에 대해 여러분들이 어떻게 느끼고, 생각하는지를 알아보기 위한 것입니다. 어떤 문항에 대해서도 정답이나 바람직한 대답이 있는 것이 아닙니다. 그러므로 솔직하게 자신의 생각이 해당되는 곳에 동그라미 표시(O)를 해 주세요. 이 설문지는 연구 이외의 목적으로는 사용되지 않을 것입니다.

( )초등학교 ( )학년 ( )반 이름( ) 성별(남, 여)

가. 텍스트 전체에 대한 선호도

내 용	매우 그렇다	조금 그렇다	보통 이다	조금 그렇지 않다	매우 그렇지 않다
1. 학습지가 전체적으로 재미있다.					
2. 학습지로 강에 대한 공부를 하고 싶다.					
3. 학습지가 강에 대해 이해하는 데 도움이 되었다.					
4. 학습지가 교과서에 실렸으면 좋겠다.					

나. 텍스트 내용에 대한 선호도

내 용	매우 그렇다	조금 그렇다	보통 이다	조금 그렇지 않다	매우 그렇지 않다
1. '인구' 가 무엇인지에 대한 내용이 좋았다.					
2. '인구조사' 에 대한 내용이 좋았다.					
3. 땅의 크기와 거기에 살고 있는 사람 수의 관계에 대한 내용이 좋았다.					
4. 사람들이 많이 살고 있는 곳에 대한 내용이 좋았다.					
5. 사람이 많고 적음에 따라 생활이 편리한지 불편한 지에 대한 내용이 좋았다.					

* 본 설문에 정성껏 답해 주셔서 대단히 고맙습니다.

부록 22. 3차 설문지 (인구, B형, 고장스케일)

(   )초등학교   ( )학년 ( )반 이름(   )   성별(남, 여)

가. 텍스트 전체에 대한 선호도

내 용	매우 그렇다	조금 그렇다	보통 이다	조금 그렇지 않다	매우 그렇지 않다
1. 학습지가 전체적으로 재미있다.					
2. 학습지로 강에 대한 공부를 하고 싶다.					
3. 학습지가 강에 대해 이해하는 데 도움이 되었다.					
4. 학습지가 교과서에 실렸으면 좋겠다.					

나. 텍스트 내용에 대한 선호도

내 용	매우 그렇다	조금 그렇다	보통 이다	조금 그렇지 않다	매우 그렇지 않다
1. 인구이동 현상과 그 원인에 대한 내용이 좋았다.					
2. 인구분포(어디에 사람들이 많이 사는지와 적게 사는지)에 대한 내용이 좋았다.					
3. 인구밀도(땅의 크기와 인구수와의 관계)에 대한 내용이 좋았다.					
4. 내구의 인구수와 다른 지역의 인구수 비교에 대한 내용이 좋았다.					
5. 인구의 집중과 감소로 인한 지역별 인구문제에 대한 내용이 좋았다.					

* 본 설문에 정성껏 답해 주셔서 대단히 고맙습니다.

▌약 력

대구교육대학교 사회교육과(학사)
대구교육대학교 사회교육과(석사)
서울대학교 사회교육과(지리전공)(교육학박사)
대구교대, 교원대, 전주교대, 경인교대 등에서 시간 강사
현, 도리원초등학교 교사

▌주요논문 및 저서

『세상에 단 하나뿐인 지도』(2006)
『청계천이 길까? 남산이 높을까?』(2007)
『보물찾기 지도』(2007)
『지도 한 장으로 보물 찾는 비결』(2008)
「초등 사회과 공간 계열에 대한 교사 인식도 연구 -지리 영역을 대상으로-」(2008)
「탈 지평확대의 관점에서 스케일에 따른 초등 지리 내용 구성 방안 -강을 사례로-」(2008)
「초등학생들의 사회과 학습내용 선호도에 관한 연구 -지리 영역에서의 스케일을 중심으로-」(2005)
「초등학생들의 세계에 대한 인지 특성과 세계지리 교육과정 구성의 전제」(2002)

지평확대법 다시 보기

초판인쇄 | 2009년 2월 20일
초판발행 | 2009년 2월 20일

지은이 | 김재일
펴낸이 | 채종준
펴낸곳 | 한국학술정보㈜
주 소 | 경기도 파주시 교하읍 문발리 513-5 파주출판문화정보산업단지
전 화 | 031) 908-3181(대표)
팩 스 | 031) 908-3189
홈페이지 | http://www.kstudy.com
E-mail | 출판사업부 publish@kstudy.com

등 록 |
가 격 | 28,000원

ISBN 978-89-534-1127-2 93370 (Paper Book)
      978-89-534-1128-9 98370 (e-Book)